元太祖

成吉思汗传

征服世界的一代天骄

牛月 ◎ 编著

内蒙古出版集团
内蒙古文化出版社

图书在版编目(CIP)数据

元太祖成吉思汗传 / 牛月编著 .-- 呼伦贝尔：内蒙古文化出版社，2016.6
（古代帝王传记丛书）
ISBN 978-7-5521-1112-5

Ⅰ.①元… Ⅱ.①牛… Ⅲ.①成吉思汗（1162-1227）—传记 Ⅳ.① K827=47

中国版本图书馆 CIP 数据核字（2016）第 146706 号

元太祖成吉思汗传
YUANTAIZU CHENGJISIHAN ZHUAN
牛月　编著

责任编辑	白　鹭
装帧设计	鸿儒文轩
出版发行	内蒙古文化出版社
地　　址	呼伦贝尔市海拉尔区河东新春街4－3号
直销热线	0470－8241422　　邮编　021008
排版制作	大华文苑（北京）图书有限公司
印刷装订	三河市华东印刷有限公司
开　　本	710mm×1000mm　1/16
字　　数	280千
印　　张	20
版　　次	2016年6月第1版
印　　次	2022年4月第2次印刷
印　　数	8001—13000 册
书　　号	ISBN 978-7-5521-1112-5
定　　价	39.80元

版权所有　侵权必究
如出现印装质量问题，请与我社联系。联系电话：0470-8241422

前言

浩浩五千年的中华历史长河,涌现出了许多帝王,他们曾经煊赫一时,有的是历史长河中的顺风船,有的是中流石,有的似春汛,有的如冬凌,有的是与水俱下的泥沙,有的是顺流而漂的朽木……总之,浩浩历史千百载,滚滚红尘万古名,史海钩沉,各领风骚,承继着悠久的中华历史。

在我国,帝王是皇帝和君王的统称,是封建王朝的最高统治者,拥有至高无上的权力。在周朝之前,"帝"与"王"字义相近。而在秦朝以前,帝王是至尊君主,等同"天子"。自秦嬴政称"皇帝"后,"王"与"皇"有了区别,"王"成为地位仅次天子而掌控一方之诸侯的称呼了。

在我国历史上,"皇帝"这个名称是由秦嬴政最先确定的,也是他最先使用的。"皇帝"取"德兼三皇、功盖五帝"之意。秦嬴政创建了皇帝制度,并自称第一个皇帝,称为"始皇帝"。皇帝拥有法律制定权、行政决策权和军事指挥权。自此,我国开始了长达两千多年的封建皇帝制度。

我国从公元前221年秦始皇称帝起,到1911年宣统帝退位止,在2100多年的时间里,共产生了230位皇帝。第一个皇帝是秦始皇,最末一个皇帝是清朝宣统帝。其中,在位时间最长的皇帝是清朝康熙帝,在位61年;在位时间最短的皇帝是明朝明光宗,在位仅1个月。当然,关于皇帝数量还存在多种说法。

这么多帝王,我们细细思量他们在历史上的价值和分量,还是有轻有重的。他们有的文韬武略兼备,建有盖世奇功,开创了辉煌历史,书写了宏伟的英雄史诗，成为民族的自豪，千古赞颂；有的奸猾狡诈，就是混世枭雄，糟蹋了乾坤历史，留下了千古骂名，永远被人们口诛笔伐；有的资质平平，没有任何建树，在历史上暗淡无光，如过眼云烟，不值一提……

但是，无论怎样，帝王是我国古代中央政权的突出代表，是最高的当权者，是政府和社会的核心，享有最高的权力和荣誉。作为历史的重要角色之一，帝王是当时左右和影响国家、民族命运的关键人物。因此，有人忠从，有人利用，有人艳羡，有人嫉妒，有人觊觎，有人怒斥。他们充满了谜一般的神奇诱惑力，我们能够从他们身上，集中感受到历史的丰富内涵与时代的沧桑变化。特别是历朝皇帝的贤愚仁暴、国运的兴衰更迭、政治的清浊荣枯、民生的安乐艰辛，都能给后世以镜鉴。乃至帝王本人的成长修养、家庭的维系安顿、处世的进退取予、行事的韬略谋断等，我们都可以从中受到震撼，获得巨大的启示。

为此，我们根据最新研究资料，在有关专家指导下，特别推出了本套书系，向读者介绍我国历史上十大著名帝王——他们都有运筹帷幄的雄才伟略，曾经叱咤风云，纵横天地，创造着辉煌，书写着历史，不断开创中华民族的辉煌篇章，不断推动我国历史的飞速发展，为我们留下了许多宝贵的精神财富和物质财富。

当然，这些帝王作为历史杰出人物也难免具有历史局限性，在他们身上也有许多封建、腐朽、落后、残酷等糟粕，这些都需要广大读者摒弃。而我们在讲述他们的人生事迹时，综合参考了大量史料，尽量挖掘他们优秀、积极、阳光、励志的正能量。因此，我们取其精华，去其糟粕。这样难免会出现挂一漏万等现象，也请广大读者理解。

总之，我们主要以这些帝王的人生轨迹为线索，并以真实历史事件贯穿，尽量避免冗长的对日常琐事的叙述和演绎戏说，而是采用富于启发性的历史故事来讲述他们的人生与时代，尤其着重描写他们所处时代的生活特征和他们建功立业的艰难过程，以便广大读者产生共鸣并有所启迪。

目 录

童年磨难
  铁木真的降生　　　　　　002
  承受亡父之痛　　　　　　018
  困苦中坚定信念　　　　　029
  重友情结拜兄弟　　　　　040

少年历险
  逃出泰赤乌人的魔爪　　　044
  铁木真喜结良缘　　　　　058
  面对欺凌必雪耻　　　　　066

青年征战
  十三联军鏖战沙场　　　　074
  在隐忍中变强大　　　　　079
  援助脱里汗赢得人心　　　088
  集中兵力首战塔塔儿　　　092
  胜利后的悲泣　　　　　　105
  阔亦田之战　　　　　　　114
  铁木真双娶姐妹花　　　　139
  与王罕彻底决裂　　　　　147
  纳忽昆山战乃蛮　　　　　160
  下令处决札木合　　　　　177

成就伟业

- 继承汗位封赏功臣　　182
- 实行军政合一政策　　191
- 颁布法令创立文字　　199
- 重用能工巧匠　　205
- 降服周边各部势力　　213
- 蒙古军进攻西夏　　220
- 攻占金国的中都　　224
- 征战花剌子模　　238
- 玉龙杰赤攻防战　　255
- 追击新国王札兰丁　　258
- 接受先进文化　　266
- 请丘处机讲道　　272

晚年雄心

- 实施进攻欧洲战略　　280
- 制订稳定中原计划　　289
- 向西夏做最后征讨　　295
- 精心筹划灭金大略　　301
- 成吉思汗临终遗言　　305

附：元太祖成吉思汗大事年表　　310

童年磨难

铁木真早就已经压抑不住心中的愤怒了,他从背后追上了塔儿忽台,抓住了他的手就使劲儿地咬。塔儿忽台疼得急忙挣开了手,一脚便将铁木真踢倒在地。铁木真滚了几下便爬了起来,还要往上冲,也速该的别妻怕铁木真吃亏,便拉住了他。

铁木真痛苦地挣扎着,喊道:"放开我,不许他咒骂我的阿爸。"随后,他又环视着众人,说道,"你们为什么就不能说一句公道的话?难道你们没有良心了吗?"

人们都默默地走开了,连捏昆太石和答里台也叹口气走开了。只剩下了诃额仑一家人孤零零地站在那里。

铁木真的降生

那是在蒙古高原的北部,有一条自西南向东北延伸的山脉,全长二百五十多公里,这就是肯特山脉,在后来的蒙古境内。这条发源于不尔罕山的河流,名叫斡难河,就是后来的鄂嫩河。河流从高耸的群峰间冲出,顺着山势,弯弯曲曲地流淌着。

1162年的春天,斡难河右岸有一个名叫帖里温孛勒塔黑的地方,驻扎着一个蒙古部落。一座饰有花边的大帐,就是这个部落首领也速该的帐篷。因为这个蒙古部落正在和附近的塔塔儿部作战,所有的青壮年男人都随也速该出征了,部落里只剩下妇女、老人和孩子。

也速该的一生极为坎坷,当他当上部落首领时,正是祖先创立的第一个蒙古王国被塔塔儿部和金国摧毁的时候,因此,这时的蒙古正处于一个多灾多难的危险时期。

也速该从来都没有想过要登上叔叔忽图剌曾拥有的汗位,至死也只是由孛儿只斤氏派生出来的乞颜氏的普通首领。他同塔塔儿人的战争尽管结局很不幸，但是他却在这次战斗中杀了两名酋长，并且取得了名副其实的胜利，这是他人生中取得的第一次大胜利。他很得意，因此，他要以其中一名首领的名字"铁木真"来为他将来出世的长子命名，以此作为战争胜利的纪念。

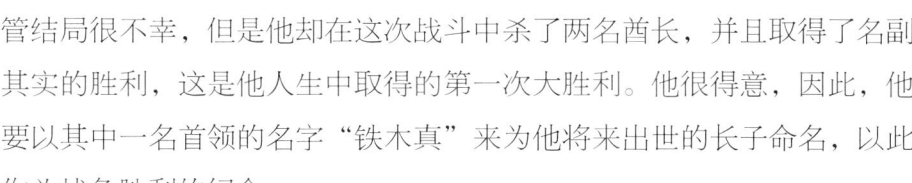
童年磨难

此时的也速该，正同强大的克烈部结成了联盟，这为他后来家族的兴旺发达奠定了一定基础。如果也速该没有缔结这一联盟，他，以及他的后人想要成就一番事业恐怕也是不可能的。

克烈部是蒙古族最具神秘色彩的分支之一，在之前谁也无法说清他们究竟是蒙古族还是突厥族。在那个时期，草原上的许多部落常常会在较短时间内轰轰烈烈地建立起来，随后，又常常会在较短时间内突然消失灭亡，这也许就是命运之神给他们的安排吧。

在克烈部的境内，有一条鄂尔浑河，在它的发源地附近，耸立着杭爱山脉的东部险峰，其中最高峰海拔达到了三千三百米，这成了克烈部天然的屏障。此外，在土拉河的左岸，还屹立着博格多兀拉山，南面则是悬崖峭壁。

克烈部的南面是浩瀚的戈壁滩，西南则是位于杭爱山东部尾段与阿尔泰山东部尾段之间的荒凉沙湾，它是戈壁滩伸入两山之间的部分。此外，这里还有六条小河，它们从北面的杭爱山奔流而下，向南注入这个沙湾中。

这些小河水流湍急，在平整的山谷上冲刷出了六条深沟，最后又分别注入六个沙湖中。这六个沙湖位于阿尔泰山北麓洼地，芦苇和柽柳等植物环绕四周，后经过图音河流入鄂罗克湖。

沙湖有时也会出现一段时间的缺水情况。在缺水期间，虽然湖里也留存着一些水，但是却深不过膝。而最西边的邦察干湖，蓄水虽然没有增减，但是，却有盐与硫溶于其中，因此是不能饮用的。

在整个沙湾地带，就像东部库伦和土拉河以南的沙漠地区一样，除了几条溪流划出几条浅沟以外，全部都是戈壁滩。戈壁滩是由沙砾、细沙和黏土混合而成的一大片坚硬的平坦地面，就像是一片宽阔的赛马场。在这里生活的牲畜，也只能靠不断地转移地点来寻找一点牧草吃。

虽然这片区域的自然条件十分恶劣，但是，却十分有利于克烈部控制戈壁滩的大部分被称为"干海"的地区，同时，这个沙漠地区在政治上也占有十分重要的地位。

此外，在克烈部境内的土拉河的上游盆地，也是个牧草十分丰厚的地方。同时，它也是夏季放牧的好地方，克烈部人还可以在那里避暑，也可以休养军马，养精蓄锐。

另外，从地理上来说，土拉河上游盆地处于中心地带，它可以同时控制突厥乃蛮人居住的蒙古西部地区和也速该的祖先同塔塔儿人争夺的蒙古东部地区。克烈部人似乎很想霸占整个戈壁滩和蒙古草原，由此可见，他们这种欲望萌发的基础，可能就是因为他们占据了有利的战略地位。

元太祖成吉思汗传

蒙古族是以游牧为生的，几乎是从原始社会直接过渡到封建社会的，是由于战争导致的不断兼并和同化，才使得蒙古族进一步壮大的。

据说那是在两千多年以前，蒙古人被突厥部落打败后，从战火中逃出来两男两女四个蒙古人，他们跋山涉水来到了水草丰美、景色迷人的额尔古纳河地区，开始在这里繁衍生息。

随着额尔古纳河地区人员逐渐增多，开始有人离开这块美丽的土地进行西迁了。后来，有一部分西迁的人来到斡难河畔定居下来，其中有个年轻人叫孛儿帖赤那，他就是也速该的祖先，为后来的蒙古民族开创了蓬勃发展之路。

此时，也速该作为蒙古族的部落首领，正在带领人们进行战斗，而他的夫人诃额仑也将要生下他们的孩子了。此时，诃额仑挪动着怀孕的身体，迟缓地走出白毡大帐。跟在诃额仑夫人后面出来的女奴豁阿黑臣说道："夫人，您这几天就要生了，还是……"

"没事。"兴致很高的诃额仑不假思索地答道，就领着豁阿黑臣和另外两个青年女奴向河边走去。

突然，诃额仑夫人肚子疼起来，女奴们连忙扶她坐下休息，可是她的肚子还是一阵紧似一阵地疼痛。豁阿黑臣知道夫人要临产了。诃额仑夫人在慌乱中慢慢定下心来，让青年女奴找了一块厚软的草坪，铺上蒙古袍，让女奴扶着躺下了。

不久，一个婴儿哇哇地出生了，这是一个男孩。这个婴儿出生时，手里紧握着一块凝血，简直像极了苏鲁锭长矛。

就在诃额仑夫人临产前夕，也速该在一次对塔塔儿人的战斗中俘获了塔塔儿部的一名头目，这个头目名叫铁木真兀格。为了纪念这一战功，也速该就给儿子取名"铁木真"。

诃额仑夫人在生下铁木真以后，又生了三个儿子，他们是合萨尔、合赤温、铁木格。也速该共有兄弟四人，两个哥哥是蒙格秃乞颜、捏昆太石，一个弟弟是答里台斡惕赤斤。

回想当年，也速该与诃额仑的初次相识，也是有其情景呢！有一天，也速该正在放鹰捕雀，突然看见蔑儿乞人也客赤列都带着从斡勒忽讷部娶到的妻子回家来。也速该见这个妇人容貌美丽，便急忙回去找来他的兄弟捏昆太石和答里台斡惕赤斤，准备抢夺这个漂亮的妇人。

也客赤列都看到也速该兄弟，非常恐惧，丢下妻子和她乘坐的车辆，策马疾行而去。也速该兄弟三人紧追不舍。也客赤列都绕过一个山嘴，又回到妻子的车前。

妻子对他说："那三个人行色可疑，可能要加害于你，你快点跑吧！只要保住性命，像我这样的女子到处都可以找到。如果你想念我，另娶一个妻子，让她叫我的名字吧！现在你想办法逃生吧！闻着我的香气逃走吧！"说着，她脱下一件衣服给也客赤列都作为临别纪念。

也客赤列都刚接过衣服，也速该兄弟就追到了，他急忙逃走。也速该兄弟从后面追赶，越过了七个山头，没有追上，返回来带走了妇人。也速该引着车子，捏昆太石在前，答里台斡惕赤斤走在一旁。

就这样，妇人被也速该带回家去，做了也速该的妻子。她就是后来鼎鼎有名的诃额仑夫人。

"快看，也速该抢来的新娘真美啊！"

"是啊，就像个仙女一样。"

"你们没有听说过么？她已经当了蔑儿乞人的妻子啦！"人群里出现了一片笑声。

蒙力克的父亲察刺合是部落里年纪最大的长者，这时，他捋着白胡子在人们背后大声地说道："不要再像沙半鸡一样呱呱地乱叫了，谁要是惹恼了新娘子，看我不拿马鞭子抽他的屁股。"他一扬鞭子，围观的人们立刻往后退着，人们不再继续说话了。

在这个时候，从远处走来一个身体过早发胖的青年人，他就是俺巴孩汗的孙子塔儿忽台，他可没有祖父那样光明磊落和英勇豪迈，他是一个十分小心眼儿的人。

在那个时候，草原部落还没有形成世袭制，部落里边的一切大事，都要经过库里台大会来决定。所谓"库里台大会"就像是个议事会，它是由部落里面有威望、有身份的贵族来参加的会议。也速该就是蒙古乞颜部库里台大会推举出来的首领，而作为俺巴孩汗的唯一的孙子塔儿忽台，却没有取得领导部落的地位，由此可见，他并不是众望所归的草原英雄。

元太祖成吉思汗传

随后，塔儿忽台走到一个青年人的身旁，问道："撒察别乞，这里出了什么事？"

那个年轻人不怀好意地回答道："也速该首领抢回了一个蔑儿乞人的妻子。塔儿忽台叔叔，还不快回去准备一下？"

"我准备什么？"塔儿忽台不太明白地问道。

"打仗呀。也速该抢回了蔑儿乞首领弟弟的妻子，蔑儿乞人难道不会进行报复吗？"撒察别乞说道。

在蒙古乞颜部中有许多的家族，而属于所谓黄金家族的就只有三个姓氏，分别为：主儿勤家族、泰赤乌家族和孛儿只斤家族。也速该是属于孛儿只斤家族，塔儿忽台是属于泰赤乌家族，而那个在不断煽动塔儿忽台不满情绪的撒察别乞，则是属于主儿勤家族。

这三个姓氏的蒙古人，为了防御周边部落的侵扰而聚居在一起生活和放牧,并且推举也速该成为其军事首领,但却不是可汗。而对于空着的汗位,主儿勤人和泰赤乌人都有难以遏制的欲望。所以,当也速该把诃额仑带回驻地的时候,那两姓的人们自然不会像孛儿只斤家族人那样地高兴。

突然,塔儿忽台愤然地向围观的人群中冲了过去,他举起皮鞭打着围观的人们,喊道:"走开!那个给蒙古人带来灾祸的女人在哪儿?"

此时,护送诃额仑的蒙力克一行人怔了一下。而夹在他们中间的诃额仑更是惊讶地向塔儿忽台望去,此时,迎接她的却是一对充满敌意的目光和投掷过来的恶言恶语。随后,塔儿忽台又绕过这一行人朝后边的也速该走去。

蒙力克安慰着心神不定的诃额仑,说道:"你不要太在意,这是先可汗俺巴孩的那个不成器的孙子塔儿忽台,他的心胸十分狭隘,脾气也是十分恶劣。"

当塔儿忽台走近了骑马过来的也速该时,他拦住了也速该的马头,说道:"也速该,你为了一个女人跟蔑儿乞人怨上加怨,难道你是想把蒙古部再拉进仇恨的厮杀中去吗?"

也速该看了一眼这个族弟,说道:"你这是怎么啦?难道是被蔑儿乞人的马刀吓破胆了吗?"听到这里,也速该的兄弟和众人哈哈大笑起来。

"都别笑了。"塔儿忽台手臂一挥,"蔑儿乞人知道你抢了他们的新娘,刀兵之灾就会降落到全蒙古部落的头上。"

也速该根本就没有把塔儿忽台放在眼里,他平静地说:"在我们没有招惹他们的时候,蒙古人所受的刀兵之灾就少了吗?"

这句话倒是把塔儿忽台给问住了,塔儿忽台转而又大声地叫道:"那也不能让你把便宜给占了,却让我们大家和你一起去遭受战争的灾祸。现在,你要把俘虏的马匹和车辆分给我,然后再把那个女人给送回去。"

"你怎么像个乞邻秃黑?"也速该突然地说道。

"什么？"塔儿忽台不明白也速该说的是什么意思。

"你可真是个吝啬而贪婪的人啊！"说完后，也速该哈哈大笑着走开了，而塔儿忽台则被气得僵在了那里。

这时，一些小孩子们跟着一齐叫喊着："乞邻秃黑！乞邻秃黑！"塔儿忽台把怒气又转移到了这些孩子们的身上，他抡起了鞭子就朝他们打了过来，小孩子们笑着跑开了，但"乞邻秃黑"的喊叫声却不断地回荡在空中。

这时，也速该对蒙力克的父亲说道："察剌合老人，诃额仑就先住在你的家里吧，过两天我就会来迎娶她。"

察剌合老人笑着说道："放心吧，也速该，我们父子会像看护新生的羊羔一样来看护好你的未婚妻的。"随后，他又对着自己的蒙古包喊道，"蒙力克媳妇，快出来迎接新人哪！"听到喊声后，一个长相平平的妇人，也就是蒙力克的妻子从蒙古包里走了出来。

随后，硕大魁梧的仆人豁阿黑臣端过了一盆水，只见她跪在了诃额仑的面前，并将她的脚抬了起来放在自己的背上说："高贵的新主人，我叫豁阿黑臣。从今天起我就是您的贴身奴仆了，请让我给您改成待嫁姑娘的发式吧！"

蒙力克的妻子也在一旁说道："我的家现在就算是你临时的娘家啦。"

诃额仑走到了铜镜前面，坐了下来，豁阿黑臣则帮她解开了高盘的发髻，诃额仑的秀发便垂了下来。蒙力克的妻子惊叹道："多么秀美的长发啊！就像是一匹展开的锦缎，像斡难河滚滚的流水。"

豁阿黑臣一边蘸着水给诃额仑梳着辫子，一边对她说："也速该的祖母也是弘吉剌的美女，我还侍候过她老人家呢，愿她的灵魂能够在长生天那里得到安宁。我们蒙古人和弘吉剌人是世代姻亲，也速该主人早就发过誓言，非弘吉剌女人不娶。"她叹口气说，"可是这些年，我们和塔塔儿人连年争战，东去的路都被隔断了。"

蒙力克的妻子又说道："草原上的男人十二岁就可以结亲了，也速

该都二十八岁了,却还是一个人。"

"是啊,就连我这个看着他长大的老仆人,心里也不好受啊!"

"这回可好了,长生天把你给送来了!"

"草原上的风俗认为抢来的媳妇比娶的还金贵,您又这么美丽,也速该主人真是好福气哟!"

"豁阿黑臣这话说得对,也速该是蒙古乞颜部的首领,黄金家族的嫡亲后代,真正的巴特儿,自古英雄配美人嘛!"

"新主人,别看也速该首领在战场上是见血不皱眉的铁打汉子,可他最知道疼人啦。你嫁给他,他不会错待你的。"

诃额仑听着两个女人的唠叨,望着镜子里已经梳好辫子扎好红绳的自己,含羞地低下了头。

此刻,在塔儿忽台的毡包里,正聚集着许多姓泰赤乌的男人。塔儿忽台满脸杀气地将刀举过头顶鼓动大家说:"俺巴孩汗的嫡亲后代,泰赤乌家族的勇士们跟我走,去杀了也速该这个蒙古人的不肖子孙!"

紧接着,十几个汉子便提着刀向蒙古包外冲去,可是他们刚走到门口便停住了,俺巴孩的遗孀斡儿伯冷峻地站在他们前面,问:"你们要去干什么?"

塔儿忽台走到斡儿伯面前解释道:"奶奶,那个可恶的也速该,他辜负了奶奶的期望……"

"我都知道了。"斡儿伯打断道。虽然她也参加了推举也速该为首领的那次库里台大会,可是她并不愿意黄金家族冷落了自己的孙子塔儿忽台,所以她在心里是仇恨也速该的。不过,她考虑事情要比孙子更加周全缜密。

此刻,在斡儿伯的眼睛中射出了逼人的光,她说道:"能够置人于死地的不只有钢刀,还有时间和忍耐。这件事不许再提了,去准备明天参加也速该和那个抢来的女人的婚礼吧。"

众人对这位老妇人一向是言听计从的。这时,他们只好退后一步,躬下身子将右手放在左胸前,恭顺地应道:"是,奶奶。"

蒙古乞颜部首领也速该虽然得到了一位年轻美貌、名扬后世的妻子，但是却引起了蒙古黄金家族内部泰赤乌氏和主儿勤氏的强烈不满与反抗，并且还导致了蔑儿乞部和塔塔儿部对蒙古部的仇恨。在此后不久，也正是这两个部落联手对蒙古乞颜部发动了大规模的进攻。

在斡儿伯压制了塔儿忽台等人要向也速该进行挑战的时候，百里之外的蔑儿乞人营地前的空场上插起了一圈火把，火光照亮了蔑儿乞人一张张被仇恨燃烧的脸，案子上摆放着一排在历次对蒙古部作战中阵亡祖先的灵牌。这时，三姓蔑儿乞人的首领脱黑脱阿则站在了主祭者的位子上，他身后是蔑儿乞部的另一首领合阿台和赤勒格儿。萨满在跳神，皮鼓咚咚，腰铃哗哗，透露出了一股阴森肃杀之气。

脱黑脱阿拉出了刀，横举起来，众人随之下跪。脱黑脱阿向天祷告着："我脱黑脱阿，对着三姓蔑儿乞人的祖先，对着被蒙古人杀死的赤列都和蔑儿乞勇士的在天之灵起誓，为了雪耻，蔑儿乞人要同塔塔儿人结盟，抢回所有的蒙古女人，做妻做妾、做奴做仆，同时，还要杀死遇见的每一个蒙古男人。"

紧接着，众人三呼："雪耻报仇，雪耻报仇，雪耻报仇！"

脱黑脱阿的雪耻报仇的命令，由许多传令的骑手传遍了所有蔑儿乞人放牧的牧场，听到传令的每个牧马的、牧羊的蔑儿乞男子都把刀抽出鞘来，要跟随着脱黑脱阿首领去杀蒙古人。

在那个时候，草原上的部落中，所有的男人都是牧人，所有的牧人又都是战士。平时他们会为了生存而去放牧，战争来时，他们不用征召就会跨上马背去战斗，蔑儿乞人就是在这一瞬间把一支军队召集了起来。

随后，蔑儿乞人又派出了使者，去说服塔塔儿人与他们结盟，共同去攻打蒙古乞颜部。紧接着，塔塔儿人传令的骑手也对每个营地的塔塔儿男人喊道："快把刀抽出鞘来，我们要去杀蒙古人啦。"

塔塔儿人也是在一瞬间就将一支军队组建了起来。当蔑儿乞人与塔塔儿人会合后，就形成了一股强大的马队，他们携带着仇恨冲向了蒙古人的驻地。

在蒙古人的驻地里，人们还完全不知道灾难就要来临了。男女老幼为了也速该首领和诃额仑的婚礼，都换上了节日的盛装，难得有这样一个可以痛痛快快唱歌跳舞和喝马奶酒的机会，他们要好好地乐上一乐。

也速该新剃了头发，把一圈长发结成两条辫子垂在了耳朵的两边，由此显得更加英俊了。后来，他在二哥和四弟的陪同下，满面红光地走出了蒙古包。

早就等候在外边的人们响起了一片欢呼声，部落的一百岁老人蒙力克的父亲察刺合，将一张弓和一个箭壶佩戴在了也速该的身上。一个被大家称为百灵鸟的歌手，也拉起了马头琴，唱起了祝词，欢庆的场面透出了一片祥和的景象。

随后，也速该英武地跨上了马，在欢声笑语中走向了新娘子的"娘家"，也就是蒙力克的毡包。蒙力克的妻子和豁阿黑臣一边一个，搀扶着打扮得非常艳丽的诃额仑走出了蒙古包。

随后，新郎新娘朝着火堆跪了下去，并且向永存的长生天顶礼膜拜。这个过程是短暂的，但是围着火堆进行的喜庆活动却是漫长的。人们欢快地跳起了舞蹈，吃着手扒肉，喝着马奶酒。直到喝得烂醉如泥，一个个相继倒在了草地上呼呼大睡起来，此时的人们全然不知道死神已经逼近了他们。

也速该和诃额仑酒喝得不多，他们在一起聊着心里话。也速该对诃额仑说："我好像以前就曾见过你。"

"那是在什么地方呢？"

"好像是奶奶带我回弘吉剌的那一次。"

"你到过弘吉剌部吗？"

"我奶奶是弘吉剌部有名的美女，在很早以前，她就曾经带我去过弘吉剌部。从那以后，我的印象里就有了一个弘吉剌小姑娘，她头上戴着一个满是金黄色鲜花的花环，还骑着一匹枣红马。对了，嘴里还吹着一片马兰。"

"真的吗？那个小姑娘真的就是我。在我小的时候最喜欢编迎春花花环戴在头上，爸爸还给了我一匹枣红小马，他还教我用马兰叶子吹各种赞歌！"诃额仑高兴地说着。

也速该则深情地望着诃额仑说道："我已经等你好久了。"

现在的诃额仑已经顺应了这一变化，从此她全心全意地侍奉着也速该。

诃额仑是一个讲究实际的妇女。此前，她勇敢地面对着无可挽回的事实，满怀柔情地安慰丈夫不要为失去她而忧伤，劝丈夫赶快逃命。在进入也速该家后，诃额仑又以同样的忠诚和专一爱着也速该，在也速该去世之后，她又坚强地承担起了主持这个家庭的重任。如果没有一个如此有魄力、具有务实精神的母亲，成吉思汗能否成大事也是很难说的。

正当人们沉浸在睡眠中时，大地上突然响起了雷鸣般的万马奔腾的声音。铁木真兀格、蔑古真、脱黑脱阿、合阿台、赤勒格儿率队奔驰而来。

这时，在地上躺着的蒙力克第一个被这雷鸣般的声音惊醒。有经验的草原人都有一种本领，当他们把耳朵贴在地上倾听大地震动的声音时，就可以判断出有多少人马正在向自己逼近。

当蒙力克醉酒后躺下，恰好耳朵是贴着地面的，他忽然被大地震动的声音惊醒，立即吓出了一身冷汗。随后，蒙力克一边大声喊着，一边跃上一匹马。"快起来呀，塔塔儿人和蔑儿乞人杀来了。"蒙力克骑在马上奔跑着，用马鞭打着地上熟睡的蒙古人，敲打着一个个熟睡的蒙古包，声音都变了调儿了。

这时的人们被喊声吓醒了，多年的战乱纷争强化了他们的自卫本能，他们第一个念头就是奔向自己的马匹，抽出自己的弯刀。

从睡梦中惊醒的塔儿忽台也披着衣服跑出了蒙古包，只见他气急败坏地大声咒骂着："该死的也速该！都是你惹的祸，这下蒙古人又要流血了！"

此时，早已经披挂整齐的也速该过来一把推开他："闭上你的乌鸦嘴！难道十五年前，铁木真兀格出卖的不是你的祖父吗？"随后，也速该对蒙力克命令道，"蒙力克，把蒙古勇士们都召集起来，去迎击我们的仇人！"

1162年，也就是在蔑儿乞人联合塔塔儿人袭击了蒙古营地之后的第二年，蒙古人对塔塔儿人的复仇战争又一次爆发了。万名蒙古健儿列队，刀枪如林。此时，也速该说道："大家不会忘记，在十六年前，先可汗俺巴孩以光明磊落之心，只带了几个随从到塔塔儿部去求亲。可是，怀着狼子野心的塔塔儿首领铁木真兀格，竟然将俺巴孩汗捆了起来送给了金国，以致我们的先可汗惨死。我们时刻都要牢记先可汗的遗言，向塔塔儿讨还血债！"

"报仇，报仇，报仇！"蒙古健儿们的吼声惊天动地。

鼓声震天响，也速该与蒙古健儿们上了马，大军出发了。也速该边走边向夹道相送的父老亲人点头致意，当他望见豁阿黑臣搀扶着大着肚子的诃额仑站在自己的蒙古包前时，诃额仑的眼睛里含满了泪水。也速该不忍看去，用力夹了一下马肚子，战马加快了步子向前奔去。

转眼间，诃额仑就要临产了，可是也速该却不在身边，诃额仑疼得头上渗出了豆大的汗珠，蒙力克的妻子和豁阿黑臣守护在诃额仑的身旁。

这时，蒙力克的妻子同情地对诃额仑说道："多少年了，蒙古人的日子一直都是与仇恨和战争一起度过的。你们弘吉剌人过惯了安稳日子，对这种打打杀杀的日子，不习惯吧？"

诃额仑觉得既然做了蒙古人的妻子，那就必须要接受这个事实，就应该听从长生天的安排。既然战争像从山上滚下来的一块大石头，那谁也没有力量去阻止它，那么她就只有默默地祝愿自己的亲人们能够在战争中取得胜利，愿他们的利箭能够射穿敌人的喉咙，马刀能够砍下敌人的头颅，祝愿亲人们都能够平安归来！善良的诃额仑在心里面不停地祈祷着。随着一声大叫，婴儿平安地来到了这个世上，是一个男孩。

这天，当太阳升起的时候，蒙古人得胜归来了。在一个木笼里囚着铁木真兀格，那情形与十六年前被押往金国首都的俺巴孩汗倒几分相似。蒙古人扬眉吐气了，因为他们这次重创了塔塔儿人，而且还俘虏了他们的首领铁木真兀格。这次战争的胜利使他们忘记了战争中流了许多血，摆在眼前的只有胜利后的欢呼声，那足以使人们感到陶醉了。

豁阿黑臣闻声跑出了蒙古包，向也速该大声地喊道："也速该首领，快去看看您的儿子吧！"正在手舞足蹈的也速该翻身下马，不顾一切地跑向了自己的蒙古包。当也速该把枪插在帐篷门口后，便喊了一声："我的儿子在哪儿？"

蒙力克的妻子拦住冲锋似的奔向诃额仑的也速该："轻点儿，孩子刚睡了，你别吓着了孩子。"

高兴中的也速该哪里会听她的话，当他看见诃额仑身边躺着的婴儿，上前一把将他托了起来，大声地喊着："黄金家族的勇士哪会那么胆小。"也速该看到了婴儿手里紧握着的凝血，它像极了苏鲁锭长矛。

这时，诃额仑支起了柔弱的身体，好奇地问道："你说孩子的手里握着什么呢？"

此时的也速该已经兴奋得嘴都合不上了，他说道："是一块凝血，不，它是一支苏鲁锭长矛！诃额仑，你真是太了不起了，给我们生了一个手握苏鲁锭长矛的儿子，将来他一定会成为一个威震天下的草原英雄！"

苏鲁锭长矛是常常被立在营地门口的一杆高大的长矛，它一向都被看作是蒙古人的战神，当战士出征时，要请萨满向它致祭，每次战争的胜利都是因为有它的呵护和保佑。也速该得了这么一个手握苏鲁锭长矛的儿子，自然是喜不自禁。

诃额仑看着丈夫被战争的硝烟熏得漆黑的脸，眼睛里涌出了幸福的泪水，说道："你给孩子起个名字吧！"

也速该略做思索后，说："他是我俘虏铁木真兀格的时候降生的孩子。'铁木真'是铁之变化的意思，我看就让我们的儿子叫'铁木真'吧！他将会成长为名副其实的铁木真！"说完后，也速该抱着孩子跑出了蒙古包，对那可儿脱朵大声命令道："把那个铁木真兀格给我砍了，

元太祖成吉思汗传

世界上只有一个铁木真,他就是我的儿子。"

是啊,有谁会想到,也速该的话会变为现实。当年那个在战乱中降生、手握苏鲁锭长矛般凝血的铁木真,在经过战争的洗礼后,真的成为了"一代天骄"成吉思汗。

古代蒙古人实行氏族外婚制,同氏族内部禁止通婚。掠夺外族的女子为妻,是族外婚的表现形式之一。也速该抢掠外族的女子,说明当时还保持着掠夺婚的上古遗风,但更多是反映了父权制阶级社会中,倚仗权势对外进行掠夺的残酷现实。

也速该抢了蔑儿乞人也客赤列都的妻子,对此,蔑儿乞人耿耿于怀,所以若干年后,蔑儿乞人反过来又抢夺了也速该的儿媳。铁木真所出生的蒙古部,在成为草原民族之前,是从额尔古纳河之东兴安岭大山中走出来的狩猎民族。

铁木真所在的氏族名叫孛儿只斤乞颜氏族,经过了不知多少代,在一位名叫孛儿帖赤那的首领带领下,乞颜氏人向西来到了斡难河上游和不尔罕山一带,到铁木真出生时,蒙古部在此游牧、狩猎已经三四百年了。

在当时,蒙古部的男孩子们,从很小就得接受必要的训练,以适应战争的要求。骑马和射箭是最基本的技术,必须做到骑艺娴熟、箭术高超。

铁木真在摇车中长到了五岁。他天资聪颖,在父亲的教导下,刚满五岁的铁木真就已经学会了骑马和射箭。他从小就立下誓言:

我要做最好的骑手和最好的射手!

铁木真常常与同龄孩子们比试骑术和箭术。他性情倔强、不愿服输,在受到年龄比他大或本事比他强的孩子欺负的时候,他总是默默地记住,以后非找机会把对方制服不可。

那是1167年3月,也速该向各部下达了围猎的命令。铁木真随父亲一道参加了蒙古部二十多个氏族的群体围猎,这是他第一次参加这样的活动。在成吉思汗少年时期,全家人居住的地方,生活就是靠捕杀土拨鼠、野鼠来维持。春季,蒙古牧民过冬的肉食吃尽了,这时的牛羊因为青黄不接,体乏瘦弱而不宜宰杀,所以需要猎杀鹿、黄羊、岩羊、野猪等动物来补充食物的不足。

蒙古人狩猎的主要目的就是以狩猎所得来代替家畜的消耗。此外,狩猎还有三个附属的功能:一是军事训练;二是以所获的珍贵皮毛,换取所需要的农耕社会的物资;三是供人们的日常娱乐。狩猎有两种方式:一是大规模的围猎,二是个人或少数人的行猎。前者是由君长或部族长们领导执行的,后者是个人的行动。根据狩猎对象的不同,狩猎还可以分为虎猎、狐狸猎、黄羊猎、兔猎、野猪猎、狼猎等。

蒙古人打猎大体从秋末冬初开始一直到第二年初春。其他季节也有打猎的,但不是主要的。之所以在秋末冬初开始打猎是因为"九月狐狸十月狼",在农历九、十这两个月猎取的皮张质量高,绒毛适当,毛皮成色好,特别就狐狸来说尤其如此,因为狐狸毛皮极为珍贵,错过了这一时期猎取的狐皮,就成了"老羊皮",因此就不适于做袭皮了。

蒙古人的围猎,如同一场声势浩大的战争,场面壮观,往往有几十人、几百人,甚至上千人参加。在狩猎中,人们要按照一定的单位和战术组织起来,听从统一指挥,既演习战术,又鼓舞士气。

出发的那一天,铁木真身穿羔羊皮小蒙古袍,头戴青缎子披巾,脚穿青鼠皮靴,牵着白马,肩挎父亲为他特制的小弓箭,腰里别着一根灌了铅的打猎用的木棒,在仆人蒙力克的帮助下,上马随父而行。

集体围猎的场面十分壮观。狩猎队伍挎着猎具、骑着骏马、牵着勇犬,浩浩荡荡。他们一般都是逆风而行,发现猎物后紧追不放,猎狗向前扑去,穷追不舍,在正确判断好距离之后,举枪拉弓或投掷布鲁。其速度敏捷,动作准确,姿态飒爽,好似一场骑术的比赛,也是一场智慧、勇气、胆量的较量。此时的猎队也就是军队。

到了晚上,士兵们用篝火把包围圈的轮廓显示出来,设四五层岗哨把守。随着时间的推移，渐渐将野兽挤压在中心，包围圈越来越小，密度也越来越大，野兽都恐慌甚至疯狂起来，互相扑食，自相残杀。首领总是身先士卒，亲赴最困难的地方，像打仗一样详细部署。所以这种狩猎实际上就是一种练兵，是古代蒙古人的练兵一绝。

经过有计划的合围，猎杀的时刻终于来到了。以也速该为首的各氏族首领首先冲入猎场，其他猎手和部众在指定地点摇旗呐喊，擂鼓助威。铁木真紧随父亲，骑着白马，手举猎棒飞驰而进。

也速该对铁木真说："亲爱的儿子，不要离开我，有些野兽很凶狠，你对付不了。你先学着射猎黄羊吧！"

黄羊和兔子一样跑得飞快，虽然不凶猛，但是体态灵巧，亦不易捕捉。俗话说"兔起鹘落"，可见其速度之快。打兔围和打黄羊围一样，都需要猎手们有高超的骑术和狩猎技术。能不能获得丰富猎物，全在猎人的骑术高低和坐骑的快慢。

也速该对铁木真说完后，在铁木真的小白马身下，一只小狼突然蹿了出来，嚎叫着便向前冲了过去。

狼是本性狡猾且凶残的动物，它能够认人、认马和认踪，只要是看到地上有猎人的脚印，它就不会再往前走，而是采取迂回战术避开猎人的追杀。这只小狼被大规模的围猎逼迫得昏了头，找不到母狼，就这样误打误撞地蹿到了铁木真的马下。

小白马受惊，往旁一闪，马背上的铁木真一下子被甩了出去。事也凑巧，小铁木真落地时正好重重地砸在狼崽身上。小铁木真此时竟然还紧紧地握着马缰。他不知道小狼崽子在身下已断气了。

铁木真虽然受了点惊吓，但他很快镇定下来，像大人一样擦了擦脸上的汗污，抖了抖衣上的灰尘，站了起来。也速该见到儿子的表现，不住地点头。当天，也速该打了几十只野物。从第二天起，所有的人一起行猎，有的射猎，有的放狗追捕，有的飞鹰捉拿，场面激烈，十分壮观。

承受亡父之痛

光阴似箭，日月如梭，转眼间，铁木真已经十三岁了。这一天，父亲也速该摸着铁木真的头说："铁木真，今年你已经十三岁了，也到了定亲的年龄了。今天，你跟我到你舅舅家去，给你找一个会过日子的好媳妇。"

"我……不想要老婆。我不想去。"铁木真低着头说。

"铁木真，"母亲诃额仑走了过来说，"怎么不去呀？只有咱们弘吉剌部的女孩子，才有资格做蒙古族首领家的媳妇。要听你爸爸的话，乖乖地和你爸爸去吧！"

在当时，按照蒙古的习俗，贵族是不跟身份不相配的女子结婚的。弘吉剌部和也速该所在的乞颜部身份相当，两个部族的后代结成夫妇，可以说是门当户对，正合习俗。

铁木真想了想，说："那么，妈妈也去吧，咱们一起到舅舅家去待几天。"

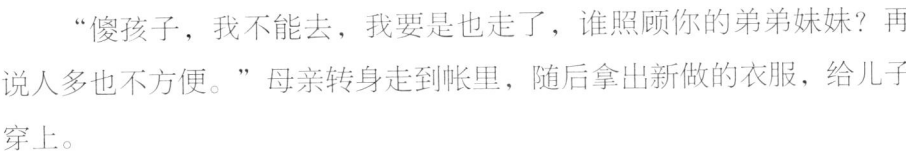

"傻孩子，我不能去，我要是也走了，谁照顾你的弟弟妹妹？再说人多也不方便。"母亲转身走到帐里，随后拿出新做的衣服，给儿子穿上。

这时，也速该站起身说："说走就走，铁木真，咱们走吧！"

铁木真穿着新大褂儿，不声不响地跟在父亲身后走了。

也速该父子俩骑上了一匹灰色的老马。也速该扬鞭打马，马儿昂头举步，向远方奔去。

父子俩骑着老马在草原上整整跑了一天，在黄昏时分，他们来到弘吉剌部的牧地。

也速该抬头来看了看，离岳父家的帐篷已经不远了，就让坐骑放慢了脚步。

这时，一个老人骑着马正迎面走来。那人到了也速该马前仔细看，张口叫道："哈哈，也速该部长，这可真是难得，没想到会在这里碰上你呀！"

也速该一看，来人是弘吉剌部的老朋友德薛禅，便有些歉意说："哎哟，是德薛禅老哥呀！我还没有看出你呢。"

德薛禅说："咱俩可是多年不见了！也速该部长，你还是那样健壮。什么风把你吹来了？快点儿吧，快到我帐里去坐。"德薛禅总是那么热情。

也速该拱着手说："不不，就不打扰您了。今天我带着儿子是来办一件事情，明天就要回去了，实在没有空呢。"说着又道谢。

"怎么这样忙啊？你说说，到底办什么大事？看我能不能帮你的忙。"德薛禅是真心想留下这个远方的来客。

"老哥既然这样问，我也就不瞒你了。"也速该指着骑在自己前面的铁木真道，"我这孩子今年十三岁，我是特地带他到我岳父家，打算给孩子找个媳妇去。"

德薛禅听完，把视线投射在铁木真的脸上。德薛禅看了一阵，指着铁木真，对也速该说："也速该部长，你这儿子可是一个了不起的孩子啊！这孩子的眼睛闪着火焰一样的光芒，脸上流露出一股英雄气概！是一个难得的好孩子呀！"

在弘吉剌部落里，德薛禅是一个很有学问、有见识的长老，德薛禅说出的每一句话，历来都是很有分量的。

也速该一听有学问的德薛禅夸奖自己的儿子，当然非常高兴，便笑着说："老哥，说起来呀，我这孩子还真就有些不平常。记得以前我在塔塔儿部打了一场胜仗，活捉了一个叫铁木真的俘虏。你可知道，这个叫铁木真的俘虏英勇善战，我很是佩服他呢。就在我回来的半路上，家里的人就来给我报喜说，我的妻子诃额仑生了一个儿子。还说这孩子生下来的时候，手里握着凝血，它像极了苏鲁锭长矛。"

"凝血？苏鲁锭长矛？"德薛禅震惊地问道。

"是啊，我也觉得这孩子很是古怪，于是就请个算命的先生给算了一下。那个算命的人说，这孩子将来是一个坚忍勇决、盖世无双的英雄，说这孩子会征服天下做君王！哈哈哈哈……"也速该笑了出来，他认为那算命的在胡说。

"哦……哦……这是很可能的。"德薛禅捻着胡须，若有所思地说，"怪不得我昨晚做了一个特别奇怪的梦。"

"哦？那是什么梦？"也速该一听有些紧张。

德薛禅说："我忽然梦见有一只白色的老鹰，两条腿夹着太阳和月亮飞到我手上来。我吃了一惊，睁开眼睛醒来。我就一直在想，今天，也许会碰到贵人呢！这不？果然碰上了您。现在天已经黑了，也速该部长，还是请到我帐里休息一晚吧。"

德薛禅老人说完，也不管也速该同意不同意，就伸手牵过马缰，拉着马向他的毡帐走去。

也速该一看，再也不好意思拒绝这位热情的老哥，就带着铁木真跟他去了。到了毡帐一看，帐里的各种日用家具陈设都很讲究，而且都干干净净。在漠北，这样的布置真算得上是一户中上人家了。这是也速该第一次到德薛禅家来，看了帐里的这些家具，他更相信在弘吉剌部里，这位德薛禅老哥的确是一个非常有地位的人。

"方才听你说，你今天就是为了给儿子找个媳妇来的，是不是？"大家坐定以后，德薛禅问道。

"嗯，是的，我打算带这孩子到舅舅家去，给他找一个会过日子的媳妇。"也速该答道。

"要找媳妇的话，又何必非要到你岳父家去呢？"德薛禅又看了看铁木真，说，"也速该部长，你知道，我们弘吉剌部向来是以美女多出名的。换句话说，我们部落的美女到处都是。我们可不像你们喜欢弯弓射箭的，我们过着一种平静日子，尽心教养女孩子，养大了就送到那些大王大汗身边，陪这些英雄豪杰过日子。"

"嗯，这些情况是这样的。"也速该点头说。

"老实告诉你吧，我的家里也有一个很漂亮的女儿呢！"德薛禅带着得意的神情，继续对也速该说，"我的女儿是一个很不平常的美人呢，这孩子不但性情温柔，而且举止大方。但可有一样，只要是我看不上眼的男孩儿，不管他拿多少聘礼来请求，我也是不肯轻易许婚的！"在也速该和铁木真面前，德薛禅把他的女儿捧上了天。

也速该说："照你这样说来，那倒真是一个难得的女孩儿了！"

德薛禅说："怎么？也速该部长，如果你不相信，我这就叫我女儿出来，给你看看——孛儿帖呢？孛儿帖！"说着就大声喊他女儿的名字。

"来了。"一声清脆的女声应答，从帐后走出来一个漂亮大方的少女，她款款地向这边走了过来。

也速该一看，果如其言。他当场夸赞："的确长得很好，眼睛就像黑珍珠，恐怕天上的星星也没有这样灿烂的光芒呢！"

德薛禅更加得意了，他说："怎么样？也速该部长，我女儿果然不错吧？"

"不错不错！现在我决定，如果你没什么意见的话，我就给我儿子铁木真订下这门亲事。"也速该本来就是干脆的性格。

铁木真和孛儿帖的婚事就在这样一场谈话中定了下来。定亲当天，他们吃了定亲的喜酒。原打算第二天铁木真要随父亲回去的，可是德薛禅老两口太喜欢铁木真这个未来的姑爷了，就留下铁木真住些日子。

第二天早晨，也速该告别德薛禅一家，扬鞭打马，独自走上回家的路。在途中，也速该刚走出不远，就遇上了塔塔儿部摆设酒席。按照当地人的习俗，在草原上遇到了筵席就要下马，以示礼貌。饥渴的也速该就和塔塔儿人一起宴饮起来。

塔塔儿部历来居住在蒙古部的东南面，他们占有呼伦贝尔湖区最为富饶的草原，势力相当强大。塔塔儿部当时正与占据中原地区的金国打得火热，而金国也常常支持塔塔儿部挑起与其他各部的争斗。

以前，塔塔儿人仰仗金国的势力，做了很多有损于蒙古族各部的事情。铁木真父亲也速该的三世祖曾是蒙古部首领，他就是被塔塔儿人擒获之后送交金国处死的。蒙古人早就对塔塔儿部恨之入骨。

按照当时蒙古族人的风俗习惯，亲族遇害就应该毫不犹豫地为之复仇。各部落、各氏族都约定俗成地遵守这复仇的制度。蒙古部曾经在一次复仇战斗中获得了胜利，并且活捉了塔塔儿部的首领铁木真兀格。

尽管蒙古族与塔塔儿是世仇，但草原见席下马的规矩谁也不能破，也速该作为一个部族首领，自然要遵守的。在宴席上，塔塔儿人认出了也速该，就热情地邀请这位部长入席，也速该显然无法拒绝。

也速该按照习俗入席饮酒吃肉，不料，阴险的塔塔儿人在酒席上也不忘仇恨，暗自将毒药放在了食物中，又在送行酒中下了剧毒。也速该不明就里，吃肉饮酒，已是在劫难逃了。

也速该在回家的途中，腹部突然剧痛，他立刻意识到自己被塔塔儿人暗算了。毒药是缓慢发作的。开始，为了赶快回到蒙古包，也速该策马奔腾。后来，药力发作了，他只能坐在马上摇摇晃晃，速度也慢了下来。也速该勉强支撑着身体回到了家，到家后，他从马背上滑了下来，昏死过去。

当也速该慢慢地睁开眼睛的时候，他已经躺在了自己的蒙古包里了。包里来了许多人，他想坐起来却没有成功。这时，诃额仑托起了也速该的头，也速该说道："蒙力克呢？我要见他。"

"首领，我在这儿。"蒙力克答应着凑近了也速该。

也速该伸出手来，蒙力克拉住了他。这时，也速该吃力地说道："蒙力克，我去为铁木真求亲，在回来时被塔塔儿人给暗算了。我恐怕是活不成了。你快去弘吉剌部把铁木真给接回来。"紧接着，也速该又叮嘱道，"不要说我被害的事情。"

"我马上就去。"蒙力克痛苦地答应一声便跑出了蒙古包。

随后，夫人诃额仑急忙请最出名的萨满巫师施法治疗，可是也速该仍然不见好转。诃额仑又让仆人上山采药，她亲自熬汤解毒。然而，毒药已深入内脏，再无化解救治的可能了。

匆忙赶来的蒙力克以也速该夫妇思念儿子为由，要求将铁木真带回乞颜部。这时，搠坛夫人听说蒙力克要接回铁木真，脸立刻就沉了下来："难道诃额仑把儿子交给我们还有什么不放心的吗？"

蒙力克连忙解释说："不是这个意思，诃额仑只是想看看铁木真，然后就把他再送回来。"

"你不是看见了吗？铁木真在这儿如同在自己的家里一样。你回去告诉诃额仑，让她别忘了，男子定亲后是要住在未婚妻家中的，这不是我们草原代代相传的规矩吗？我想，诃额仑亲家应该会按这个规矩办事的。"

随后，搠坛夫人转身又对孛儿帖说："孛儿帖，去给远方的客人饮饮马，蒙力克，请进我们的帐篷喝点茶吧！"

蒙力克见搠坛夫人不让自己接走铁木真，自己又不能向德薛禅夫妇说出也速该已经中毒的真相，只好向德薛禅恳求说："德薛禅，请您千万答应我们这个不情之请吧！还是让铁木真随我回去吧！"他再次施礼。

要知道，德薛禅可是弘吉剌部出了名的智者，他一开始就预感到有什么不测发生了，因为如果不是有什么必要的原因，也速该是不会为了让诃额仑免除对儿子的挂念，就让人来接铁木真回去的。何况，据他了解，诃额仑也不是那种没有见识的女人。想到这里，德薛禅举手制止了妻子的再次拒绝，问蒙力克："你打算什么时候带铁木真走？"

"立刻就要走！"蒙力克坚定地说道。

"不在这儿住一宿吗？"德薛禅试探着问道。

"不用，现在我们必须得走了。"

通过蒙力克这样一说，德薛禅的心里更加明白了。于是，他对铁木真说道："铁木真，你跟孛儿帖去马群给自己和蒙力克叔叔挑出四匹好马来。"

蒙力克赶紧施礼，说道："多谢了！"

这时，孛儿帖却瞪大了眼睛看着父亲，说道："阿爸，你真的要让铁木真走吗？"

德薛禅叹息着说："亲家如此想念孩子，你就让他回去一趟吧！"德薛禅的夫人见丈夫都答应了，也就不再说什么了。于是，孛儿帖和铁木真骑上马，奔向牧场去寻找马匹了。

这时，孛儿帖有些不高兴地问铁木真："你真的愿意跟蒙力克回去吗？"

"你不是听到了嘛，我母亲病了，我必须得回去，等母亲的病好了，我马上就回来！"铁木真劝慰着孛儿帖。孛儿帖听了也就不再追问了。

此时，一个牧人打了一个口哨，分散的马群便集中到了一起。铁木真骑在马上，手执套马杆，两腿一夹马肚子，坐骑冲向马群。孛儿帖也手执绳套跟了上去。铁木真选中一匹强健的儿马，追赶，出杆，套上马脖子。只见那匹马想要靠着奔跑来挣脱，铁木真握住套马杆不放，被那马拖住奔跑。孛儿帖追上前又甩出绳套，套住那马的脖子，两个人合力制服了那匹烈马。

铁木真和孛儿帖骑着两匹马，又各自牵了一匹马走向了自己的毡包。越是接近毡包，两个人越是感到分别的艰难。他们谁也不说话，默默地来到了毡包前。就在和铁木真分别的那一刻，孛儿帖难过地流下了眼泪。

铁木真和蒙力克骑上马走了。铁木真在马上回过头,向孛儿帖她们招手,孛儿帖追了过去。搠坛夫人看着自己的女儿这样难过,不断地埋怨着丈夫:"他们两个已经分不开了,你就不应该让铁木真走。"

此时,德薛禅正目光深邃地望着铁木真的背影,他说道:"我想,也速该亲家的家里一定是出了什么大事,铁木真不一定能回来了!"听了德薛禅的话,搠坛夫人感到异常的吃惊。

这一天晚上,蒙古各家族的贵族首领们都围在也速该的身旁。躺在羊皮褥子上的也速该一阵剧痛,他捂着腹部,咬紧牙关挺住。也速该的四弟答里台满头大汗地从外边跑进来,二哥捏昆太石问道:"铁木真回来了吗?"答里台摇了摇头。

这时,也速该喘息着,断断续续地说道:"我,我恐怕是不行了。"他又扭过头紧盯着门口,问道,"铁,铁木真,还,还没有回来吗?"

诃额仑哭着说道:"快了,也速该,你要等着他呀,一定要等着铁木真回来呀!"

这时,也速该有气无力地对众人说道:"我死后,留下,留下七个孩子,两,两个寡妻,顾不上了,拜托,拜托各位了,替我,替我照顾好她们。我以前有什么做得不对的地方,请不要,不要怪罪她们!"说完这句话时,也速该的目光停留在了塔儿忽台的脸上,此刻,他还不知道就是这个族弟使他丧了命。

"父亲,我回来了!"铁木真一步就跨进了包门。

听到儿子的声音,诃额仑大声地哭了出来:"铁木真,你可回来了,快来看看你的父亲吧!他快要不行了。"

众人分开,铁木真和蒙力克走近了也速该。此时,也速该忽然红光满面,一下子挺起身来,无比激动地说道:"铁木真,记住,我是被害死先可汗俺巴孩的塔塔儿人用药酒毒死的,无论蒙古部谁当了首领,只要遇见比车轮还高的塔塔儿男人,都杀掉,一个也不留!"说完,他大睁着双眼,紧攥着双拳死去了。

这时，铁木真怔住了，诃额仑一下子就扑了上去，她伏在也速该的身上大哭起来，也速该的别妻和几个孩子也发出了悲惨的哭声，而围观的人们也无不感到悲痛。

突然的死亡，也速该来不及做任何准备。他抛下了自己的妻子诃额仑，还有十三岁的大儿子铁木真、次子合萨尔、三子合赤温额勒赤、四子铁木格斡惕赤斤、还在襁褓之中的小女铁木仑，还有自己的别妻速赤吉勒，以及速赤吉勒为他生下的两个儿子别克铁耳和别勒古台。也速该带着对这个世界太多的不放心和遗憾，撒手而去了。

忍受丧父之痛的铁木真，眼睛里闪着泪光，耳畔却震响着也速该的临终嘱咐，他缓缓地跪在也速该的面前，咬着牙发誓说："父亲，您的深仇大恨我一定要报，您就放心地升天吧！"铁木真扑地跪倒，表情异常痛苦。

这个时候，诃额仑忽然冷静了下来，对铁木真说道："铁木真，你已经十三岁了，你要继承你父亲的汗位，不能让泰赤乌人把汗位给抢走了。"此刻，铁木真忽然感觉到十分茫然，他有些不知所措。

"我们乞颜人注定是要做可汗的，你的父亲是这样对我说的，铁木真，你要出去抢！"母亲怀着悲愤的心情说道。

"抢？"铁木真说，"汗位不是应该由各族组成库里台推举的吗？"

"傻孩子！"母亲抱住铁木真的头，"如果要等库里台推举，那还轮得到你吗？塔儿忽台第一个就会抢着做的，因为人人都害怕他。"

"可是，我该怎么抢呢？母亲。"

诃额仑慢慢地放开了手，严肃地注视着铁木真的眼睛，斩钉截铁地说道："射杀他！"

"射杀他，这有用吗？"铁木真不解地问道。

"有用的。"母亲目露异光，"如果射杀了他，那么别人也就会害怕被杀，因此别人就不敢再和你争了，这样你就能够登上汗位了。"

铁木真霍地站了起来，说："好！我这就去射杀塔儿忽台。"

"慢着！"母亲叫道。铁木真疑惑地望着母亲。

"你一个人的力量是不够的，我叫蒙力克来帮助你。"她停了停又说，"你父亲命他到弘吉刺部去接你之前，把我们母子都托付给他了。他勇敢、强壮，而且是一个好人。"

"是的，蒙力克叔叔是个好人。但是，如果他帮助我杀死了塔儿忽台，那他岂不是也要来抢我的汗位了吗？"

"蒙力克是不会这样做的，他是不会做损害你的事情的，我从心底感觉到的，是不会错的。"诃额仑坚定地说着。

正在他们母子说话时，蒙力克走进大帐来。诃额仑对他说道："蒙力克，现在我们全都倚仗你了，你做了新汗以后，不会亏待我们吧？"诃额仑试探性地问道。

"我做新汗？这话是从哪里说起呢？"蒙力克不解地问道。

"铁木真年纪太轻了，他们是不会服他的。与其被泰赤乌兀人抢去，还不如由你来做可汗呢，你不会怕塔儿忽台吧？"她慢慢地说着。

"我从来也不曾怕过塔儿忽台，我也有能力折断他的脖子，但是，他们并不会就此罢休，还会有很多人出来抢汗位，到那时，还是轮不到铁木真的。"蒙力克激动地说。

这时，铁木真突然说道："蒙力克叔叔说得对。母亲，我们就忍耐几年吧，等我跟合萨尔长大了，再把汗位抢过来。"

"你不明白的，孩子。"母亲咬着牙说道，"泰赤乌兀人会待我们很坏，抢去我们的羊，并且不让你喝马奶。"

"几年的时间，我可以苦忍。"铁木真坚定地说道。

"好吧！我们就苦忍。"母亲昂然抬起头说，"蒙力克，我们这就发丧！"

在办完了也速该的丧事后，所有部族召开了一个小型的库里台。泰赤乌人占了极大的优势。乞颜人尽管心怀故主，但还是没有人敢推举年仅十三岁的铁木真为可汗。于是，塔儿忽台当上了新的可汗。

也速该死后，他的部落一下子人心涣散，族人纷纷离开本部落，投到别的地方去了。乞颜部的势力迅速衰落。首领一死，族内人的反应特别冷淡，诃额仑带着一帮孩子整日以泪洗面。然而，孤儿寡母的泪水并没有唤起他们的同情，没有人前来抚慰他们。

铁木真仿佛一下子长大了许多，他跪在母亲的脚下，哭着立下誓言："无论前途有多艰险，我一定要战胜一切，披荆斩棘，把自己锻炼成一个顶天立地的男子汉，用自己的双手杀死父祖辈的世代仇人塔塔儿人和金人！不达目的，绝不罢休！"

听了铁木真的誓言，母亲诃额仑走上前去，扶起儿子，紧紧搂住他，坚定地说道："鹰的儿子不会变成山雀，阳光孕育出来的后代也不会成为马贼，你是天狼星转世，一定要成为全蒙古的首领，各部汗王！"

听了母亲的话，铁木真及其弟弟们，一齐上前伸出手来，簇拥在诃额仑周围。

从那时起，铁木真的生活开始贫困起来，他们几个孩子只好与母亲相依为命。家里的财产被人拿光了，他就去野外采集野果和草根来充饥。但是，艰苦的生活不但没有击倒铁木真，反而锻炼了他的意志，健壮了他的体魄。

普通人的生活经历，也使他更加注意保护生产，维持与部众团结的重要性。渐渐地，铁木真长成了一个英勇健壮而又足智多谋的青年，他寻找着父亲往日部众，并且与父亲好友建立起联盟，这些使得他逐渐恢复了族内首领地位。

逐渐成长起来的铁木真，认真处理着与周围部落的关系，尽量扩大自己的势力范围。

童年磨难

困苦中坚定信念

这年春天,铁木真曾祖合不勒汗之弟俺巴孩的夫人斡儿伯和莎合台两人一起去祭祖,诃额仑夫人去得迟了些。按道理,祭祀祖先,祭肉是要大家分享的,但这次却没有诃额仑的份儿。诃额仑母子到达的时候,发现祭祀已经结束了,桌子上的供品空空如也。

诃额仑知道迟早都要有这么一天的,据《蒙古秘史》里面的记载,面对这奇耻大辱,她质问道:

也速该虽然死了,但是我的儿子不能长大了吗?难道我的儿子们就不能长大成人了吗?祭祖的供品人人有份儿,凭什么不分给我们?你是不是已经不把我们算作是乞颜部的人了呢?

诃额仑继续质问道:

今天不分给我们供品，不给茶饭，他日转移营地，是不是也想抛弃我们啊？

斡儿伯不等诃额仑母子，提前进行祭祀的时候，就已经对捏昆太石兄弟进行了一种试探。

见捏昆太石和答里台并没有什么强烈的反应，斡儿伯知道了捏昆太石兄弟没有胆量去对抗有野心的泰赤乌家族，于是更加有恃无恐："你们母子遇饭便吃，遇水便饮，我们亏待过你们吗？可祭祀祖先这样大的事情，你们却迟迟不到。既然你们眼里没有祖先，还有什么资格分享祭祖的供品呢？"

"你这是什么意思呢？"诃额仑据理力争，"也速该是替你的丈夫俺巴孩汗报仇，才与塔塔儿人结怨而遇害的。如今他尸骨未寒，难道你们就要抛弃我们吗？"

"哼，也速该的死也许是因为他抢了你这个倒霉的女人的缘故吧。"斡儿伯说完就走了。

诃额仑还想继续与斡儿伯进行争辩，塔儿忽台却拦住了她。只听塔儿忽台阴阳怪气地说道："你那丈夫活着的时候，给我起了一个'乞邻秃黑'的绰号，人们都以为我是一个吝啬而贪婪的人。他的死也许还是曾经诬蔑我的报应呢。"诃额仑听了十分气愤，塔儿忽台便扬长而去了。

此时，铁木真早就已经压抑不住心中的愤怒了，他从背后追上了塔儿忽台，抓住了他的手就使劲儿地咬。塔儿忽台疼得急忙挣开了手，一脚便将铁木真踢倒在地。铁木真滚了几下便爬了起来，还要往上冲，也速该的别妻怕铁木真吃亏，便拉住了他。

铁木真痛苦地挣扎着，喊道："放开我，不许他咒骂我的阿爸。"随后，他又环视着众人，说道，"你们为什么就不能说一句公道的话？难道你们没有良心了吗？"

人们都默默地走开了，连捏昆太石和答里台也叹口气走开了。只剩下了诃额仑一家人孤零零地站在那里。

斡儿伯边走边对塔儿忽台说:"你看见了吧?连也速该的哥哥和弟弟都不敢站出来替诃额仑讲话,该是你称汗的时候了。"听到斡儿伯这么一说,塔儿忽台兴奋得直拍手掌,他说道:"长生天到底还是没有忘记俺巴孩的子孙啊!"

后来,斡儿伯再一次把事情给做绝了,把诃额仑一家抛弃在了营地里,他们又换了一个营地,从此不再和诃额仑一家在一起了。

紧接着,泰赤乌部的两个头目就率众拔营顺着斡难河而去。诃额仑夫人和铁木真他们眼睁睁地看着族人都在搬迁帐幕,纷纷离开他们,心里非常难过。就在这时,只有一个名叫脱延朵的叔祖父留在了他们这一边,多多少少给他们母子壮点声势。

但是过了没几天,脱延朵的毡帐也开始拆迁了。铁木真看见时心惊,忙跑来跟母亲诃额仑商量。铁木真跑去哀求脱延朵:"叔祖父,别人可以走,但是您不能丢下我们不管呀!我父亲在世的时候,向来是很尊敬您的,而且您也受到了全体族人的尊敬。您这样一走,恐怕所有的人就都要走光了呀!"

脱延朵闷声不响,理也不理地只管拆着帐幕。铁木真一看更加着急,就去向察剌合老人求援,请他出面劝阻。

察剌合得知铁木真告知的情况,认为这事特别严重,他立刻三步并作两步,赶到了脱延朵的毡帐那边去劝阻。他说:"脱延朵老人,您就看在死去的也速该的面儿上,请暂时留下来吧,您就给这孤儿寡妇壮壮声势吧!"

脱延朵听察剌合这样说,立刻竖起浓眉,把手上的家什往地上一丢,瞪着眼睛对察剌合喊道:"水都干了,石头也都没了,光我留下来,还能干什么?!"

察剌合继续苦苦相劝:"您的话不能这么说。也速该在世的时候,你们俩那样好,现在也速该死了,留下了那一大帮孩子,你总不应该硬着心肠,就这样丢开他们走了啊!"

察剌合老人话音未落，脱延朵伸手抓起一根长矛刺向察剌合。察剌合躲闪不及，背被深深地扎伤了，当即就倒了下去。察剌合老人忍痛爬起来，踉跄着奔回家。

铁木真得知发生了这样不幸的事故，就急忙赶到察剌合老人家里去问候。他进帐一看，察剌合老人正侧着身子躺在毡毯上，合着双眼在那里喘息。

铁木真说："为了我们一家，害得您吃这么大的亏！没想到脱延朵这样不讲情理。我妈妈一知道这个消息就哭个不停，马上叫我来告诉您老人家，我们一家人，永远都忘不了您的恩德！希望您老人家安心地静养。我相信，您的伤很快就会好的。"铁木真双膝跪倒在察剌合老人的枕头边，向老人千恩万谢，泪水在他的脸上流淌。

察剌合老人勉强睁开了眼睛，他说："铁木真哪，你父亲刚死没几天大家就叛离你们，投到别的部族去了，我实在是不忍心你们吃苦，去劝脱延朵留下来……"老人家停下，喘了几口气。

"哪里想到，这个蛮不讲理的脱延朵，他不但不听我的劝告，反而用长矛扎伤了我，唉！"说着，泪水从老人的眼里流出来，"我已经这么大的年纪了，死了倒也没什么，可是……可是你们母子这样孤单，可怎么活下去呀……"

铁木真带着哭声，竭力安慰老人家。他有气无力地回到家，把察剌合老人说的话，边哭边诉地告诉了母亲。

听着听着，诃额仑倒竖起两道柳眉。她说："铁木真，你别这样懦弱，把眼泪擦干。跟我来！"她一把拉住铁木真，疾步出帐。

她跨着大步说："那些人欺侮我们太厉害了！我虽是个女流之辈，难道真的一点儿用也没有吗？现在，我倒要跟他们拼上一拼了！"

母子俩来到周围的帐幕，叫帐里的每个男人都带着武器出来，快速到她的帐前集合。诃额仑回到自己的毡帐，把一面代表"蒙古汗"的"飞旗"找了出来。

"大家看到了这面旗子，总会想起些什么吧？"诃额仑不管人数多寡，她挥着那面旗说，"大家跟也速该在一起的那段岁月不能算坏吧？前一段时间，有人受了别人的煽动投奔别的部族，现在，又有一批人要走。现在，就请大家看在死了的也速该的面儿上，跟我把他们追回来吧！"

诃额仑说完，不待大家说话就跳上马背。她喊道："现在，我们立刻出发！"

大家一看到那面旗子，又听到诃额仑的号令，就觉得再不能不听这女人的话了。因为在过去，大家毕竟在也速该的领导下建立过不少功勋。当也速该的妻子诃额仑夫人把旗子举起来的时候，众人身不由己地听从了她的指挥，上马出发了。诃额仑举着那面旌旗，带着铁木真在后面压队。

不到半个时辰，诃额仑的队伍就赶上了另一个更大的搬迁队伍。那是由脱延朵领头儿要搬到别处去的一群叛徒。脱延朵正扬扬得意地骑在高头大马上往前赶着路，忽听从后面传来一阵喧嚷声。他回头一看，原来是寡妇诃额仑带着人从后面赶来了。

诃额仑驱马近前，指着脱延朵说："你是我家的长辈，为什么要丢下我们溜走？我死去的丈夫也速该待你不薄，我们母子也还要靠你扶助，别人走也就罢了，可是你走了，你自己想想，你对得起死去的也速该吗？"

脱延朵听诃额仑夫人这么一说，羞得满脸发红，他想不出任何话来回答。最后只有调转马头，不声不响地溜了。

跟在脱延朵后面那伙人看见首领一走，也想跟上去。诃额仑对跟自己来的人喊道："大家围上来，我看今天不流血，是不能收场的！"

族人被诃额仑夫人这一吼，不顾一切围了上去。那伙人一时也没主意，有的还要前去，就舞着长矛，横冲直撞地拨开了周围的武器冲出包围圈，没命地跟着脱延朵跑。有一部分人刚一见了诃额仑夫人的面，手脚就软了，虽然摆出要走的态势，但一时间僵在那里。

诃额仑见这些人还能留得下来，便缓和口气说好话："大家没有对我动手,我非常感激你们。我希望大家别像脱延朵那样见识短浅。要知道,瓦片还有翻身的日子呢!你们要是能留下来的话,只要我儿子铁木真将来有了成就,就绝不会忘记你们今天的义举!"

铁木真等母亲说完话,见大家的脸色也缓和下来,就立刻跳下了马,跪在地上,哭着向大家叩头,苦苦哀求。最终大家被他们母子给感动了,于是一起向铁木真回拜,说:"好,不走了,不走了,我们一起苦撑下去吧!"就这样,总算有一小部分的族人被诃额仑追了回来。

诃额仑带着孩子们继续艰难地生活着。在极度困难时,铁木真一家靠着草根、野果和野葱度日。当时流行一首蒙古人的诗歌这样写道:

> 生性贤明的诃额仑母亲,
> 抚育着年幼的儿子们,
> 头戴固姑冠,
> 腰束带子。
> 来往于斡难河畔,
> 采摘树梨野果,
> 谋度艰苦的日子。
> 生而有胆识的诃额仑母亲,
> 抚育着聪明的孩子们,
> 手持桧木橛子,
> 来往于察把赤木地方,
> 掘取红蒿草根,
> 谋度艰苦的日子。
> 生而俊美的诃额仑母亲,
> 手持木钩棍子,
> 来往于斡难河滨,
> 采摘野韭野葱,
> 抚育着有福的儿子们。

生而贤明的诃额仑母亲，
以草根养育的儿子们，
都有治国的才干，
生而俊美的诃额仑母亲，
以野葱野韭养育的儿子们，
都有福禄气象，
诃额仑母亲抚育的儿子们，
都有英勇气概，
为报答母亲的恩情，
往有鱼的河上去，
坐在斡难河畔，
钓取水中的游鱼，
奉养母亲！

艰苦环境，磨炼了孩子们的意志，形成了他们坚韧不拔的性格。铁木真渐渐长大，开始带领弟弟结网打鱼，弯弓捕猎，帮助母亲，担负着作为长子的责任。

铁木真用针制成鱼钩，到斡难河边去钓鱼，有时可以钓到大鱼，但有时却只能钓到类似鲑鱼的茴鱼以及其他小鱼。他把钓来的鱼奉献给母亲。

有一天，也速该别妻的大儿子别克铁耳不满地说道："现在，连蒙力克也不辞而别。铁木真还一直叫他什么蒙力克父亲，他一点也不配。"

铁木真对这个异母弟弟一向都没有什么好感，此刻，当他听见别克铁耳正在攻击着蒙力克时，反驳说道："别克铁耳，蒙力克父亲是最后一个离开我们的，为了这个他也应该受到尊敬，而不是受到抱怨。"

而别克铁耳根本就不把铁木真放在眼里，他瞪起眼睛坚持说："可他到底还是抛下了我们，早离开与晚离开有什么区别呢？"

此时，铁木真比别克铁耳的声音还要大，说道："当然有区别，蒙力克为了我们，连自己的马、牛、羊和骆驼都丢失了，可是你现在还在说他的坏话，这是忘恩负义。"

诃额仑不耐烦地说道："够了，你们都别说了。"

由于母亲是别妻，这种地位使别克铁耳的自尊心特别强，其实也可以说是最脆弱、最容易受到伤害。于是，他就反其道而行之，为了保护这个自尊，平时的表现便很孤傲和乖戾，现在他却故意挑事儿地咕哝了一句："他离开我们恐怕是另有原因吧！"

这时，别妻听到自己的儿子说的话，吓了一跳，赶忙制止儿子，说道："别克铁耳，你在胡说些什么？！"

别克铁耳却把脖子一梗说："我没有胡说！我听见蒙力克同他妻子吵架了，那个女人不愿意自己的丈夫成为别人孩子的'蒙力克父亲'。"

别妻听到儿子说的话，随手便打了别克铁耳一个耳光。其实，蒙力克的妻子由于嫉妒而与丈夫吵架的事情，大家都曾经听到过。但是，谁都不愿意把这种尴尬的事情说出来。此时，别克铁耳却这样直白地喊叫了出来，是十分不合时宜的。

铁木真头一个跳了起来，抽出腰间的大刀："别克铁耳请你收回刚才的话！"他瞪圆了眼睛看着别克铁耳。可是，自尊心强的别克铁耳并不认错。

这个时候，诃额仑对别克铁耳这样的表现十分生气，但因他毕竟是别妻的儿子，便把怒火撒在了自己儿子的身上："铁木真，别克铁耳也是你父亲的儿子，你的刀只能砍向金狗、塔塔儿人和蔑儿乞人！"

铁木真看了母亲一眼，顺从地收起了刀。诃额仑不愿意再继续这类话题了，当前最应该做的是如何将所有的人都发动起来，一起渡过难关。随后，诃额仑又说道："铁木真，你是长子，是这片营地里最大的男人了，你应当知道自己肩上扛着的责任与使命是什么。"

听了母亲的话，铁木真咬了咬牙坚定地说道："我知道。不管有没有人来帮助我们，不管未来是如何的艰难，我们也要顽强地生活下去，要不然，谁去给父亲报仇呢？"

诃额仑又看了看大家，说道："你们都同意吗？"众人点了点头。

诃额仑走进了蒙古包，脱去了蒙古袍，头上戴着柳枝为架、用青毡包成的固姑冠，腰系一条牛皮带，脸上显示出了庄严、肃穆的神色。看到这样的诃额仑，一家人都对她肃然起敬。

紧接着，诃额仑动情地讲起了蒙古人的历史。母亲讲完后，铁木真从故事中醒悟了过来，他说道："母亲，我明白了。虽然我们现在没有了牛和羊，可是草原还在；虽然我们现在没有了部众，可是我们还有双手，更主要的是我们心里有着深仇大恨，肩上扛着重大的责任，所以我们必须要生活下去！"

"对！求人不如求己，自强就可自立。"诃额仑举目向草原望去，坚定地说，"草原能够哺育我们的祖先，也能养活我们黄金家族的后代。铁木真，你是长子，是你父亲的继承人。现在，你就是这里的首领，将来蒙古人振兴之后，你就是蒙古的可汗。你该行使自己的权力了！"

诃额仑又庄重地对大家说道："大家都听着，从今天起，铁木真的话就是最高的指令，大家都必须服从他。"

此刻的铁木真感觉到了自己巨大的存在作用，于是，他挺了挺腰板儿，说："大家都听着，合萨尔，你去削一把桧木剑，领着合赤温去挖些地榆和狗舌，你认识吗？"合萨尔摇了摇头。

这时，豁阿黑臣说："小主人，我跟他们去吧。"

"我同意了。"铁木真又对别妻说，"二娘可以留下，顶替豁阿黑臣，照看铁木格和铁木仑，母亲带着别克铁耳和别勒古台去挖点山韭菜和野葱。我自己去牧马。"说完后，铁木真又看了看诃额仑说道，"母亲，您看我这样安排行吗？"

诃额仑对铁木真的话不置可否，却用行动来表示支持："新首领已经发布命令了，我们只有服从。走吧，孩子们。"别妻领着铁木格和铁木仑留在包前,其余的人则向草原和林中走去。

从此,林子里经常出现诃额仑领着别克铁耳和别勒古台手持桧木橛子挖野菜的身影;而草场上铁木真和合萨尔兄弟则放马、刷马,给马割过冬草料……一家人就靠着一点点马奶、山韭菜和野葱过活,偶尔才能够吃到一点荤腥。

铁木真一家尽管在艰难的环境中苦度岁月,但是他们并没有被困难压垮,他们也没有忘记也速该的遗言。在为活命而劳作的同时,铁木真还会带着弟弟们练习弯弓盘马。

说来也奇怪,他们过的是仅仅能延续生命的日子,可是一个个的筋骨却像马驹子一样结实,而那几匹银合马也在不知疲倦地回报着小主人,已经下了两个活泼可爱的小马驹儿了。这个时候,他们已经拥有七匹银合马了。

现在,连最小的妹妹铁木仑也能够帮助妈妈干活了,在诃额仑挤马奶的时候,铁木仑就会拿着点燃的草绳子,放在母亲的手臂旁,给母亲熏蚊子。

老仆豁阿黑臣则用草原上流传着的最古老的故事滋养着七个小主人:"黄金家族的先祖朵奔蔑儿干死后,他的妻子阿兰豁阿又生下了三个儿子。因为她原来的两个儿子猜疑母亲有私情,所以排斥后生的这三个弟弟。在春天的一个夜晚,阿兰豁阿祖母煮着腊羊肉,把五个儿子叫到了面前,让他们并排坐下,给他们每人一支箭让他们去折,他们一折就断了。阿兰豁阿祖母又把五支箭合起来让他们轮流去折,结果谁也没有折断。这时,阿兰豁阿祖母对两个大儿子说,最近每夜都有黄白色的人从天窗射进来抚摸我的肚皮,那光透入我的肚子里,那个人是随着日月的光亮,像黄狗似的爬着出去的。这样看来,我生的这三个孩子一定是上天的儿子,是凡人不能相比的。你们兄弟五人都是从我肚皮里生出来的。如果像一支一支箭分开那样的脆弱,会被任何人击败;你们如果同心合力,就好比这五支箭放在一起那样坚固,任凭什么力量也很难对付你们……"

可是,铁木真和他的两个异母弟弟之间却并没有像阿兰祖母的儿子们那样同心合力。相反,他们一直都是别别扭扭的。别克铁耳对铁木真的首领地位一直都表现出不尊重:"他凭什么当首领?他有战功吗?他不过是兀真生的儿子罢了。如果要让我当首领,会比他干得更好!"由于在别克铁耳的心里存在着这样的芥蒂,因此,平时也自然会处处给铁木真出难题。

按照常理,这同病相怜的一大家子更应该相互扶持,度过这流离失所的艰难时期。然而,谁都没有想到,家庭内部却爆发了一场血腥的冲突。

铁木真的同父异母兄弟别克铁耳,非常好强,他先是抢了铁木真钓来的一条咸水鱼,而且不顾铁木真的警告,抢了铁木真捉到的一只云雀。这可把年少气盛的铁木真给惹恼了,他与别克铁耳打斗了起来,怒火之下拔箭射死了别克铁耳。

闯了大祸的铁木真一回家,他妈妈马上就瞧出了不对劲。知道铁木真射杀了自己的兄弟之后,她满腔悲愤,责骂铁木真:"你就像一只要吞食自己胞衣的狗,又像冲向悬崖的野兽,简直像忍不住怒气的狮子,又像吞下活物的蟒蛇……你除了影子没有别的伴,除了尾巴没有别的鞭子,这样我们的大仇怎么能报?!"

母亲非常伤心,这对铁木真触动很大,他从此记住母亲的教诲,改掉了鲁莽的性格,克服了打架斗殴的习气,他觉得自己要学得有智慧和有谋略,这样才能成大器。

苦难,能够使人变得坚强,也容易使人变得暴烈;能够使人变得宽容,也容易使人变得残酷无情。当铁木真吸取了这一惨痛的教训之后,从此兄弟几人之间便同心协力,为恢复黄金家族的事业做出了不同的贡献。

重友情结拜兄弟

有一天,铁木真在家用松枝做箭,别勒古台骑着秃尾草黄马去打鼠,合萨尔带着两个弟弟去捞鱼,母亲领着小妹妹去捡粪。中午时分,母亲领着妹妹刚回家,只见西边扬起了尘土。

"妈妈,你看那边怎么扬起那么大的尘土?"铁木仑喊。铁木真听见,以为又来了敌人,便准备迎敌。只见,一群草原盗贼突然潜来,把铁木真家的八匹马全部劫掠而去。在这八匹马中,有一匹银灰色骗马,雄骏异常。

铁木真兄弟几人只能眼睁睁地看着这八匹马被歹人抢走,毫无办法,因为当时家中仅剩下的一匹劣马也被别勒古台骑去猎取旱獭了。他们几个人在盗马贼后面徒步追了一阵,根本无法追上,只好怅然而回。直到傍晚夕阳西下之时,别勒古台牵着那匹劣马回来。

对于铁木真全家来说,这是一场灾难。因为,铁木真一家只有九匹马,被盗走八匹,这就意味着不可避免的破产和毁灭。别勒古台一听说马匹被盗走了，当即自告奋勇地要去追回来。

合萨尔说："你不能去，我去！"

铁木真知道这些马是他们家庭的命根子，追回失马，自己责无旁贷，他对两个弟弟说："你们都不行，还是我去追！"说罢，他带上干粮，骑上秃尾草黄马，循着蹄迹，追了下去。他追呀追呀，一直追了三天三夜。

第四天早晨，铁木真在路边马群旁遇到一位伶俐的少年，他正在挤马奶。铁木真上前打听白骟马的消息，那少年说："今早日出之前，有八匹白骟马从这里被人赶过去了。"

他接着对铁木真说："朋友，我帮你去追！我父亲叫纳忽伯颜，我是独生子，名叫博尔术。"

博尔术是阿儿剌部人。阿儿剌氏与孛儿只斤氏有比较近的血缘关系，纳忽伯颜与铁木真的父亲也速该曾经作过好朋友。博尔术很佩服只身逃出泰赤乌人魔掌的铁木真。因此愿意在铁木真遭遇不幸时，伸出援助之手。

博尔术叫铁木真换了一匹黑脊白马，自己骑一匹淡黄色快马，把挤奶的皮桶用皮盖盖上，扔在外面，也不回家打招呼，就与铁木真出发了。

他们不断地查踪追寻，一天傍晚时，在一家营地外看见了那八匹白骟马。铁木真对博尔术说："朋友，你在这里等着，我把马赶来。"

博尔术听了，说道："既然一同来了，为什么我要待在这里。"于是一同过去把马赶了出来。

营里的人听到外面马蹄声响，出来一看，见抢来的马被人赶跑了，便追了出来。一个骑白马的人手拿套马杆，独自赶上来。博尔术说："朋友，把弓箭给我，我射死他。"

铁木真说："这很危险，你不能为了我受害，我去！"说罢，他迎上前去与之对射。

铁木真且射且走，后面的盗贼也陆续赶了上来。此时夕阳已落，天已昏黑,盗贼不知底细,不敢贸然穷追,渐渐地被铁木真两人甩远,落在了身后。两人赶马走了三宿,来到博尔术家。

铁木真说:"朋友,如果没有你,我怎会夺回我的马?我分一些马给你,你要几匹?"

博尔术说:"我的好朋友,因为看见你受苦难,我才帮助你。我父亲置办的家产已足够我受用,能帮助朋友是一件快乐的事,要是做了好事就希望别人来报答,还有什么意思呢?"

博尔术带着铁木真进了家,纳忽伯颜以为儿子失踪了,正在痛哭流涕,看见博尔术回来了,一面哭一面责备说:"我儿,你说,你怎么了?"

博尔术回答说:"没有什么,我看见这位好朋友有了难处,就和他结伴出去了,现在才回来。"说完又走到外面,把他离家前藏在草地上的挤奶用的木桶、皮斗取了回来。

为了给铁木真送行,博尔术杀了一只羔羊,又在皮桶里盛上了马奶,给他做路上的饮食。纳忽伯颜认可了这两个伙伴的友谊,对他们说:"你们两个少年,今天互相照顾,以后也要好好地友爱,互不相弃!"

铁木真告别了博尔术父子,赶着八匹马,又走了三天三夜,回到家里。母亲和弟弟们见他回来,大家欢喜异常。铁木真把路上与博尔术结拜为安答的事说了,母亲说:"你结拜好朋友,这是件大好事。"

铁木真与博尔术的友谊就这样开始了,这也是铁木真少年时结交的第一位朋友。

从此以后,博尔术随从铁木真,充当"那可儿",也就是伴当,共履艰危,同仇敌忾。当三姓蔑儿乞人袭击蒙古部时,博尔术随从铁木真逃避于不儿罕山,幸免于难。后来他又随从统一蒙古诸部,无役不予,屡次搭救铁木真于危难之中。铁木真称汗后,他与木华黎、博儿忽、赤老温并称"掇里班曲律",即蒙古语四杰的意思。死后被追封广平王。

少年历险

"铁木真!"水沟边上传过来这样的叫声,险些把铁木真的魂儿给吓飞了。他把嘴巴和鼻子一起都浸到了水里。

"你在这里吗?铁木真!"那声音更近了。

铁木真听到了这第二次的叫声,知道已经逃不过这一关了,就横了心,探出头来回答:"是呀,我铁木真在这儿!"可是,眼皮上都是水,看不清是谁在叫他。

索尔汗石剌走到铁木真身边,用赞叹的口气说:"你真有见识,不愧为一个才能卓越、出类拔萃的人,所以泰赤乌人才这样嫉恨你。铁木真,你就这样躲着,先别起来,等我去把追你的那些人引开,你就趁这空逃走吧!"

逃出泰赤乌人的魔爪

有一天,察剌合老人的儿子蒙力克赶来报丧,说他的父亲因伤重去世了!诃额仑夫人赶紧帮着蒙力克办完了察剌合老人的丧事。铁木真看着察剌合老人的尸体,心里悲痛难忍,禁不住放声大哭。

诃额仑夫人看蒙力克孤单单的一个人,就叫他搬到自己的家里来,和他们住在一起。蒙力克尽心尽力地替诃额仑夫人做家事。

蒙力克来了以后,铁木真家里虽然有了一个像样的家长,可是,生活还很清苦,最主要的是家里孩子太多。

孩子多,就得想尽各种方法,去找吃的东西。大家除了到山里捕猎飞鸟和田鼠以外,还到河里去打鱼,到山里挖野菜。他们就这样一天到晚,为了肚子而忙着,可是依然不能填饱肚子。

就这样日子久了,诃额仑总觉得这个只有孤儿寡妇的家,实在少不了蒙力克这样一个男人。她和大儿子铁木真商量过后,和蒙力克结成了夫妇。

蒙力克为了要给这群孩子们吃得好些，常常独自出去，到深山里去打猎。有时候，他往往当天赶不回来，要在山里过夜，到了第二天，就会赶回来，而且总带了猎取的大量鸟兽回来，让孩子们有一两天的好日子过。这次，蒙力克已经出去第三天了，诃额仑总不见丈夫回来。到了夜里，还是看不见蒙力克的踪影。

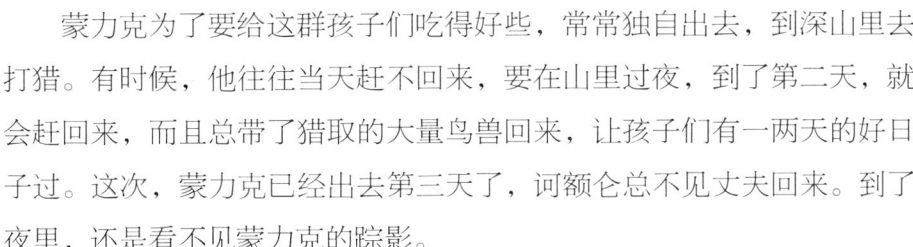

诃额仑在孩子们睡了以后，就来到了帐幕外面，在夜色中踱来踱去，等待着丈夫蒙力克回来。夜深了，帐幕外面渐渐冷了起来，天上没有月亮，连星星也看不到几颗。她在黑暗里一直等候到半夜，到底耐不下去了，就摸进帐幕里，倒在毡毯上了。

诃额仑才休息了一会儿，一丝极其微细的声音从很远很远的地方隐隐地传进了她的耳朵。她就用全部精神来倾听，终于听清楚了，那是马蹄在草原上疯狂奔驰的声音。

她急忙披上衣服起来，走出帐幕，在黑暗里焦急地竖起耳朵仔细地倾听着。果然，那急促的马蹄声越来越近，不一会儿，一头坐骑冲到了帐幕的门前来。

"是你站在那里吗？诃额仑？"蒙力克还没有下马，就这样急急地问道。

"我在等着你呢，三天了，蒙力克！"诃额仑兴奋地回答。

"诃额仑，泰赤乌人来了！赶快叫醒孩子们，马上离开这里！"蒙力克急促地说。

"这是怎么一回事？蒙力克，你说清楚一点！"诃额仑一听，就着了慌，急忙问着。

蒙力克气喘吁吁地说道："这次，我顺便到泰赤乌部去找个朋友，那朋友好意地告诉我，叫我赶紧回来，因为新汗塔儿忽台说，'羊羔儿的毛脱了，羊羔儿的身体也长大了，得马上动手！'那朋友还告诉我，事情就要发生了，迟一步恐怕来不及，叫我们赶紧走，我就连夜赶了回来。"

"你是说，塔儿忽台怕孩子们长大了报仇，就要派人来杀害我们，是吗？"诃额仑又问。

"是的，而且听说塔儿忽台会亲自来呢，至少要带一百多人前来，天明以前就会赶到这里。"蒙力克下了马，拉着妻子诃额仑，慌忙奔进帐幕里。

一会儿，孩子们都被叫了起来。大家骑上马，只等动身。

"大家先躲到那边的树林里去。"蒙力克指着西南方的一个树林子，"你们先走，我留在后面挡一阵，能够劝住他最好。"

"还是一起走吧，我看劝也没有用，尽量走远些，比较安全。"诃额仑不想与蒙力克分开。没有男人在身边，她到底有些不放心。

蒙力克不肯听，还是要她带着孩子先走，唯恐多耽搁时间。她只好硬着头皮，带着一大群孩子走了。诃额仑和她的小女儿铁木仑同骑一匹马。她一面走，一面不断地回头，总希望蒙力克能跟上来。

过了好一阵子，夜幕低垂，蒙力克连影子也看不见了。她咬着牙，举起马鞭，用力在夜空里挥动，她那坐骑就拉直四条腿，飞也似的向前奔去。

"赶快些，铁木真！"诃额仑催促孩子们，赶紧赶路。

铁木真跑在最前面，听她母亲一再催促，举起马鞭子，不停地往马身上抽。天还没亮，他们赶了三十公里路，到了一片大树林里，才停了下来。

大家在树林子里休息时，铁木真并没跟大家一起休息。他在树林子里到处摸索了一阵，看清楚了地势，就叫合萨尔、别勒古台这两兄弟去砍了些树枝，架起了一个防御的木栅栏。这样布置好了，铁木真才坐下来休息。

看着这些简单的防御工事，铁木真自己也知道并没有多大的用处，只是总比没有要好些。若敌人真的追了来，除了拼命厮杀以外，再没有更好的方法。

合萨尔的箭在打猎时，常常百发百中，大出风头，今夜他就把全部精力集中在手里的一副弓箭上。他把箭扣上了弦，躲在一棵大树背后，注视着展开在眼前的一片黑沉沉的原野。

别勒古台也找好一个隐身的地方，不声不响地埋伏好，手里紧抓他爱用的那副骨朵，只等敌人到来，决心要显一显他的小本领。还好，敌人最终总算没有来袭扰他们。

他们就这样日复一日、月复一月、年复一年地艰苦生活着。抛弃他们的那些人认为，他们一家在斡难河上游无依无靠，必定饿死冻死，除此不会有其他出路。

在漠北那样恶劣的气候条件下，在冷酷无情的社会环境中，孤儿寡母如何能自救？如何能活命？然而，他们孤儿寡母却活了下来，这是因为，他们是属于古代的刚强的种族。

铁木真已经长到十六岁了。这一年，一个意外之祸又从天而降。也速该被害后，他的家族中只有寡妻诃额仑和铁木真等四个幼小的孤儿、一个孤女。泰赤乌部落的人欺负他们年龄幼小，根本没有把他们当一回事。

泰赤乌人的首领塔儿忽台对铁木真母子的消息不断有所耳闻，他本来希望他们在苦难中丧命，没想到他们竟然渡过了难关。这不能不使他十分害怕。

险恶的塔儿忽台担心铁木真兄弟有朝一日会对他进行报复，就决定斩草除根，先下手干掉铁木真，他认为只有这样才能避免后患。

塔儿忽台召集了自己的部众，对他们说明了自己的意图："我们原来撇下的铁木真母子们，莫不似飞禽的雏儿般羽毛丰满了，走兽的羔儿般已经长成了。我们去探听一下他们的消息吧。"

于是他率领一些人，向铁木真一家的住地扑去。急促的马蹄声打破了斡难河畔的宁静，黑压压的骑士群预示着一场战争的来临。

诃额仑很快意识到是泰赤乌人来袭，来者不善，善者不来，她马上招呼全家人迁到树林中躲避。

铁木真指挥合萨尔、别勒古台以树干做掩护，并制止他们出去冲杀，避免与敌人短兵相接，要用弓箭阻止敌人的进攻。

十几岁的别勒古台已经力大无穷，他迅速砍了一些树木做藩篱，扎成了一个防守的营寨。

合萨尔已成为一名神箭手，百发百中。泰赤乌人冲上来了，他连续射倒了几个冲在前面的小头目。这使泰赤乌人大为震惊，攻势顿时减弱。进攻的泰赤乌人一时无法得手，铁木真他们一时也不能脱身，战斗进入相持状态。诃额仑乘机把年幼的合赤温、铁木格、铁木仑藏在山上的崖缝中。

泰赤乌人为了分化瓦解对方，减轻抵抗，减少伤亡，对合萨尔喊道："我们只要铁木真，叫他出来，其余的人我们一个也不要。"

铁木真听到了他们的喊声，就想挺身而出，让全家人脱离险境。诃额仑一把拉住了铁木真，叫他不要上当受骗。铁木真灵机一动，又想出了一个好主意。他飞身跳上一匹战马，对泰赤乌人大叫大骂，然后掉转马头，向山林深处跑去。

泰赤乌人跟踪追击，合萨尔、别勒古台趁机保护全家转移了阵地。铁木真快马加鞭，钻入斡难河上游森林中去了。

这森林中密密麻麻长满了雪松、落叶松和其他树木，极不利于大部队展开行动。泰赤乌人见铁木真骑马而逃，便一齐纵马追来。铁木真飞马驰入深山，山上林木更加茂密。

泰赤乌人不敢深入，只好紧紧地围住森林，等待铁木真饥饿难忍之时自己走出林来。

就这样，铁木真独自一人在密林里藏了三天三夜，泰赤乌人也在林外围了三天三夜。到了第四天，铁木真实在饥饿难熬，于是决定寻找一条出路。他牵着马向林边走去。走了几步，回头一看，见马鞍子丢了，只有马的攀胸和腹带还在。

小英雄不知原因，便认为这是天意，是天在保护他，不让他此时出林冒险。于是铁木真又原路返回密林，又在林中躲了三天三夜。最后，饥肠辘辘的铁木真又牵马向林外走去。

等到铁木真来到了林口，突然一大块白色岩石从山上崩塌下来，滚到了他的面前，挡住了他的去路。于是铁木真再一次原路返回，又在密林中坚持了三天三夜。

但到第九天，铁木真实在坚持不住了。在整个这段时间，他除了吃过几个野果以外，没有吃过任何食物。他想，与其在这里毫无作为地挨饿等死，不如冒险出去。

决心已定，铁木真便抽出平时用以削箭的刀，来到那块大岩石前，挥刀斩断缠在岩石周围的藤条和树枝，开出一条通道。然后，他牵着马，循着砍开的路向外走去。

他刚一走过岩石，只听一声响，埋伏在林口的泰赤乌人便一窝蜂地扑上来，铁木真被擒做了俘虏。泰赤乌人在斡难河畔设宴。他们大吃大喝，热闹非常，直至日落西山，方宴罢而散。

此时，看守铁木真的是两个身体并不强壮的年轻人。铁木真注意到了这一点，他心中也就估量出了这两个年轻人力量的大小。

铁木真是一个年轻力壮的小伙子，而且机敏过人，敢作敢为，果断坚决。他心里盘算着如何利用这个机会，对付眼前这两个年轻人。他耐心地等待着，等到夜幕降临。

泰赤乌人喝足了马奶酒，一个个回到蒙古包去休息时，铁木真便开始按盘算好了的计划行动。

铁木真耐着性子又等了好一阵，河边庆祝宴会上的声音终于完全沉寂了，再看看眼前看守他的这两个家伙，早已躺在地下，打着鼾声，睡得像死猪一样。他慢慢地挺起身子来，轻轻地走动了几步，看看那两个家伙到底听没听见。

铁木真来回走了几趟，那两个家伙一点儿反应也没有。他故意放重脚步，又来回走了几次。这时，打呼声虽然停了一下，可是，一会儿又呼呼地响起来。

于是，铁木真就放心了。他绕过那两个人的身边，慢慢地走出去，到了门口儿，伸出头去，向帐外仔细地看了看。空地上连半个人影也没有，各个帐篷里，也都寂静无声，灯火也都熄了，看这光景，帐幕里的人都到河边参加宴会了。

他想：这时如果朝着相反方向逃走，即使宴会里的人没醉倒，视线也会被帐幕挡住，不会立刻被发觉，这倒是一个逃命的好机会。

可是，眼前最大的困难却是脖子上的这个木枷。带着这样一个笨重的木枷，打又打不开，怎能跑得远呢？然而也顾不得这么多了，他把心一横，钻出帐幕门，背着斡难河，一路飞跑了去。

才跑过两座帐幕，迎面冲出一个孩子。那孩子一看到他，吓得叫了起来，可是等他才叫了一声，铁木真就用肩上扛着的木枷，迎头撞了过去。那孩子被撞昏了，他才逃过这惊险的一关。

铁木真拼命跑了一阵，背后响起了一阵喧闹的声音。原来，那两个看守铁木真的家伙醒过来一看人不见了，便大叫犯人跑了。泰赤乌人一听铁木真跑了，马上集合队伍，分头前往密林和沿斡难河搜寻。

铁木真听到了这声音，立刻定了定神，想想该怎么应付这些追兵。茫茫四野，往哪里跑呢？藏身于斡难河畔林中吗？那肯定会被搜出来的。草原这样广阔，并没有树林可以隐藏，一路上老是这样跑，总会被追到的。铁木真停下想了想，便果断地决定跳入河水中游到芦苇丛里，只把面目露出水面，一直还戴在脖子上的木枷此时正好做浮子。抬头向前面一看，地下横着一条很宽阔的水沟，他加紧跑上几步，扑到那条水沟里面，把身子浸在水里，只让鼻子和嘴巴露在外面呼吸。

不一会儿，就有几个人从水沟边走过去，嘴里在咒骂："戴着个枷，能跑多远？赶紧追，还怕他飞上天去？"那一队追他的人一边骂一边走过去了，铁木真这才松了一口气。

夜亮如白昼，泰赤乌人一个挨着一个，首先搜到河边的树林中。只有速勒都孙氏的索尔汗石刺向斡难河边走来，他很快就发现了仰卧在水中的铁木真。

"铁木真！"水沟边上传过来这样的叫声，险些把铁木真的魂儿给吓飞了。他把嘴巴和鼻子一起都浸到了水里。

"你在这里吗？铁木真！"那声音更近了。

铁木真听到了这第二次的叫声，知道已经逃不过这一关了，就横了心，探出头来回答："是呀，我铁木真在这儿！"可是，眼皮上都是水，看不清是谁在叫他。

索尔汗石剌走到铁木真身边，用赞叹的口气说："你真有见识，不愧为一个才能卓越、出类拔萃的人，所以泰赤乌人才这样嫉恨你。铁木真，你就这样躲着，先别起来，等我去把追你的那些人引开，你就趁这空逃走吧！"

铁木真听到这里，才听出来是索尔汗石剌老人的声音。索尔汗石剌说完就向他摇摇手走了。

泰赤乌人在树林中找来找去，没有发现铁木真的踪影，准备进一步搜查各处。不一会儿，又有一批人从水沟边走了过去，铁木真又逃过了一关。前前后后，水沟边一共走过了六批人，可是谁也没有想到向水沟里看一看。

索尔汗石剌怕他们找到铁木真，于是想法把他们支开，说："咱们白天让罪人跑了，黑夜到哪里寻找？还是从原路折回，仔细察看一下没有看到的地方吧。假如还找不到，就先回去休息，天亮后再找也不迟。犯人带枷好比鸟兽带箭，他还能跑到哪里去呢？"

大家觉得索尔汗石剌说得有理，草草搜查了一遍，就各自回去休息了。

人们慢慢地走了，索尔汗石剌再一次来到铁木真身旁，悄悄地对他说："泰赤乌人已经让我给支走了，等夜深人静以后，你赶快逃走吧。路上如果遇到别人，千万不要说我见过你。"说完，他若无其事地走了。

索尔汗石剌是泰赤乌部的部落奴隶，几天前铁木真曾在他家被监护。他有两个儿子，一个叫沈白，另一个叫赤老温，是铁木真幼年时的小伙伴。他们十分同情铁木真，晚上曾偷偷给他去掉木枷，让他安安稳稳地休息。白天，他们尽量给他吃些好东西，还陪他一起谈心解闷。

夜更深了，半明不暗的月光撒满草原。铁木真想了再想，决定离开这水沟,另外找一个藏身的地方。铁木真估计索尔汗石剌父子能帮他脱险,就从水沟里爬出来,沿着斡难河,一溜烟似的奔向索尔汗石剌家去。

索尔汗石剌劳累了半夜,刚睡了一会儿,忽然惊醒,发现一个浑身水淋淋、脖子上带枷的人跑来。他一眼认出铁木真,不免大惊失色说:"我不是告诉你,让你去寻找母亲和弟弟吗?你怎么到我家来了?"

"谢谢您老人家救了我一命!"铁木真淌下感激的热泪来,"我实在饿极了,嘴巴又干,求您老人家救救我吧!"

这时,索尔汗石剌的两个孩子听到了父亲在帐幕门口说话的声音,感觉有点儿奇怪,一起跑到门口来。他们探出头一看,认出蹲在那里的是铁木真。大儿子沈白先开口了:"爸爸,他就是铁木真吧?"

"是的,唉!"索尔汗石剌回答了一声,还叹了一口气。

小儿子赤老温听他父亲叹了一口气,知道父亲是同情铁木真的,便壮着胆子劝他父亲说:"雀儿被老鹰穷追的时候,树木也会帮它隐藏起来的,难道我们还不如草木吗?爸爸,还是救救他吧!"

"弟弟说得对,爸爸,救救他吧!"沈白也劝他父亲。

"好吧!"索尔汗石剌只好点头答应了,做了个手势,叫铁木真进来。

索尔汗石剌同意藏匿铁木真,就到帐外去查看动静。铁木真一到里面,沈白和赤老温两个兄弟就去拿了些家伙,把铁木真肩上扛着的木枷打碎了,然后丢到火堆里烧掉。

铁木真对这两个小朋友实在感激,便向他们拜了拜,说:"我将来如果有好日子过,一定要重重地报答你们一家人!"说完,又向索尔汗石剌叩头道谢。

"现在,枷也除掉了,铁木真可以自己吃东西了,你们拿些吃的东西出来吧。"索尔汗石剌这样一说,沈白和赤老温两个就跑到里面去,拿了一大堆马奶、羊肉、麦饵出来。铁木真实在饿极了,渴极了,一看到这些东西,眼前立刻一亮,就狼吞虎咽,毫不客气地吃了一顿饱饭。

元太祖成吉思汗传

"铁木真,现在要给你找一个休息的地方,你是万万不能睡在这个帐幕里的,因为万一被他们找到了,不但对你不好,连我们一家也都要遇到麻烦的。"索尔汗石剌看铁木真吃饱了,就想到了睡的地方。

"只要不给你们添麻烦,什么地方我都可以睡。"铁木真当然同意。

"赤老温,你去把你妹妹叫出来。"索尔汗石剌对他的小儿子说。

"是,我去。"赤老温就转身进去了。不一会儿,他带了一个娇小玲珑的女孩子出来。铁木真一看到她,心里就很喜爱。

"这是我的小女儿合答安。"索尔汗石剌指着他的小女儿对铁木真说,"我想,今晚你就睡到后面的羊毛车里去,叫我的小女儿在那里看着车子,你有什么需要,都可以跟她说,她会照料你的。"

"太使你们劳神了。"铁木真站起身来,又向索尔汗石剌拜谢。

"不必这样客气,但愿你能平安渡过这道难关。"索尔汗石剌也站了起来,"我送你到后面去吧。"铁木真就跟着索尔汗石剌父女到了毡帐后面。

合答安是一个聪明乖巧的女孩子,她拉开车门,先从里面弄出一大堆羊毛来,然后,她叫铁木真进去,等铁木真进去后,她再把羊毛堆进去。铁木真就这样被藏在羊毛车里了。

索尔汗石剌看了看没什么破绽,这才放心地回到帐幕里。

可是,这四月的漠北天气相当热了,铁木真被压在羊毛下面,简直透不过气来。他便在车子里不住地嚷热。

合答安嘱咐他说:"不要喊叫,不要喊叫!你要是想保住自己的性命,必须忍耐才行!"铁木真听了她的话,就不敢再叫出声来,静悄悄地躲藏着。

天一亮,泰赤乌人果然分出几批人马,他们到每一座营帐,都要进里面去搜查,索尔汗石剌家里当然也有人来。

"戴着枷的人,能跑多远?!"索尔汗石剌迎出去说,"还没找到吗?"他装作不知道的样子这样问。

"没有，大概是自己人把他藏起来了。"一个带队小头目说，"所以，塔儿忽台要我们出来挨家挨户搜查。他不在你这里吗？"

"要是在我这里，"索尔汗石剌勉强装出一副笑容说，"还要等你们来吗？我早就给你们送去了。"

小头目向营帐里扫一眼，又向帐幕四周围看了看。因为看不出可疑样子，正要走开。这时，忽然"啪啦"一声，合答安手里一只锅掉到地上了。合答安一慌，瞪着两颗眼珠，竟不知道拾起来。

沈白和赤老温装出一副满不在乎的样子，在帐幕边洗马。他们一听到这个声音，也都吃惊地抬起头来看。索尔汗石剌的脸色早已发了青，却急忙叫骂道："这个合答安！你还不把锅子捡起来，还等什么？！"

"我这女孩子，生下来就一副傻里傻气的样子。"索尔汗石剌赔笑着说，"她一做事情，总是要丢这样，弄坏那样，真是气人。"

那小头目并没被索尔汗石剌的话哄走，他站住不动，接着说："不对，我要在你这里搜一搜。"

"好吧，那就请你搜吧。"索尔汗石剌不动声色地说。

十来个人马上分开来搜查。帐篷、马栅、空车子，到处都搜了一遍，哪儿也没有铁木真的踪影。

"那边有一辆羊毛车，请您过去看一下。"一个搜查的人跑过来，要小头目去搜那辆羊毛车。

索尔汗石剌一听，立刻吓出了一身冷汗。他硬着头皮跟在小头目背后，一起向羊毛车走了过去。

沈白和赤老温两兄弟站在一边，看那小头目带着人走过去。此刻，他们心里正在打算着，万一事情暴露了，怎样去跟这伙人拼命，好带着铁木真逃走。

合答安嬉皮笑脸地跑出来，到了索尔汗石剌身边，一把抓紧索尔汗石剌手臂说："这些人要买羊毛吗？可是这样热的天，他们买羊毛干什么？"

经她这一阵说笑，就使这场面立刻轻松了不少。索尔汗石剌故意跟

元太祖成吉思汗传

她就买羊毛的事儿说个明白:"他们不是买羊毛的,是来找一个人的,他们疑心羊毛里会藏着人。"

小头目一到了羊毛车旁边,就从车里抓了一把羊毛出来。没想到羊毛一到了他手里,就被手上的汗黏住了。看来,这样热的天气,铁木真要是真躲在里面的话,也早已闷死了。

但这个小头目还不放心,举起刀一下扎进羊毛里!合答安眼睁睁看着,吓得几乎叫出来。索尔汗石剌怕她再露出马脚,赶紧叫她回帐幕里做饭去。

合答安尽量装着满不在乎的样子,可她那颗心快要跳出胸外来了。好在腿还没软下来,她迈开脚步,离开了。

那个小头目在羊毛里扎过了一刀,也就没再扎第二刀。因为他也是不相信,这样的热天,一大堆羊毛里会藏着人。他招呼带来的那群人,一起到别处搜查去了。

等那小头目走远了,沈白和赤老温怕铁木真闷死,赶紧动手把铁木真从羊毛车子里拽出来。此时,铁木真已经被闷得迷迷糊糊,神智也不大清楚了。

索尔汗石剌马上叫沈白和赤老温把铁木真抬到营帐里去,叫合答安好好照顾铁木真,他自己走到帐外去观望,怕还有人来搜查。索尔汗石剌一家提心吊胆地度过了这危险的一天。

到了这天夜里,索尔汗石剌送给铁木真一匹草黄色的母马,煮了一只羔羊,盛在皮桶中,用一只背壶装满了马乳,然后拍着铁木真的肩膀和他告别。

铁木真非常感激他们的救命之恩,立即跪下,流着眼泪对索尔汗石剌说:"在我逃难的危急时刻,你们全家舍身相救,我怎么感激你们才好呢?"

索尔汗石剌说:"我尊贵的铁木真小主人,你不必多礼,这是我们应该做的事情。我看你年龄虽小,却智勇双全,将来一定是一位了不起的人物,因此,我就应该冒险救你。你以后不要因为富贵而忘记了我们!"

跪在地上的铁木真诚恳地说:"您就是我重生的父母一样,有朝一日,如果我能出人头地的话,我必定要报答您的大恩大德。如果我违背了这个誓言,上天也不会保佑我的!"说完话,又向索尔汗石剌磕头拜谢。

索尔汗石剌连忙弯腰把他扶起。铁木真又对着赤老温弟兄俩行过屈膝礼。站起来后,他又向合答安屈膝跪拜,并对她说:"这次,你为我提心吊胆,为我的炎热和饥渴操着心,我铁木真终生也不会忘记你的!"

合答安看到铁木真那样真心地感激她,羞涩地低下了头,接着就跑开了。这时,索尔汗石剌催促着,叫铁木真赶快离开。铁木真带上弓箭和食物,一步一停,很不情愿地出了门,跨上马,扬鞭而去。铁木真感念救命之人的恩德,他离开不远,又掉转马头,望着索尔汗石剌的家门,依依不舍。

铁木真沿着草原上的蜿蜒曲折的斡难河,快马加鞭,飞驰前进。来到原来的营地,那里已经人去营空,他知道亲人们为了逃避泰赤乌人的追杀,已经远离这里了。

铁木真沿着雪地上车辙的痕迹,沿着河流而上去寻找失散的亲人。幸亏他在途中没有遇到捉拿他的人,翻过别帖儿山,来到了豁儿出恢山。

只听见有人拍着手,高兴地喊道:"我的哥哥回来了!"他停住马,向草原四周瞭望,远远地看见山的南面有一群行人。他们不是别的人,就是他的母亲和兄弟们。

铁木真立即跳下了马,和他们相见。大家各自叙说离别后的情形,母子几人高兴得抱头大哭。

过了好一会儿,铁木真劝大家说:"我一直想念着你们,盼望着你们能够平安无事,我也早些回来,与你们相聚。今天得以幸福地相见,真是非常高兴,为什么反而哭了起来?"

母子几人听了这些话，才都止住了哭声，各自擦去了脸上的泪水，转忧为喜。一家人热热闹闹，相互簇拥着进入帐篷。

为了躲避泰赤乌人的再次袭击，铁木真一家迁往不儿罕山前的古连勒古山中，这里有桑沽儿小河，河边有叫合剌只鲁格的小山，还有阔阔海子，他们在这里住下了。

这里野生动物很多，其中有一种草原野生动物叫貔狸，体形和老鼠相似，肉味鲜美，是草原上难得的野味。他们就在那里继续靠捕杀土拨鼠、野鼠为食，艰难地维持着生计。

铁木真望着这片迷人的大草原，心旷神怡，说：“我们就在这里居住下来吧。一方面这里比我们原来居住的地方还要肥沃，再一方面这里地势安全，可以防备敌人的入侵。”

蒙古民族是游牧民族，只要是水草丰美的地方，他们就能居住，这是他们的传统习俗。所以，诃额仑说：“铁木真说得很对，这里的确肥沃，我们就居住下来吧。”

他们挑选了一块空旷的平原，扎起宿营的帐篷，把原来营地里的仆人和骡马，全部迁移了过来。那些被追回来的八匹好马，铁木真非常喜爱，一直精心喂养，全都养得膘肥体壮，雄健有力。

铁木真喜结良缘

光阴似箭，日月如梭，转眼间，铁木真到了娶妻成家的年龄。如今的铁木真完全长成了一个大人，他习惯于发号施令，俨然成为一个领袖。

诃额仑眼看着铁木真长大一分，便增加一分的欢喜。她想着如果也速该还活着那该多好，曾经艰难的生活，如今却在铁木真的身上找到了希望，这个希望也在一点一点地扩大着。

诃额仑几次打算为儿子迎娶，但是迫于家计艰难，德薛禅那里又不知是如何想的，因此，她不知道该如何是好。想着现在的孛儿帖应该已经是十八岁的大姑娘了，如果未遭遇变故，早已经结婚生子了。

对于婚事，铁木真倒是显得有些淡漠，他总是劝母亲不要着急。迎娶的商讨永远得不到一个结论，这也是因为生活始终没有好转的缘故。

有一天，铁木真的母亲诃额仑对铁木真说："你的年纪也逐渐大了，你还记得你的父亲在世的时候，为了你的婚姻大事，在回家的途中食物中毒，以致后来身亡，留下了我们母子几个人，几经磨难，历尽艰辛，到现在也还称得上是安然无恙。现在想来德薛禅亲家，也应该一直惦念着你，你也应该去探望一下他们。如果他答应举行婚礼，倒也可以了结一桩好事情。况且我们家中如果多一个妇女，也好做我的一个帮手。"

话还没有说完，别勒古台就在旁说："当儿子的也愿意跟随阿哥一起去。"

诃额仑说："也好，你就同他一起去吧。"

最后，铁木真终于要去找他的岳父德薛禅了，他希望可以从岳父那里得到一些帮助。至于，孛儿帖是否愿意下嫁，铁木真已经不敢再有什么奢望了。

第二天，铁木真弟兄俩，带上了食物，告别了母亲，骑着马，一前一后，起程出发了。行走在美丽的大草原上，青山绿水，空阔无边，蓝天白云，苍茫无际。他们穿行在茫茫的草原上，欣赏着秀美的风光，在不知不觉中，走过了一山又一山，一直朝着弘吉剌部落的营地走去。大约走了两三天的时间，就到了德薛禅家。

孛儿帖如花似玉，即使在弘吉剌部诸多美女中也属佼佼者，致使许多蒙古酋长争相往聘。

德薛禅看见女婿到来了，真是喜出望外，非常高兴，也和别勒古台相互见面。相互问寒问暖之后，德薛禅就摆设筵宴，迎接高贵的客人。

德薛禅的热情使铁木真疑虑尽释，此次前来的收获将会超出意料。铁木真把缰绳交给了别勒古台，跟着德薛禅回到帐中。这篷帐依稀与当年差不多，悬在壁上的弓箭已经蒙上了灰尘，饮马奶的杯子还是有一个小缺口，只有脚下的皮毯似乎换了一块新的。五年前的情景阵阵涌上心头，此时的铁木真真不知是个什么滋味。

德薛禅一面招呼他们坐下，一面向后帐大声呼唤妻子搠坛和女儿孛儿帖。

一听到孛儿帖的名字，铁木真起了异样的感觉，他想象着当年那个清瘦的女孩,到如今会变成什么样子?应该是更加美丽动人了吧!孛儿帖过了半天才出来,花一些时间只是为了妆饰自己。当她走进帐篷时,不但铁木真觉得眼前一亮,就连别勒古台也看呆了。

铁木真兄弟连忙站起来向德薛禅的妻子搠坛行礼,搠坛对铁木真说:"好几年没有见面了,长成这样的身材了,我感到非常高兴!"

搠坛又指着别勒古台,对铁木真说:"这是你的弟兄吗?也是一个英俊的少年,真是难得!"两人都连声说谢谢夸奖。

这时,德薛禅笑着说道:"你们还能认得出来吗?孛儿帖,做父亲的没有给你选错丈夫,你看铁木真是何等的气宇轩昂、英伟漂亮!"

蒙古的女孩子不害羞,孛儿帖甜甜地笑了笑,挨着母亲坐下了。搠坛握着女儿的手,说道:"也速该巴图鲁的眼光也不错,我们的孛儿帖配得上任何英雄男儿。"

铁木真看看自己破旧的衣衫,有点儿自惭形秽。但是转瞬之间,他的自尊心突然变得很强大。铁木真挺起胸膛扫视着全帐,就好像自己已经当上了可汗一样,充满着威武与智慧。

这时,德薛禅对铁木真说道:"我听说泰赤乌部落里的人,曾经对你非常仇视,我一直为你担心。今天再次相见,真是上天赐予的洪福!"

铁木真就将过去的经历和各种磨难,详细地叙述了一遍。德薛禅说:"吃得苦中苦,才为人上人,看来你从此后就应当发迹,建功立业了。"

别勒古台又把母亲的求婚意愿,简单地向他说明。德薛禅说:"男女双方都已经长大成人了,今天就可以成婚了。"筵席完毕后,德薛禅就立即安排了婚礼。

铁木真没有想到婚事谈得如此顺利,德薛禅体谅他的窘况,不要他一头羊或者是一匹马,并且还自愿多备妆奁,作为他们重兴农业的基础,这使得铁木真十分感动。

到了晚上,一切都布置妥当了,德薛禅就叫女儿孛儿帖换了服装,到帐篷里和铁木真举行婚礼。婚礼完毕，夫妻俩就共同进入到帐篷里，彼此相互观看，一个是威武雄壮的英雄好汉，显得气度不凡；一个是亭亭玉立的美丽新娘，容貌出众，双方都感到非常幸福。从此以后，他们将手携着手，共同创造幸福的生活。

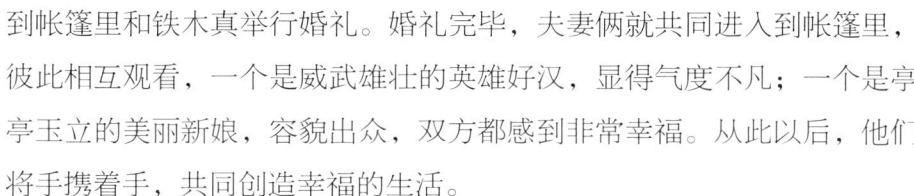

过了三天，铁木真担心母亲在家盼望，就想着回家。德薛禅说："你既然想家要回家去，我也不好强留你们。只是我的女儿既然成了你的妻子，也应该一齐去拜见你的母亲，这也是当儿媳妇应该尽到的礼节，我明天就送你们起程。"

铁木真说："有兄弟陪伴着我，路上可能没有什么危险，不敢劳动您老人家的大驾！"

搠坛说："我也要送女儿到你家去，也好和亲家母见面。"铁木真劝不住他们，只得听从了他们的安排。

第二天早晨，行李已经备办整齐，就起程出发了。他们一共使用了九匹骆驼，一匹拉车，八匹载满妆奁，就像是来往于西域的一队驼商。德薛禅和铁木真兄弟骑着马在前面带路，搠坛母女俩乘坐着马车在后面跟随，最后面还带着一群羊，迤逦进发。

草原的夏天白天是十分炎热的，为了避免中暑，中午前后这三个时辰他们找了个地方休息。有时宁可天还没有亮就借着月色赶路。尽管如此，向来很少出门的德薛禅还是受不了了，他坐在马上只觉得精神恍惚。妻子怕他染上热病，再三劝他先回去。孛儿帖也跟着母亲苦劝父亲，才说服了德薛禅。

第二天分手时，德薛禅叮嘱着女儿，要她谨守妇道，不能够因为铁木真家贫就轻视他。德薛禅又说道："铁木真是我毕生所见的第一个人物，不但不会长受贫困，而且在不久之后他就会做出一番惊天动地的大事业来。我们能够攀龙附凤，这也是整个弘吉剌部的荣耀啊！"

其实，孛儿帖慧眼识英雄，她对铁木真除了深情以外还有着更大的期许。孛儿帖自小就有点男儿的性格，这一点不同于别的女孩子。在她看来，夫妇之间除了传统关系外，更应该是朋友，并且妻子应当积极地帮助丈夫来完成他的事业。

此时,孛儿帖听到父亲的叮嘱,说道:"我什么都明白,父亲,您就安心地回家吧!"

随后,德薛禅又叮嘱铁木真,让他回去后先设法召集离散的部众,才有可能重兴家业。并且还提醒铁木真去谒见克烈部的脱里汗,因为,也速该曾经帮助他登上了克烈部的汗位,如今的克烈部是十分强大的,正好可以向他求得帮助。

铁木真把岳父的话记在了心里,等送走了岳父后,他一面指挥登程,一面在心里暗暗地计划着。他还记得那个威武的脱里汗,也还记得脱里汗的儿子,那个猜忌小气的桑昆。是啊,现在的克烈部是很强大的,只怪自己先前并没有想到这一点。

一路上,铁木真都在想德薛禅对他所说的话,不知不觉将要到不儿罕山区了,离家只有两天的路程了。随后,铁木真让别勒古台飞骑回报,好让母亲有个准备。

第二天傍晚时,别勒古台又回来了,他把合萨尔也带来了,这也是第一站的迎宾队。又走了一段路程,眼看着桑沽儿小河就在眼前了。诃额仑与速赤亲自出来相迎,连合赤温、铁木格和铁木仑也一起来了。两家队伍会合后,彼此相见,又一起来到了阔阔海子,此时的营地上已经多立了两个帐篷。

搠坛见到了诃额仑,免不了又是一番初次见面的礼节,又叫女儿孛儿帖拜见丈夫的母亲。诃额仑看见她戴着高帽,穿着红色衣衫,风姿绰约,不亚于自己当年年轻貌美的时候,心中不禁感到欣喜。

孛儿帖这时不慌不忙,先按照蒙古传统风俗,手里端着羊尾油,对灶头叩了三个头,把油倒入灶里点燃,这就是行祭灶礼。然后又拜见了诃额仑,跪下一次,叩一次头。诃额仑只谦虚地接受了半个礼。孛儿帖接着又分别拜见了合萨尔等人,向他们每人送了一件衣物作为见面礼。

另外有一件黑貂皮袄,也是孛儿帖从家里带来的,铁木真看见了,就去告诉诃额仑说:"这件皮袄,是稀有的珍贵物品。我的父亲在世的时候，曾经帮助克烈部落收回了原来的领地，克烈部落里的脱里汗和我的父亲关系很铁，结成了同盟。我们眼下正处于穷途末路，还得倚仗别人的扶持，我想把这件皮袄献给脱里汗。"

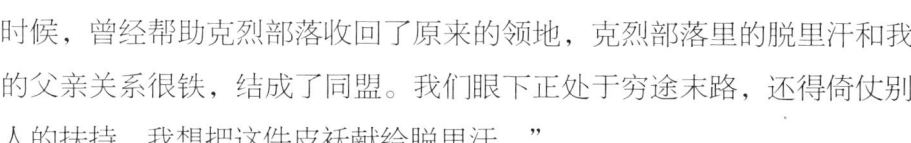

塔塔儿部是他们的共同敌人，脱里汗的祖父马儿忽思杯禄汗，曾被辽朝任命为"诸部长"，1092年起兵反辽，1100年依附于辽的塔塔儿部纳兀儿杯禄汗进攻克烈部，俘虏了马儿忽思杯禄汗，将他送到了辽朝。辽朝皇帝下令将马儿忽思杯禄汗钉在木驴上处死。

马儿忽思杯禄汗的妻子忽秃黑台为了复仇，假意向纳兀儿进献一百只羊，十匹马和一百袋酸马奶，袋子里实际上暗藏了一百名全副武装的士兵。

纳兀儿举行宴会欢迎她，那一百名士兵突然跳出来，将他以及许多塔塔儿人杀死。后来塔塔儿部的阿泽汗又攻打克烈部，克烈大败，十三岁的脱里和他的母亲一起被掠去。阿泽汗命脱里牧放骆驼，脱里想方设法才得以逃出。

原来，铁木真之父也速该曾经援助过脱里汗，两个人是结义兄弟。马儿忽思有两个儿子，一个是脱里汗之父忽儿札胡思，另一个是古儿汗，众人的汗王。

忽儿札胡思继承父位，也称杯禄汗，强盛一时，分封子弟于东西境。他死后，长子脱里继承了汗位，为了独揽大权，脱里汗杀死了他的四个弟弟中的两个弟弟：台帖木儿、不花帖木儿。他的叔叔古儿汗起兵讨伐，脱里汗失败，仅带一百人逃到山谷里。

后来脱里汗来到也速该那里，乞求说："请帮助我夺回被叔父古儿汗抢占的部众。"也速该出兵将古儿汗驱赶到了西夏，脱里汗复得克烈部众和土地。

为此脱里汗感激地对也速该说："你的恩德，我的子子孙孙不会忘记报答的，我们友情天地可以为我们作证！"两人结为生死之交。

铁木真的家族正在兴起的时候，克烈部地广人众，脱里汗人多势众，好像已是蒙古高原的一方霸王。铁木真要借助强势，就必须与脱里汗结盟。当然，当时的铁木真的地位要求他只能以谦恭的态度去拜见父亲昔日的安答。

铁木真心里想到，父亲的安答，就如自己的亲父亲一样。所以他拿上孛儿帖父母给翁姑的陪嫁黑貂皮袄，作为见面礼，由合萨尔、别勒古台两人相随，到脱里汗所居的土兀剌河，今天土拉河畔的黑松林，请求脱里汗帮助他复兴大业。诃额仑听了以后，点了点头，说这个办法很好。

搬坛回家以后，铁木真又把家族迁移到了克鲁伦河，叫兄弟们和妻子，与诃额仑居住在一起，自己和别勒古台，携带着黑貂皮袄，直接去拜见脱里汗。

克烈部是突厥人种，骁勇善战，拥有一望无际的广大牧地。脱里汗居住在土拉河畔，有辉煌的金顶宫帐，远远望见就使人目眩。铁木真和别勒古台求见脱里汗时，武士报了进去，不一会儿的时间，就回来相请。他们捧着那黑貂皮袄，整衣走进了大帐中。

此时，脱里汗正坐在虎皮褥上，鬓发微斑，面色红润，看上去十分威严。等兄弟二人拜见完毕后，脱里汗伸手一指，说道："你就是铁木真吧？"

铁木真答道："是的，汗父。"

"也速该安答死了，怎么也不来向我报丧？是觉得我不能够替他报仇吗？"脱里汗不满地说道。

铁木真急忙说道："汗父明鉴，那个时候突然遭遇大变，人心纷乱。不久泰赤乌人又弃下我们母子而去，我们勉强生存下来都已经不容易了，实在是无力向汗父报丧求援啊！"

只见，脱里汗点头道："说得倒也有理。如今你们三兄弟又来做什么呢？"

这时，铁木真把黑貂皮袄献给了脱里汗，并对他说："您老人家与我的父亲从前是很好的朋友，现在见到您老人家，就像见到我的父亲一样！今天来到这里的时候，没有其他贵重的物品献给您，只有我的妻子从她家里带来的一件黑貂皮袄,这是她献给母亲的礼物,我把它转赠给您老人家。"话语非常诚恳。

少年历险

脱里汗非常高兴,收下了皮袄,还询问他目前的情况如何。听完铁木真回答的话以后,脱里汗对他说:"黑貂皮袄的报答是帮助你把离散的部众召集回来;黑貂皮袄的报答是使你的涣散的百姓聚拢回来。我心里好记着这件事!"

铁木真向他磕了磕头,对他很感激。他们在那里住了几天以后,就向主人告辞,准备回家,临别时,脱里汗也向他赠送了丰厚的礼物。他们又奔波了好几天,才回到原来的营地。

在铁木真一生的事业中,他的夫人孛儿帖也起了应有的作用。她对铁木真来说是一种力量的源泉。首先,她给铁木真生了四个儿子:术赤、察合台、窝阔台和拖雷。但特别应当指出的,她还是英雄铁木真言听计从的睿智的参谋。在她的令人生畏的丈夫的眼中,她一直享有极高的地位。

在成吉思汗诸子中,最后分得父亲遗产的只有孛儿帖所生之子。在成吉思汗众多妻妾中,也只有孛儿帖地位最高,最受尊重。

铁木真得到强有力的克烈部首领保护,重振家声,恢复了他的氏族。但是,草原上这类大大小小的王国极不稳固,正当这位年轻首领认为前途已有保障时,又飞来一场横祸。

面对欺凌必雪耻

在铁木真新婚不久的一天早晨,诃额仑的女仆豁阿黑臣起床做家务。她忽然隐约听到一种奇怪的声音,便"俯首帖耳"于地面细听,听出是马群在奔驰的声音。

女仆立即起身,先跑到诃额仑的宿处,连声叫道:"阿母,阿母,快快起来!"

诃额仑被女仆叫醒,便命她速去叫醒几个儿子,自己则立即穿衣起床。豁阿黑臣惊慌起来,说:"难道是泰赤乌部落的人又来了?现在如何是好?"转眼之间,全营里的人都起床了。

全营的人刚刚穿衣起床,就远远看见有大队人马像龙卷风似的扑来。不过,这次并不像女仆豁阿黑臣所估计的那样是泰赤乌人来袭,而是蔑儿乞部前来奔袭。

蔑儿乞部也是一个蒙古部落,住在贝加尔湖以南。这次来袭的蔑儿乞骑兵有三百人,他们企图采取突然奔袭的办法打击也速该诸子。

蔑儿乞部与也速该一家早已结下怨仇。诃额仑夫人就是也速该生前从一个蔑儿乞惕人那抢来的新娘。自那以后，蔑儿乞部一直想复仇而没有机会，现在他们认为时候到了。

他们想去仇人部落尽掳其妇女，首先要掳去铁木真的新娘孛儿帖，以报蔑儿乞部妇女昔日被掳之仇。

蔑儿乞人策马直奔铁木真的家，途中截获铁木真的妻子孛儿帖。然后，按照踪迹奔向不儿罕山，去追赶铁木真。

蔑儿乞人环绕不儿罕山搜索了三遍，没有发现铁木真，又企图进入山里去寻找，可是泥沼难行，常常连人带马一起深陷下去，茂密的树林，就是蛇也难以钻入。

铁木真在不儿罕山上，派别勒古台、博尔术、者勒蔑三人下山侦察情况，并对他们说："三姓蔑儿乞人回去了呢，还是埋伏在路上？跟踪他们三天，回来告诉我！"

待确信蔑儿乞人已经退走之后，铁木真一家才走出不儿罕山。

铁木真带上合萨尔、别勒古台来到土拉河黑林，向克烈部脱里汗求援："我没料到三姓蔑儿乞人把孛儿帖抢掠去了，我的汗父，请您一定帮助我搭救我的妻子。"

脱里汗痛快地答应铁木真的请求。这里面还有一个原因，就是蔑儿乞人也是脱里汗的仇敌。

这场对蔑儿乞部的战争是一场大规模的战争，因为蔑儿乞部也是一个实力强大的部落联盟。占据的地盘是外贝加尔湖广大的草原和森林地带。

为了有必胜的把握，脱里汗还邀请了另一个蒙古部落首领与他们合作，这就是札答阑部的札木合。

蒙古札答阑部在辽代时就很著名，札木合家族是该部世袭的统治者。

札木合与蔑儿乞也是仇敌，因为蔑儿乞曾经劫掠了他的财产和百姓，后来他靠着自己的机智，才得以收回部众。

札木合和铁木真在少年时代还是亲密无间的朋友,并两次结为安答,安答之间本来就应当彼此救援,何况这时的札木合正在统治着蒙古的强部,已经是一位草原英雄了。

克烈部脱里汗答应出两万骑兵,作为联军的右翼。他建议铁木真和札木合也出两万骑兵,作为联军的左翼。脱里汗还表示,联军的集合地点由札木合确定。

遵照脱里汗的建议,铁木真派他的两个弟弟合萨尔和别勒古台前往札木合处求援。

札木合当着铁木真派来的两位使者的面制订了作战计划。

铁木真、脱里汗他们抵达了指定的集合地点孛脱罕—孛斡儿只草原。

联军会师以后,即从孛脱罕—孛斡儿只出发,越过今俄国边界,浩浩荡荡地向北挺进。

他们翻过库沐儿山,顺着赤可亦河的蒙扎谷而下,穿过不儿罕山口,突入蔑儿乞部腹地,至勤勒豁河。

他们结筏渡过勤勒豁河,然后便像一股龙卷风似的扑入不兀剌草原。不兀剌草原上有许多树木,位于乌达河流域。

他们原想通过突然袭击,趁脱黑脱阿在睡梦中抓住他。但是在勤勒豁河捕鱼和捕貂的人首先发现了他们,便星夜去禀报,脱黑脱阿遂同兀洼思蔑儿乞部首领答亦儿兀孙带着少数亲信慌忙而逃。

他俩刚刚顺色楞格河谷而下抵达巴儿忽真河,札木合的联军就占领了脱黑脱阿在不兀剌草原上的营地。

脱黑脱阿等人虽保住了性命,却抛下了部落里的一切,蒙古包、各家人丁、食物储备等统统落入了联军之手。

脱黑脱阿数万铁骑,突遭夜袭。蔑儿乞部营地顿时一片混乱,人们纷纷四处逃散。

联军骑兵跟着人群追杀掳掠,掠获人员财产无以计数。但铁木真此时无心顾及战事,一心只想寻找亲爱的孛儿帖。他扑向一群逃跑的人,恰恰就在这一群人中,他发现了孛儿帖,与孛儿帖拥抱在一起。

三方联军完成了预定的作战计划以后就分手了,至少克烈部的脱里汗已率众同友军告别,回到了库伦附近土拉河上游营地黑林。铁木真和札木合一同来到斡难河附近的豁儿豁纳黑川下营。

铁木真和札木合两人是童年时代的朋友,但彼此长大以后没有什么来往,此次共同讨伐蔑儿乞部的战争使他们恢复了童年时的友谊。不过,在群雄争霸草原的年代,像铁木真和札木合这样充满野心的两个豪杰之间,不可能有长久的友谊,他们的分裂,只是迟早的事情。

诚然,论出身,铁木真的门第可能要比札木合高,因为他是王室的后裔。但是,此时此刻,札木合的势力无疑要比铁木真强大,此次讨伐蔑儿乞部的战争由札木合扮演"元帅"角色就足以证明。

但他俩之间的关系是建立在友谊基础上的。他俩互赠战利品,铁木真把从脱黑脱阿那里掠获的一条金带和一匹小驹海骝马送与札木合;札木合则把他从答亦儿兀孙那里掠来的一条金带及一匹白色良种牝马送给铁木真。

他俩在豁儿豁纳黑川险如刀削的忽勒答合儿崖前,一棵茂盛的松树下,举行盛宴以缔盟约。

春天又来了,春草萌发,万物复苏,逐水草而居的游牧民族开始了移营的活动。

铁木真与札木合同车共载,率部前进,长长的车队、遍地牛羊马匹一眼望不到尽头。

面对日益增多的部众,札木合若有所思,回头对铁木真说道:"铁木真安答,我们究竟迁往何处呢?是依山扎营,还是临涧驻扎?依山扎营,牧马人和马群可以在帐房附近活动,行动方便;临涧驻扎,牧羊人可以和羊群在一起,羊儿的咽喉里有吃有喝,饮食方便。"

铁木真一时摸不准札木合说话的用意,便装聋作哑没有立即回答。

两人相对无言。马车碾过青草,队伍继续向前移动。不一会儿,铁木真借故跳下车来,等待着后面的诃额仑和孛儿帖。

母亲和妻子坐在一辆车上，很快来到铁木真面前，铁木真向母亲复述了札木合的话，说："我不知札木合说这话用意何在，不便表示意见，特来向母亲请教。"

没等诃额仑开口，孛儿帖就抢先发话了："人们都说札木合喜新厌旧，不可久处。他大概是讨厌我们了吧。他那几句话弦外有音，似乎是要图谋我们。我们别在这里下营了，干脆离开他，让我们的百姓连夜前进吧。"

札木合的话也许本无"图谋"之意，只不过是说"分开过，方便一些"。

而且，随着畜牧业内部分工的日益明确，雄壮的马匹和温顺的牛羊往往需要分头放牧，不同的畜群对牧场有不同的要求。札木合的部落联盟经过多年发展，估计会有相当多的马群。

铁木真的百姓刚刚聚集，他们长期寄人篱下，不可能有多么富足，大概马群不多，或者只有一些牛羊。在一起扎营，对双方都不太方便，这倒是实际情况。而对这个情况采取一些措施，也未尝不可。

但札木合说话含蓄，使人不解其意；孛儿帖也是不求甚解，随意猜测，于是这句话便成了铁木真与札木合分裂的导火线。

这里我们接触到了未来的成吉思汗性格的有趣的一面。在他的一生中，每当事处关键，必须做出重要决断而他又犹豫不决甚至近乎畏首畏尾之时，总是他的夫人孛儿帖出面帮他做出决断。

而一旦孛儿帖发表了看法，他便立即称善，并且不惜以身家性命为代价去按照孛儿帖的意见行动。

当时蒙古各部落的人们都隐约有一种统一的愿望，札木合和铁木真两人都想利用这种愿望。问题在于这两个人中，究竟谁善于利用这种愿望并成为真正的得益者呢？精明的孛儿帖很可能已意识到了这一点，所以她要丈夫及时争得行动自由，以便尽可能早地成为为统一事业而奋斗的人物。

就这样，在夜幕降临之时，铁木真的车队人马并没有像往常那样即昏便息，而是继续向前赶路。队伍走了一程，不期来到另一个在迁徙中夜间扎营休息的部落。这个部落不是别的部落，恰恰是铁木真的宿敌泰赤乌人的一个部落。

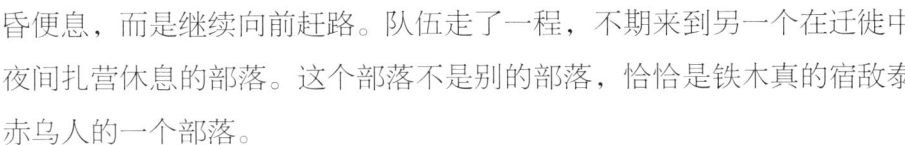

泰赤乌人被惊醒，黑夜中看到一队人马，以为是有人前来夜袭，顿时一片混乱，仓促拔营，趁夜色逃往札木合营地去了。

铁木真率众通宵而行。天亮之时，人们方看清楚是哪些人跟着年轻的首领铁木真来了，哪些人已留在了札木合处。

离开札木合的人便陆续加入到他的队伍里来。他们二十多个氏族部落有四十多人。这些人的情况分为两类：第一类是各部、各氏族的散亡分子，他们是以个人身份来投靠铁木真的，其中包括后来成为蒙古国大将的把鲁剌思氏忽必来、兀良合氏速不台者勒蔑的弟弟、巴阿邻氏豁儿赤等二十余人；第二类情况是拥有自己属民的乞颜氏贵族，他们追随铁木真怀有各自的目的，这些人是主儿勤氏合不勒汗的长支，撒察别乞、泰出、忽图剌汗之子阿勒坛，铁木真的叔父答里台斡惕赤斤，捏昆太石之子包察儿。

巴阿邻氏豁儿赤的到来使铁木真感到高兴，因为豁儿赤的祖先是孛端察儿，是成吉思汗十世祖掳来的妇人所生的儿子，也就是巴阿邻氏的始祖。而札木合的祖先，也就是札答阑氏的始祖，也是这个妇人所生，他们原本是一家。豁儿赤肯背叛札木合而来，说明札木合内部已经破裂。使铁木真更加高兴的是，豁儿赤给他带来了吉兆。

豁儿赤对铁木真说："我与札木合是一家，因此不应当背叛札木合，但是神明向我指点了一个情形，有一头惨白色的乳牛围绕着札木合，撞了他的座车，把一只角撞斜了，吼叫着说还我角来，又向札木合撞去。又有一头无角的犍牛，拉来一个大座车，从铁木真身后走来，吼着说，天地神祇都商量了，让铁木真当国王，现在我把国给送来了。因此之故，我先来报知吉兆，铁木真，如果你当了国主，你将怎样使我快活？"

豁儿赤的预言，给了羽翼方张的铁木真以巨大的鼓舞，他立刻回答豁儿赤："我真的当了国主,封你做万户那颜。"豁儿赤则摇了摇头,说:"我报知吉兆,你却只封我为万户那颜,还算快活吗?我还要从全国挑选三十个美貌女子做我的夫人,并且你要听从我的谋划和建议。"对此铁木真也毫不犹豫地答应了。

铁木真带着属于自己的部众,来到了他以前的住地,不儿罕山前的古连勒古山中。在这里,他以崭新的姿态投入激烈的争霸斗争。

从蒙古史诗中所列的名单可以看出,在两个首领分道扬镳时,人们在黑夜中突然根据自己的意愿各投其主,在同一个部落,有时甚至是在同一个氏族中往往出现出人意料的分歧。

到了桑沽儿河原来的营地,那时人多势众,牲畜成群,铁木真胸怀大志,长期招兵养马,想建立起一个庞大的部落。小有成就,就想建功立业,铁木真萌发了勃勃的雄心。

这时从前离散的部落牧民,也逐渐归来,投靠铁木真。铁木真不计前嫌,对他们加以多方优待,因此远远近近的民众,听到这个消息,都争先恐后,纷纷前来投靠。

自从也速该死后,蒙古各部群龙无首,社会动荡,人畜不宁,人民居危思安,希望过上和平的生活。因此,大众拥戴铁木真,希望立他为全蒙古的汗主。1189年5月的一天,铁木真继承汗位,成为蒙古部的新首领。这一年,铁木真二十八岁。

铁木真做了部落首领后,任命官员,各司其职,开创了一派帝王气象。

青年征战

在巨大的可汗金顶大帐外,排出了两列威武的长队,并且直通营门。合萨尔与金朝使臣耶律阿海并行,别勒古台与金朝副使耶律不花落后两步,再后是带刀带剑的者勒蔑、速不台与两位金朝侍从,他们一行人从营门向大帐缓缓走来。

在大帐里,铁木真正中高坐,将领们也分别坐于两厢,金朝使臣也相继落座。这时,铁木真打开了者勒蔑递过来的黄绢包裹,看了看手中火漆封印的手书后,说道:"我不通金朝文字,请大国使臣代为转达,可以吗?"

耶律阿海站了起来,说道:"十分愿意为可汗效劳。"

十三联军鏖战沙场

札木合对铁木真成为成吉思汗这件事，表面上看他们俩似乎彼此相安，但札木合一直在寻找机会。事实上，札木合与铁木真之间的冲突是不可避免的。而一件意外发生的小事，给札木合等人提供了兴兵的借口。

札木合有一个叫秃台察儿的兄弟，有一次跑到铁木真部下拙赤答儿马剌的牧地上，盗走了一群马。

撒阿里草原是因为撒里河而得名，在蔑儿乞部落的西南边境上，原来就是忽都剌哈汗的大儿子拙赤居住的地方。

忽都剌哈汗乃是也速该的叔叔，他的大儿子拙赤是铁木真的叔叔。就在他部落的人在草原放马时，忽然来了别的部落的人，抢去他的几匹好马。拙赤部落牧民见对方人多势众，没敢抵抗，就立即去报告给了拙赤。

拙赤一听自然非常气愤，连忙走出营帐。他也来不及骑马，就独自一个人手持弓箭前去追赶。蒙古民族历来勇武剽悍，胆量过人。从早晨追到下午，拙赤追赶了几十公里路程，直到天色很晚时，他才看见有几个人牵着马向前走，那群马正是自己的牧群。

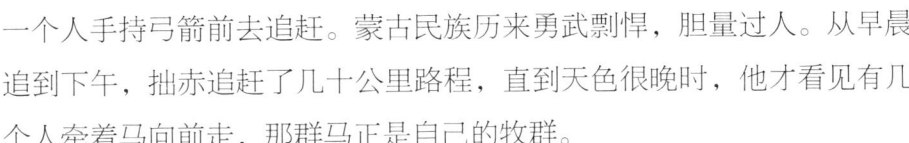

拙赤想到众寡悬殊，难于取胜，就静悄悄地跟在那些人后面。等到了天色昏黑的时候，拙赤冲了上去，搭上箭，拉开弓，一下子把领队的人射倒。

紧接着，拙赤大喝一声，响声像雷一样震荡山谷。盗马的人一时弄不清到底有多少人追赶上来了，顿时惊慌失措，四散逃开。就这样，拙赤成功地将丢失的马追回来了。

那个被拙赤射倒的人就是札木合的弟弟秃台察儿。札木合听到了这个报告，愤怒地说："铁木真实在是忘恩负义！我早就想消灭他了，只是没有找到合适的机会。今天，他的牧民射死我的亲弟弟，这个仇要是不报，我札木合还能算是人吗？"

札木合因为胞弟被杀，将仇恨算在了铁木真身上。他立即向塔塔儿部落和泰赤乌部落，以及邻近各个部落派遣使者，约定共讨铁木真。札木合组成了十三个部落的联军，共有三万多人。

这十三个部落的联军，除了札木合所属的札答阑部和杉树的部落之外，包括弘吉剌、合答斤、朵儿边等部落，他们都是铁木真家世世代代的仇人。十三个联军气势汹汹地向铁木真这边冲杀过来。

这时的铁木真，对札木合的进攻还浑然不觉。在当时，札木合部下有个名叫捏群的人，心里向着铁木真，他赶紧想办法将札木合兴兵的消息报告给了铁木真。正在打猎的铁木真得到这个消息，连忙召集部落民众，把所有的家族和亲戚朋友，随从和奴隶编入军队整装出发。他一共召集到了三万多人，分为十三个支队。

这十三个支队中的第一队是铁木真的母亲诃额仑夫人统率的部属，第二队是铁木真统率的诸子、那可儿，第三队到第十一队是乞颜氏贵族们统率的部属，第十二队和第十三队则由来依附的旁支尼鲁温氏族人组成。因此，铁木真所能直接支配的兵力，实际上并不很强大。这就是铁木真统一蒙古高原过程中著名的战役之一,是元朝初期发动的第一次大战,即"十三翼之战"。

铁木真的三万大军迎出了一段距离,远远看见敌人已经翻过了山岭。十三个部落的联军铺天盖地,汹涌而来,那架势就像电闪雷鸣般咆哮着,瞬息之间,他们就冲到了铁木真面前。茫茫草原,被大队人马践踏得尘土飞扬,天昏地暗。

铁木真见敌人来势特别凶猛,知道事情不妙,他命令队伍一边抵挡,一边按顺序撤退。

大军的各支队撤退到山谷中,铁木真立即命令博尔术截断后路,堵住了山谷的入口,其他各队迅速退入深谷,马上修整。当时清点各部民众,伤亡人数的确不少。所幸的是,军队撤退时秩序良好,没有过于散乱,这才没有造成更大的损失。

元太祖成吉思汗传

战争的结局是铁木真失利,札木合取得了胜利。札木合得意地宣布:"我们已经把铁木真赶到斡难河的峡谷中去了。"于是,札木合下令班师回营。

但是,札木合在回师的时候,下令在火上架起了七十口大锅,将被俘的铁木真将士放入锅内活活煮死。泰赤乌人在胜利之后,也是志得意满,对待部属恃强凌弱,掠夺他们的车马和饮食。他们这样做的结果,自然引起部属的强烈不满。从深刻的意义上讲,札木合与泰赤乌人虽然在军事上取得了胜利,但是在道义上和政治上,他们却遭到了最严重的失败。

相比之下,铁木真就比他们高明多了,他善于赢得人心,甚至能够把敌手吸引到自己一方来。就在十三翼之战战后时隔不久,札木合手下心怀不满的兀鲁兀部术赤台、忙忽部畏答儿等人,各率所属族人离开札木合,大队人马前来投靠了铁木真。

畏答儿和术赤台后来成为铁木真的两员骁勇的战将。铁木真家的亲信晃豁坛部的蒙力克,曾经随札木合游牧,由于札木合在此战后多行不义,这时他也率领7个儿子离开札木合,来到了铁木真这里。

泰赤乌的属部照烈部的驻地与铁木真的驻地相近，有一天照烈人和铁木真都来到草原的一座山上打猎。铁木真有意将被围的野兽赶向他们，结果他们这一天的围猎收获比平时多了几倍。

照烈部人自然是很高兴，他们说："我们和铁木真就在这里一起过夜吧！"他们共有四百余人，由于没有带来锅和粮食，有二百余人回自己的住所去拿吃的，剩下二百余人在此过夜。

铁木真得知这一情况后，立刻下令把他们所需的锅和食粮全部送了过来。

在第二天的打猎中，铁木真继续故意将野兽往照烈人一边赶，让他们猎获更多了。照烈人十分感激铁木真，大家都说："泰赤乌部将我们扔在一边，不理睬我们。以前铁木真同我们并没有交情，现在他却能厚待我们，给了我们这些吃的，又几次把猎物赶向我们，他可真是个关怀自己的部属和军队的好君主哇！"

照烈人返回自己营地的时候，一路上，他们向所有的部落传颂着铁木真关怀他人，乐善好施的君主风度。不久，照烈部的首领与族人商议："我们应该迁到铁木真那里去，像这样的好人，我们理应听从他的吩咐！"

因为不是所有的人都同意，照烈部的首领便带着自己的部众投靠了铁木真。那些犹豫不定的人一看首领带人投靠了铁木真，也都随着一起来了。

投靠来的照烈部人对铁木真说："我们就像没有男人的女人，没有牧人的羊群一样，泰赤乌的贵族每时每刻都在毁灭着我们。为了我们的友谊，让我们和你一起用箭去作战，去歼灭你的仇敌吧！"

铁木真动情地说："我就像个睡着的人，你们拉我的头发把我唤醒；我正在石头之中动弹不得，你们从石头下拉出了我，让我能够站起来。我一定要尽力来报答你们！"

归附了铁木真的照烈人，有的人虽然在以后未能实践自己的诺言，又从铁木真那里反叛了，但是，又有更多照烈人和泰赤乌的其他属民，陆陆续续来到铁木真这里。这些人说:"泰赤乌贵族总是平白无故地压迫我们、折磨我们,可是,仁慈的铁木真却将自己身上穿的衣服脱下来给我们,把自己骑的马让给我们。他才是一个能为大家着想,为军队操心,还能把国家管理好的君主呢!"

还有一位勇士叫哲别,以善于射箭著称,曾经为泰赤乌首领布答效力。哲别蒙古语的意思是善于射箭。当铁木真战斗正酣时,他射死了铁木真的战马,也是因为一个叫赤老温的猛将首先被铁木真收留,哲别也前来投入了铁木真的军队。

铁木真曾经问过射伤自己爱马的那个人是谁,投奔过来的哲别当场一口承认,并且表示:"倘若饶我,赐我一命,我为你杀敌人,报世仇,赴汤蹈火,在所不辞!"

铁木真说:"哲别这么坦诚,我们可以交朋友。"铁木真还说,要哲别"就像我跟前的其他'哲别'一样来保护我"。从此,哲别成为铁木真麾下著名的一员大将。

铁木真对他不计前嫌,真诚相待,哲别非常感激,对铁木真一直忠心耿耿。哲别后来成了元朝的名将。

就这样,铁木真虽然在军事上遭受了一时的挫折,但经过一番争取将为我所用的努力,使他的威望得到进一步提高,势力更加壮大。

青年征战

在隐忍中变强大

在十三翼之战后,铁木真的力量不仅没有被削弱,反而还出现了众望所归的局面。从战场上突围出来的铁木真母子,听说蒙力克和术赤台前来投奔他们,大喜过望,立即骑马前来迎接。当两队人相遇时,各个都是热泪盈眶。这时,蒙力克夫妻哭着说:"夫人,我们来晚了。"紧接着,蒙力克一家全部都跪下了。

诃额仑一边扶起蒙力克的妻子,一边叫铁木真:"快扶起你蒙力克父亲。"

铁木真搀扶起蒙力克后,说道:"蒙力克父亲,术赤台叔叔,你们是在我战败逃亡的时候来投奔我的,分担的只能是重新振作的辛苦和忧愁。我十分感谢你们的到来,这也预示着乞颜部将会转败为胜的。现在,我要设宴庆贺二位长辈的归来。"

随后,铁木真便吩咐博尔术马上去召集各族的首领。

这时,合萨尔有些担心地对铁木真说:"哥哥,十三翼之战败后,札木合很有可能会派人追赶我们,现在,我们还要大摆宴席,这样好吗?"

铁木真低声回答道:"就是因为十三翼之战打败了,才更需要稳定军心,鼓舞士气。宴会不仅要办,还要办得隆重红火。"不过,铁木真也不敢大意,他又派了速不台和忽必来两队哨兵放马出去四十里隐蔽起来,并告诉他们不到万不得已,不可以扰乱了宴会。

此时此刻,在草地上,灯球火把照得如白昼一般,各部首领及家眷一桌挨着一桌围成了半圆形,中央还点燃了一堆篝火,并且还放了两只盛酒的大瓮海。这时,别勒古台和不里孛阔二人挎刀挺胸走到中央,一齐宣布道:"奉可汗旨意,由我二人主持宴席,望诸位各安其位,宴会开始!"

随后,二人又转身向主席台走去,走到桌前一同跪下:"请可汗致辞祝酒!"然后,二人又分别走到主席台的两侧肃立。

铁木真高兴地举起酒杯,说道:"今天,为了欢迎蒙力克和术赤台两位长辈的归来,为了祝贺蒙古乞颜各部著名首领和名门望族大多已经齐集帐下,黄金家族中兴有望,请大家开怀畅饮,尽欢而散。我先敬大家一杯,干!"众人举杯,一饮而尽。

随后,一队青年男女们载歌载舞,喝酒、唱歌、跳舞,出现了一片祥和的景象。人们都为此时此景所包围着,笑容时刻挂在每个人的脸上,人们陶醉着、欢喜着。

这时,别勒古台和不里孛阔一起喊道:"斟酒!"

只见两个女子从两侧开始依次斟酒。位置靠边的是额里真妃和撒察别乞,此时的他们有着愤愤不平之色。尤其是额里真妃,她心想:"蒙力克和术赤台算个什么东西,竟然被铁木真奉为了上宾。我是他的长辈,又是近支,倒退而居其次,这是什么意思?"

当倒酒的女子过来时,正好给额里真妃倒了半杯酒壶就空了,那女子彬彬有礼地说了声:"请稍候。"于是,倒酒的女子放下空酒壶,拿起了另一把酒壶。刚要再续,额里真妃便借题发挥地拿起半杯酒,一下

元太祖成吉思汗传

子泼在了那个女子的脸上:"混账,连你这个奴才也敢瞧不起我,给我倒半杯酒,这是谁的意思啊?"

倒酒的女子吓得急忙跪下了,额里真妃还不依不饶地举手就打了女子几个耳光:"我看你还敢对我不尊重。"

见此情景,铁木真当然知道额里真妃是意有所指的,他愤怒之下便捏扁了手中的酒杯。这时,诃额仑和孛儿帖同时按住了铁木真的两只手。铁木真看了看母亲和妻子,便哈哈一笑说道:"额里真妃婶母,何必跟一个奴隶一般见识呢?明珠放在暗处也会闪光,您高贵的身份谁都不会忘记的。孛儿帖,你去给额里真妃婶母斟酒。"于是,孛儿帖乖巧地拿起酒斗,离座走到额里真妃面前。

额里真妃大模大样地说:"让可汗的大妃给我倒酒,这我怎么敢当呢。"

孛儿帖笑容可掬地说道:"您可是先可汗的大妃,自然当得起啦。"额里真妃为自己争回了面子,心里自然是舒服多了,她心安理得地让孛儿帖给她倒满了酒。

铁木真看到额里真妃得意的样子皱了皱眉头,而合萨尔、合赤温和铁木格也显出了各个愠怒的表情。这时,铁木真发泄地说道:"别勒古台,你是宴会的主持人,难道只会看一个人的脸色吗?你到各处去看看,我的臣民们是否都像这里的气氛一样欢乐喜兴。"

别勒古台应答一声后就走了,不里孛阔躬身说:"我也去吧!"

一个个被车辆围成的圈子里亮着灯火,传来了笑声。蒙古人在行军路上宿营时,为了安全起见,会把勒勒车卸下来围成圆圆的一圈作为工事,以此来抵御马队的攻击,这也就是著名的"古列延"。现在,各个古列延里也在举行着宴会。

别勒古台和不里孛阔并肩走过来,忽然见到有个黑影闪过,别勒古台大喝一声:"什么人?"

只见那个黑影还在跑,两人随后便追了上去。不里孛阔抢先朝那个人后背一推,那个人便扑倒在地,不里孛阔用刀逼住那人的咽喉。那个人被吓得大喊大叫："别误会，我是合答吉歹。"

听到这句话，不里孛阔立即愣住了。合答吉歹趁机站了起来，手背到身后讪笑着后退。不里孛阔发现了他手中的马笼头，干咳了一声说道："你身为撒察别乞首领的那可儿，为什么不在左右好好侍候，想四处找酒喝吗？"

合答吉歹听出不里孛阔话里边的袒护之意，一边后退，一边想乘机溜走："我这就去，我这就去。"

"站住！"别勒古台拦住了合答吉歹的去路，"你手里拿的是什么？把手伸出来！"

合答吉歹只好伸出手来，露出了马笼头，随后，他又马上缩了回去。别勒古台问："马笼头？谁的？"

"嗯——是撒察别乞首领的。"

不里孛阔不时地提醒合答吉歹说："他让你去备马吧？"

合答吉歹连忙说："对，对，是让我去备马。"

不里孛阔对他使了个眼色："那为什么还不快走？"

"是，是，我这就走。"合答吉歹想要溜走，别勒古台叫住他："不对，你给撒察别乞备马，为什么从可汗的古列延里出来？"合答吉歹支支吾吾地也说不明白。

别勒古台见他说不出来，便命令道："把马笼头拿给我看一看。"合答吉歹只好将马笼头递给了别勒古台，这时，不里孛阔一把抢了过去，抛向了远方。随后，他又打了合答吉歹一记耳光，说道："还不快滚！"

此时，合答吉歹想要逃走，别勒古台则抓住了他："不行，你这个主儿勤的盗马贼！走，马上去见可汗！"

不里孛阔害怕因为这事使主儿勤人当众出丑，便阻拦道："别勒古台，你不要欺人太甚。"

"什么？我怎么欺人太甚？"

"你凭什么骂主儿勤人是盗马贼？"

别勒古台扭着合答吉歹:"走,见了可汗,让各部首领都来评一评,他是不是个贼。"

这时,不里孛阔急了,他上前推开了别勒古台,合答吉歹也乘机逃走了。别勒古台想要去追赶,不里孛阔便不断地进行拦挡。于是,两个人便扭打在了一起,各不相让。别勒古台趁二人分开之机又追向了合答吉歹,不里孛阔情急之下,抽刀砍向了别勒古台,使别勒古台裸露在外面的右臂中了一刀。这时,别勒古台转身怒目而视,不里孛阔知道闯了祸,怔怔地扔下了刀。

别勒古台撕下衣襟扎住了伤口,又将右臂伸入袖中。这时,博尔术领着一队哨兵走了过来,看见别勒古台受了伤,急忙问出了什么事。别勒古台怕把事情闹大,搅了铁木真的宴席,便叫博尔术不要声张。

别勒古台、不里孛阔和博尔术走回宴会会场后,三人一起向铁木真交令,报告说各古列延里的宴会热烈红火,整个营地内外也并无异常。铁木真一眼就看出了别勒古台的脸色不对,又发现了他手上流出的血,便问道:"别勒古台,你的手臂是怎么了?"

别勒古台听到铁木真在问自己,便把右臂往身后藏了藏,说道:"没,没怎么。"

"血。"诃额仑吃了一惊说道。

听到月仑的话后,全场人都放下了酒杯,铁木真盯住别勒古台,说道:"别勒古台,你是否曾经与人进行过格斗?"

别勒古台还想继续掩饰:"没有。"

"那你把袖子卷起来,你什么本事都学会了,就是还没有学会撒谎。"

"是,是曾有过格斗。为了一点小事,可汗就不必问了。"

"不,你一定要说出来。"铁木真用坚定的目光看着别勒古台说道。

这时,博尔术向前一步替别勒古台回答说:"可汗,刚才主儿勤首领撒察别乞的那可儿合答吉歹偷了可汗的金马笼头,被别勒古台抓住

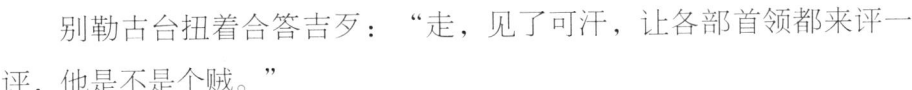

了,而不里孛阔却执法犯法祖护罪犯,想放走合答吉歹,别勒古台与不里孛阔相持不下,不里孛阔便砍伤了别勒古台。"

博尔术的话刚一说完,便出现了一片令人压抑的寂静。此时,铁木真及其兄弟们的愤怒在聚积,诃额仑已经看出了他们的情绪,于是,她小声地对铁木真说道:"天不早了,散了吧!"

如果听从了诃额仑的话,这倒是个消弭事端的好机会,可是撒察别乞的脸上却挂不住了,他霍地站了起来,怒道:"我以为可汗真的是在开庆贺喜宴,原来是想报复主儿勤人而设的陷阱。不里孛阔,我们走!"

这时,主儿勤人全部都站了起来,准备离席欲走。铁木真拍案而起:"把这帮盗马贼全部都给我拿下!"

合萨尔等推翻了桌子,扑向不里孛阔、撒察别乞等人,不里孛阔、撒察别乞等且战且退,会场出现了一片混乱。

撒察别乞等逃进自己的古列延,喘息未定。不里孛阔恼火地说:"撒察别乞,主儿勤人的脸都让你的那可儿丢尽了,合答吉歹在哪儿?我要杀了这匹害群之马!"

撒察别乞生气地说:"铁木真是不会放过我们的,我们要赶紧走!我的母亲呢?"这时他们才发现额里真妃不见了。

"一定是让铁木真给抓住了。抢?显然是打不过铁木真的,这可怎么办呢?"撒察别乞不知所措。

这时,木华黎说道:"首领,我去见铁木真把大妃要回来吧。"

者勒蔑和速不台两兄弟一前一后领着木华黎走进了大帐,铁木真的目光直逼木华黎,冷冷地问:"你们主儿勤人全部叛逃了?"

木华黎平静地回答:"我只知道我们的首领带领全族人转移了牧场。"

铁木真眼睛一瞪:"你竟然敢顶撞我!"

木华黎不亢不卑地沉默着。铁木真又问:"撒察别乞派你来干什么呢?"

"要求可汗放回额里真妃。"

"应该是恳求或者哀求才对吧?"

"不,我的首领说的是要求。"

"哦?你叫什么名字?"

"木华黎。"

"你是撒察别乞的什么人?"

"门户奴隶。"

铁木真大怒,从者勒蔑的腰间抽出刀来,将刀指向了木华黎的咽喉:"你一个门户奴隶也敢这样跟可汗讲话么?"

木华黎平静地说:"我是撒察别乞的门户奴隶,不是可汗的门户奴隶。"

铁木真将刀一挥,劈向了木华黎,当刀快要碰上木华黎头顶的时候偏了过去,木华黎一直都是纹丝不动。铁木真笑了笑,说道:"好样的。"他把刀还给了者勒蔑,坐了下去,说,"木华黎,不要回去了,做我的那可儿怎么样?"

木华黎不语。铁木真探着身子又问道:"怎么?你以为我铁木真还不如那个盗马贼撒察别乞吗?"

"我是十分敬仰可汗的,但是我不能不忠实于我的主人,现在我还是他的奴隶。"木华黎出自真心地说道。

听着木华黎说完话,铁木真越发对他感兴趣了,他围着木华黎转了一圈儿,然后拍拍他的肩膀,对者勒蔑说:"者勒蔑,带他下去吧,要好好款待。"

者勒蔑带着木华黎走出了大帐。这时,铁木真对速不台说:"速不台,传各部首领大帐议事。"

不一会儿,各部贵族和首领们陆续来到了大帐内,大家七嘴八舌地吵嚷着:"对尥蹶子的野马就得用鞭子抽,对叛逃的主儿勤人就只能是进行讨伐。"

"可汗,你曾说过,对以往的叛离可以既往不咎,可是如果以后再有类似的不忠之事，你将使用马刀和苏鲁锭长枪给他们以最严厉的惩罚。"其中的一首领气愤地说道。

"现在是把灾难加在主儿勤人头上的时候了！"

这时，蒙力克极力地拦阻，说道："不可以！承蒙可汗不弃，还设宴欢迎我们归来。新朋友值得欢迎，旧朋友也不应该轻易抛弃，何况主儿勤人是蒙古长支贵族，可汗更应该大度包容才对呀。"

答里台到底年纪大了些，不像年轻人那样气盛，他说："蒙力克说得对，我们刚刚和十三翼敌人交过手，不能再增加更多的敌人啦。"

合萨尔却反对地说道："如果我们要是极早下手，他们就是一堆死尸，那将永远成不了敌人了。"

这时，豁儿赤又成竹在胸地开口说："我看不见得，据我所知，主儿勤部在先可汗的时候都是蒙古各族之中有胆量、能征战、箭法高强的人，让他们成为死尸的同时，我们也将会有许多人倒下。"

合萨尔嘲讽地说："豁儿赤，难道你害怕了吗？"

豁儿赤气愤地回答道："我是害怕，我怕的是可汗会因为自我相残，使札木合有机可乘。"

铁木真见大家都各执己见，争得不可开交，便终止了会议，随后便去了诃额仑的斡儿朵。诃额仑早就料到铁木真会来，待儿子行过礼后，她让他坐在孛儿帖对面，从容地问道："他们都说了些什么呢？"

"众说纷纭，相持不下。"

"那有人指责你在宴会上的举措有些失当吗？"

"那倒是还没有。"

诃额仑摇了摇头说："这不好呀，你还没有让属下认为你是纳谏如流。你身为可汗竟然充当了一场械斗的指挥，连别勒古台的忍让和气量都不及。我想他们是会看出来的，只是不敢说出罢了。"

铁木真自省地说："我当时也是被额里真妃他们气糊涂了呀。"

这时，孛儿帖说："可汗已经宽容了他们伙同塔儿忽台抛弃我们的旧怨，这次也该宽容他们小得多的过失才是啊。"

铁木真站起来说:"好吧,我马上派人护送额里真妃回去,并与主儿勤人讲和。"

当木华黎随同者勒蔑前来释放在混战中被捉的额里真妃的时候,她正在被囚禁的蒙古包里大喊大叫。额里真妃到底曾经是先可汗的大妃,现在虽然身陷囹圄,但是气焰却丝毫都没有减少。

豁儿赤与术赤台二人护送着额里真妃的驼车走到了主儿勤人的营门处,跟随在车后的木华黎下了马说:"请二位使者稍候,等我禀过我的主人再来请二位进帐。"说完后,便将马交给了守门的军士,然后向大帐内走去。

术赤台与豁儿赤下了马,耐心地等待着。有一会儿,只见合答吉歹走了出来,对他们说道:"我们首领有令,请来人将额里真妃的车子放进营门。"

术赤台与豁儿赤交换了一下目光,然后示意了一下车夫。于是,车夫便赶车进了古列延营门。二人随后欲进,合答吉歹拦住说:"撒察别乞首领有令,外人不准入内。"

术赤台和豁儿赤一愣,随后见到营门里额里真妃下了车,走向了迎上来的撒察别乞和不里孛阔等人。

撒察别乞施礼说:"母亲,您受惊了!"

额里真妃傲气十足地说道:"我受惊?谁敢惊吓我?我是先可汗的大妃!他铁木真算个什么东西,难道我会怕他吗?"

豁儿赤和术赤台听到后,相互对视了一眼,便转过身离开了。

后来,铁木真听了豁儿赤和术赤台的汇报后,觉得主儿勤人实在是太过分了。可是他又一想:还是得先把自己的翅膀练硬了,到那时,即使有再大的风雨,也挡不住我往高处飞翔。

想到此处,铁木真迎头向天,隐忍地说道:"忍了吧!因为我现在还没有强大的实力,所以我就得忍让,可是主儿勤人,你等着我忍无可忍和不需要再忍的那一天吧,那一天是不会太晚的。"铁木真目光坚定地看着远方。

援助脱里汗赢得人心

在十三翼之战过程当中,铁木真独自与札木合的联军苦战,他的义父脱里汗原本不想坐视不救,但是,当时的脱里汗正在逃亡途中,他自己也正在饱受颠沛流离之苦。

原来在早先,脱里汗在父亲忽儿札胡思死后继承了汗位,为了独揽大权,他竟然不顾同胞之情杀死了自己的四个弟弟中的两个,即台帖木儿、不花帖木儿。他另外两个弟弟是额儿客合剌、札合敢不,好在他俩免于被害。

脱里汗的叔叔古儿汗闻听后起兵打他,将他击败。脱里汗被迫驱兵住在山谷。后来他借助铁木真父亲也速该的力量恢复汗位。这一次,脱里汗的逃亡,则是他和那一个幸免于难的弟弟额儿客合剌冲突的结果。

脱里汗恢复汗位企图杀害额儿客合剌。额儿客合剌逃出后,投靠了西面乃蛮部的亦难察汗。亦难察汗很可怜他,也想乘机打击克烈部的势力,便出手相助,最后击败了脱里汗。

脱里汗败得连弃三城，向西奔逃，其弟札合敢不投往铁木真。脱里汗一直往西逃到契丹的古儿汗那里。然而，当时的西辽也处在内乱之中，脱里汗原本就与古儿汗不和，因此难以在西辽栖身。

在西辽不到一年，脱里汗只好又踏上归途。他经过长途跋涉，随身所带食物已经用完。当时只有五只母山羊和两三只骆驼，脱里汗就挤着山羊的奶水，刺着骆驼的血为饮食。当时他骑着一匹瞎眼黑的鬃黄尾马，实在是穷困潦倒。一路艰辛磨难，他来到漠北古泄兀儿海子。这里曾经是他和铁木真的父亲也速该一起住过的地方。

铁木真得知了脱里汗的悲惨境遇，就特地派塔孩把阿秃儿、速客该赤温两人前去迎接他。铁木真还亲自到克鲁伦河的上源去见父亲的好友脱里汗，把他安顿在自己的牧地上。

紧接着，铁木真又从自己的属民那里动员来应用的东西，供给饥饿贫弱的脱里汗和落魄的随从使用。此时，脱里汗的弟弟札合敢不正在金朝的边境上，铁木真请他回到蒙古去。不料在札合敢不返回的途中遭到蔑儿乞人的袭击。铁木真闻之立即派撒察别乞和泰出两人前往救援，札合敢不终于得以平安归来。

就这样，脱里汗在铁木真的帮助下，终于又回到土兀剌河的黑松林故地。在这里，脱里汗大摆宴席，重叙和也速该结为安答的情谊，并再次郑重地确认了他和铁木真的父子关系。

随后，铁木真在一次征战胜利后，把在这次战争中掠获的财产全部送给了脱里汗义父。在铁木真的援助下，脱里汗的势力渐渐恢复了。

然而，这个脱里汗竟然背着铁木真，独自去征讨蔑儿乞的脱脱，掠夺大量财物而还。脱脱等人逃入巴儿忽真隘境内（今天的贝加尔湖以东地区）。同样是对待得来的财物，脱里汗却一点也没给铁木真。

更为严重的是，生性多疑、嫉妒心很强的脱里汗在重掌克烈部大权之后，甚至要对几次援助了他的铁木真下毒手。有一次，他和铁木真在一起开会，居然阴险地在毡帐周围埋伏杀手，企图在开会期间的宴会上把铁木真杀掉。

在宴饮的时候，巴阿邻部的阿速觉得气氛很不对劲，就起了疑心。为防不测，阿速将刀子插入靴筒里做好准备，并特意坐在脱里汗和铁木真中间，一边喝酒谈笑，一边机警地左顾右盼。脱里汗知道阴谋败露，不敢贸然下手。

多行不义的脱里汗，他的恶劣行径激起了亲属和部下的愤慨，他们聚在一起议论说："脱里汗就像吹灰似的杀戮亲族，真是个心怀恶意不成器的人！他不但杀了自己的胞弟，还杀了自己的结拜兄弟，逃到契丹去乞求保护，完全是个不爱自己的国家的人。当初他七岁的时候，曾被蔑儿乞人掠去，给蔑儿乞人捣米过活，是父亲忽儿札胡思把他救了出来，他在13岁的时候，又和母亲一起被塔塔儿的阿泽汗掠去，给人家放骆驼。他想尽了办法，最后才从那里逃出。后来，他惧怕乃蛮亦难察汗的攻打，又往更远的地方逃跑，到了穷途末路时，才来到铁木真这里。铁木真全心全意供养他，现在他却忘了恩情，还在起这样的恶念，真是可恶得很！"

脱里汗察知亲属和部下的议论，就下令把议论他的人们抓了起来。只有札合敢不忶幸得以脱身，逃到乃蛮部去了。

那些被捕的人被脱里汗关押在一个屋子里。脱里汗斥骂他们说："你们说我在畏兀和西夏那些地方怎样来着？你们竟敢胡说！"说完，他就将唾液使劲儿地唾到这些人的脸上。其他人在他的怂恿下，也都起来唾他们的脸面。

脱里汗的这些所作所为，铁木真都看在眼里。然而，铁木真隐忍不发，他知道，克烈部毕竟是强大的，脱里汗正是强大部落的统治者。如果现在表示出不满，对自己显然十分不利。为了事业，现在必须与之结盟，借助这位汗父的力量去削弱更加危险的敌手。

有一天，撒察别乞部落的军队偷偷袭击了铁木真的后方营地，杀死了十多名铁木真留守在这里的老弱残兵，又抢走了五十多人的衣服和马匹，然后，带领军队扬长而去。

铁木真接到报告后满腔愤怒，他说："以前，撒察别乞在斡难河岸边参加宴会的时候，他的母亲就曾经打了我的厨子，他的人还把别勒古台砍伤了，我认为撒察别乞和我是同一家族，就格外地谅解了他，没有追究，与他和好如初，我还邀请他率领军队联合攻打塔塔儿部落那些仇人。他不接受我的邀请，不来也没有什么关系，现在反而把我部落的老少牧民，杀的杀抢的抢，真是欺人太甚，岂有此理！"

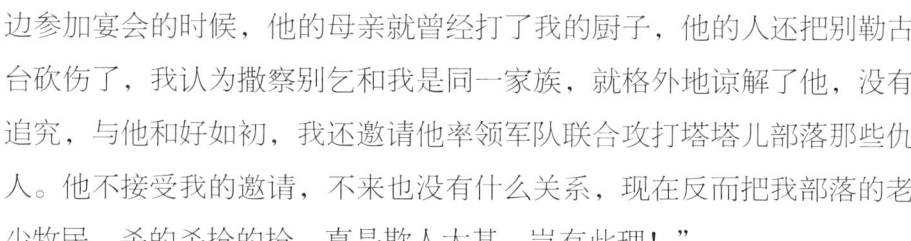

铁木真迅速带兵出发，穿越大沙漠，来到克鲁伦河的上游，一声呐喊，攻入撒察别乞的营帐中。撒察别乞早已闻听铁木真来攻，这时已携带着家属逃走了。铁木真以牙还牙，抢劫了他的部落，然后带队回营。

几个月过后，铁木真余怒未消，再次率领军队攻打撒察别乞，把他追击到迭列秃口，最后活捉。铁木真亲自列举罪状，告知周围的人，然后，将撒察别乞和他的弟弟拖出去斩首，释放了他的其他家属。

博儿忽是撒察别乞的儿子，年纪小，长相英俊，铁木真把他收为养子。后来，博儿忽以英勇善战而闻名于世。此后，铁木真又得到智勇超人木华黎，他极大地宠爱和信任着木华黎。后来，木华黎与博尔术和赤老温等人一样，受到了铁木真特别的优待。

成吉思汗建国元年，木华黎与博尔术被成吉思汗授命为左、右万户。在蒙金战争初期，在野狐岭、会河堡诸战中，木华黎率敢死士冲锋陷阵，配合主力，歼灭金军精锐，攻克宣德、德兴等地。

成吉思汗八年，木华黎随成吉思汗率军入山东，攻克了许多城市，还在战场上收降了史天倪、萧勃迭，并成为万户。第二年，木华黎班师北上，与成吉思汗大军会合围中都，迫使金帝请和。此役后，木华黎受命进军辽河流域，招降高州守将。

成吉思汗十年，木华黎打败了金军，进占北京。第二年春，手下张致反叛并占据兴中。木华黎以调虎离山计设伏夹击，斩杀叛军万余人。进而乘胜进军，俘杀张致，连着攻占锦州、复州等数十座城寨，使蒙古军控制了辽东、辽西地区。

木华黎于成吉思汗十二年八月，被成吉思汗封为太师、国王，从此全权指挥攻金战争，又为成吉思汗立下了赫赫战功。

集中兵力首战塔塔儿

雄才大略的铁木真善于把握时机，利用敌营的内部矛盾，毫不犹豫地将敌人置于死地。铁木真的这一特点，在他进攻塔塔儿这件事上表现得淋漓尽致。

1194年，由于金国与合答斤部、撒勒赤兀惕部发生了矛盾冲突，金国第二年起兵进攻他们。在呼伦湖畔，金国打败了合答斤、撒勒赤兀惕的十四个古列延人马。因为塔塔儿部在此战中协助金国，掳掠了大量牛马、财物，金国在这次进攻中掳掠财物较少，因此，金国与塔塔儿部发生了摩擦，认为塔塔儿部已经反叛。

1196年，金国派完颜襄丞相统领军队，前往镇压。在两军交锋中，开始的时候金国军队被围而处劣势，但到了后来，战况发生变化，金国最后取得了胜利。塔塔儿部首领蔑古真向浯勒札河败逃。

铁木真听到这个千载难逢的消息，认为这是替父祖复仇的良机。铁木真记得在童年时，母亲诃额仑讲述的塔塔儿人联合金人钉死铁木真的曾祖咸补海汗；铁木真自己也耳闻目睹了塔塔儿人毒死父亲也速该的事情，这个仇岂能不报？

游牧在东北边界的塔塔儿人和金国的君主曾联合起来，灭了蒙古的第一个王国。金国君主利用塔塔儿人的力量打击了铁木真的祖先。但是，被金国的君主利用的塔塔儿人迅速地强大起来，作为保护人的金国的君主难以忍受对手的实力强大。

于是，金国在处理同游牧界的关系中，转而联合铁木真和克烈部，共同打击塔塔儿人。显然，敌人已经反目为仇，他们之间的联盟已经破裂了。

"敌人的敌人就是自己的朋友"，这是一个基本原则，敌人的联盟既然已经破裂，那就不妨暂时与金朝联合，这倒是蒙古人报仇的一个好机会。铁木真哪里会放过这样的机会！

有一天，在巨大的可汗金顶大帐外，排出了两列威武的长队，并且直通营门。合萨尔与金朝使臣耶律阿海并行，别勒古台与金朝副使耶律不花落后两步，再后是带刀带剑的者勒蔑、速不台与两位金朝侍从，他们一行人从营门向大帐缓缓走来。

在大帐里，铁木真正中高坐，将领们也分别坐于两厢，金朝使臣也相继落座。这时，铁木真打开了者勒蔑递过来的黄绢包裹，看了看手中火漆封印的手书后，说道："我不通金朝文字，请上国使臣代为转达，可以吗？"

耶律阿海站了起来，说道："十分愿意为可汗效劳。"

者勒蔑又从铁木真手里接过书信递给了耶律阿海，耶律阿海打开手书一字一句地读道：

> 大金国丞相完颜襄致意蒙古可汗铁木真：我大金国江山万里，八方来朝，惟北方之合答斤、撒勒赤兀惕部不听约束，举兵反叛。皇帝兴师征讨，叛敌惨败而国军回师。不料塔塔儿之首领蔑古真见利而忘义，竟中途袭击我军，掠夺财物牛马无

算。皇帝震怒，兴兵问罪。丑虏不堪一击，向西逃窜，至大金边墙松树寨、枫树寨龟缩顽抗。皇上得知铁木真称汗漠北，兵精马壮，特命你率部进击。成功有赏，军败有罪，望自珍重！大金国丞相完颜襄手书，承安元年秋。

耶律阿海读完手书后，又交与者勒蔑，者勒蔑呈与铁木真。铁木真看了看手书，不冷不热地说："上国使臣一路上鞍马劳顿，请先歇息歇息吧。这件事非同小可，容我与诸位将领从长计议。送客。"

合萨尔伸手让道："请！"四位使节走出了帐外。

铁木真见使者们走出了大帐，再次拿起那块包手书的黄绢向众将展示了下，说道："这块绢子还不错，谁拿去裹脚？"众人一阵大笑。

合萨尔走回大帐后，铁木真止住了笑说："都说说，怎么打发这两个金朝的使臣。"

"我有办法，抬进来！"别勒古台说着走到帐门口向外招手，两名军士抬着一个木驴走进来，放下，众人为之一震。别勒古台瞪着血红的眼睛说："当年，金熙宗把我们蒙古的俺巴孩汗就活活地钉死在这样的木驴上。现在冤冤相报，把那条傲慢的公狗一样的完颜丞相的使者，也钉在这木驴之上！"

许多人情绪亢奋，铁木真也盯住了木驴，两手用力地按住桌案思考着。只过了一会儿，铁木真又缓缓地坐了下去，出人意料地说道："也许我们可以去打这一仗。"

铁木真这话一说出口，下边的将领们一下子炸开了锅，七嘴八舌地说道："什么？我们要替金狗去打仗？"

"塔塔儿人不过是金朝的一条狗，主人打狗有我们什么事儿？"

"金朝和塔塔儿人都是我们不共戴天的仇敌，让他们自己去打吧！"

这时，铁木真向一直都没有说话的豁儿赤问道："豁儿赤，你有什么想法吗？"

"出兵攻打蔑古真。"豁儿赤说得非常干脆。众人一下子围上了豁儿赤："你在胡说些什么呢？"

"你不是乞颜部蒙古人，金国杀的不是你的可汗。"众人义愤填膺地说道。

此时，者勒蔑忽然笑着说道："你们冲他吵什么？他不过是顺着可汗的意思随便说说的，为的是早一点讨齐他的三十个老婆。"听到这话，大家便笑了起来。

"这并不可笑。"大帐门外突然响起了一个女人的声音。大家回头一看，立即都站了起来，原来是铁木真的母亲诃额仑，她领着孛儿帖走进了大帐中。

铁木真看到母亲进来了，立即走了下去并且叫了母亲。

"刚才你是说过要奉金国的旨意去攻打塔塔儿人吗？"诃额仑严肃地问着铁木真。

"是，我是有这个意思。"铁木真认真地回答着母亲的问话。

"你忘了金国是什么了吗？是贼！你要认贼作父吗？你给我跪下！朝着不儿罕山，朝着你向它发过誓言的长生天，朝着俺巴孩汗和合不勒汗的在天亡灵，你跪下。"听到母亲的话，铁木真跪下了。

"你向他们忏悔吧！"诃额仑生气地说道。

铁木真跪在地上想了想说："伟大的不儿罕山，永恒的长生天，被金国钉在木驴上惨死的两位蒙古先可汗，我是铁木真，我从降生的那一刻起，就担负起了替父祖报仇，打败金国的重任。为此，我历经磨难，矢志不移。只是由于我的羽毛还没有丰满，草原上的人还分崩离析，这个志向至今还没能够实现。"说到这里，铁木真早已经是泪光闪闪了。

随后，铁木真振作精神，继续说道："金国是我最强大的仇敌，一直豢养着草原上的两条恶狗——蔑儿乞人和塔塔儿人，他们是被我屡次打败，又屡次在金国的喂养之下恢复了元气，然后再出来咬人的两条恶狗。这一次，金国要攻打塔塔儿人了。我可以不用受到金国的牵制打败塔塔儿人了，这个杀我父亲的仇人，请你们保佑我吧！"

听到铁木真说的话，诃额仑感到一阵愕然。

这时，铁木真站了起来对诃额仑说："母亲，我的意思是暂时利用与金朝的联合，先收拾了塔塔儿人。"

豁儿赤又近前一步说道："先攻打了一个，以后有了机会再攻打另外一个，我也是这个意思。"

博尔术想了想也说："我觉得可汗的主张是对的，我们攻打了塔塔儿人，表面上又伪装成是奉金国之命做的，这样，我们就不容易在金国那里过早地暴露自己而引起金国的注意。等我们悄悄地把自己的羽毛养丰满了，在金国没有注意的时候，在合适的某一天，我们一下子高高地飞了起来，到那时，金国的末日也就到了。"

铁木真咬着牙说："到那时，就该是我铁木真把金国皇帝钉在木驴上了。"

诃额仑被铁木真的深谋远虑说服了，她深深地叹了一口气说道："母亲是老了，孛儿帖，以后，我们再也不要管铁木真的事了。"

铁木真真诚地说："母亲，我真的还需要您的提醒和教诲。"

诃额仑摇了摇头说道："不，你真的不需要了。"她心里又高兴又感到一种莫名的凄凉，转身走了出去。

铁木真眼里放出兴奋的光芒："合萨尔、博尔术、者勒蔑，你们马上出使黑林，请我父亲的安答脱里汗领兵到浯勒札河上游与我部会合。"

三人站了起来："是。"

"答里台、蒙力克、豁儿赤，你们去主儿勤营地，说服撒察别乞与我们共同对敌。"

三人站了起来："是。"

这时，答里台有些为难地说："撒察别乞五年来都和我们拒绝往来，这次他们会来吗？"

"塔塔儿人不仅毒死了我的父亲，也害死了我们共同的先可汗俺巴孩，撒察别乞的父亲也是被塔塔儿人捉住送给金国钉死在木驴上的。"

铁木真沉思般地说，"也许这次他们能以血族复仇大义为重，同我们言归于好吧。"

答里台不相信主儿勤人会出兵支持铁木真，不过他还是答应说："好吧。"

铁木真提起了精神说道："其余各位首领就跟我去宴请金国的使臣吧。"

当众人正要往外走时，孛儿帖匆匆地进来了："铁木真，母亲不见了！"铁木真兄弟急匆匆地跑进诃额仑的斡儿朵，里面不见母亲的身影。

铁木真突然眼睛一亮："赶快去不儿罕山！"大家急忙出门。

铁木真兄弟等人朝着不儿罕山快马奔去，在转过山弯时，铁木真一眼就看见诃额仑正跪在不儿罕山的山脚下哭泣着，那个地方是她当年领着孩子们望祭过也速该的地方。铁木真等人下了马，走到了诃额仑身边，铁木真跪下，叫道："母亲！"

诃额仑抬起泪眼望着不儿罕山的山顶说："也速该，你已经离开我们二十六年了。在这二十六年来，我像离了群的母羊一般，自己喂养着铁木真他们六个儿女。你知道我受过多少苦吗？为了不让孩子们失去勇气和信心，我只有躲在黑夜里偷偷地哭泣。也速该，你是被塔塔儿人用毒酒害死的，死的时候是那么痛苦。可是你知道吗？我活得比你死的要艰难得多呀！我尝尽了人间的冷暖，什么亲人和朋友，谁都有自己的羊圈，没人肯在白毛风天气里，让出自己的蒙古包帮我照顾寒冷饥饿的羊羔，一切都只能去靠自己。我就是这样教育着你的儿子们。好在，孩子们都有了出息，铁木真还成了乞颜部的可汗，我没有辜负你呀。你不要急，不是我留恋儿子给我的荣华富贵，是我真想看见他们为你报仇雪耻的那一天。也速该，你再耐心地等等我吧！"

铁木真听着母亲伤心的哭诉，心里也起了异样，他心痛地劝慰道："母亲，您如果不愿意让我去攻打塔塔儿人，那我就回绝金国使者吧，您可千万不要哭坏了身子呀！"

诃额仑破涕为笑，说道："铁木真，谁说我不愿意你去攻打塔塔儿人啦？你长成了一个比你父亲还要坚强，比你父亲更有见识的勇士，我心里的高兴实在是装不下了，所以我要告诉你们的父亲，让他替你高兴呀。"兄弟几个听到母亲这样一说，都会心地笑了。

随后，铁木真痛快地接受了金朝的邀请，采取联合金朝夹攻塔塔儿的策略，先集中力量打败塔塔儿这一敌人。与此同时，铁木真又派人和克烈部联系，希望脱里汗能再次与他一起作战。铁木真派往克烈部的使者向脱里汗口述了蒙古人的"国书"：

> 塔塔儿与我们有世代冤仇，世人皆知，早已人神共愤。我祖辈俺巴孩汗、斡勤巴儿合黑曾被他们出卖过；我先父、您的安答又被他们毒死了，我们与塔塔儿人不共戴天。
>
> 如今，塔塔儿已经被金人打败，正在沿浯勒札河向西溃逃，这是天赐良机，不可错过。愿父汗您亲率大军帮我夹击敌人，向塔塔儿部讨还这一笔笔血债！

另外，铁木真又征召了主儿勤等族人，希望主儿勤为自己的祖先斡勤巴儿合黑报仇雪恨，在这场血族复仇战争中并肩战斗。

克烈部的脱里汗迅速组成一支大军向铁木真他们增援而来，很快与铁木真在斡难河畔会师了。这时的主儿勤氏却因为和铁木真的兄弟们发生了冲突，所以不打算和铁木真并肩作战了。

铁木真这边足足等了六天，还是不见主儿勤的踪影。时间紧迫，实在不能再耽搁了，铁木真只好与脱里汗沿斡难河东进。不久，大队人马即到达浯勒札河上游。

与金国战败的塔塔儿人为了保存实力，退到寨中，准备坚守。在铁木真与脱里汗的大军开到的时候，塔塔儿人尚未站稳脚跟。

此时，大战在即，营中的塔塔儿人正在忙着垒高寨墙。寨墙里，两鬓苍苍的蔑古真，早就知道不是蒙古人和克烈部的对手。于是，当他见到北面还空虚，便让也客扯连保护着札邻不合赶快逃走，只有这样才不至于到全军覆没的地步。

札邻不合知道后，不愿意抛下叔叔独自离开，想要蔑古真和他一起离开。这时，蔑古真摇了摇头，说道："铁木真来了，太晚了，他是来报仇的，你赶快离开吧！"

蔑古真又指了指寨墙外边说："你看，他的人马无边无沿，我们如果全数撤退，就会被铁木真的铁骑全部都踏成肉泥。你带着大部分人马赶紧逃走，我在这里等着他，等着他用苏鲁锭长枪洞穿我的胸口。"

札邻不合听到叔叔坚定的话语后，哭出了声来。蔑古真说："别难过，我会像个真正的巴特儿一样死去。我只是希望你能够记住，我们和蒙古人的账，将来只有靠你来清算啦！"札邻不合突然跪下，叩了一个响头后，大步离去了。

在浯勒札河边，铁木真焦急地踱着步。这时，一骑快马奔过来，速不台跳下马后跑到铁木真跟前，说道："可汗，主儿勤人还是没有任何消息，札邻不合率领大部塔塔儿人已经从北面逃走了！"

铁木真定了一下神，迅速地跑向了自己的战马，他快速地坐在马上，马躁动不安地踏着四蹄。铁木真夹着苏鲁锭长矛坚定地说道："谁要放跑了蔑古真这个害死我父亲的仇人，我就砍下他的脑袋！杀！"

铁木真的战马第一个就飞奔了出去，将士们兴高采烈，欢呼着扑向了寨墙，此刻一场你死我活的厮杀便真正地开始了。蒙古与克烈部抓住战机，分成几路向塔塔儿人轮番冲锋。很快，塔塔儿人的两个寨子被攻破，他们的一个首领变成了刀下鬼。其他部众或被杀，或做了俘虏，有不少人四散奔逃。

晚上，札邻不合站在高高的山顶上，遥望着远方松树寨方向淡淡的火光，他知道蔑古真叔叔恐怕凶多吉少了，札邻不合的泪水不知不觉地流了下来。他恨恨地说道："叔叔，我札邻不合一定会用铁木真的鲜血来算清这笔账的！"

随后，几个人便离开了山顶，札邻不合的队伍也渐渐地消失在了夜幕之中。

天快亮时，铁木真从火光之中走来，愤怒地说道："找到蔑古真的尸体了吗？"

人们回答说："还没有。"

这个时候，忽然有人大喊一声："有人逃跑了。"只见晨曦中有一匹快马冲出了寨门，铁木真等立即上马追了上去。

蔑古真打马狂奔，铁木真等人紧追不舍。蔑古真奔跑到了河边，便无路可走了，于是，他拨转马头又沿河逃跑。这时，铁木真等人斜插过去将他围在了中间。铁木真问道："你就是害死先可汗俺巴孩和我父亲的蔑古真吗？"

蔑古真从容地说："这么说你就是铁木真了？"

"正是，今天我会给你一次同我决斗的荣耀，合萨尔、博尔术，你们都往后退！"

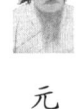

听到了铁木真的命令后，众人都往后退去。此时，蔑古真却哈哈大笑起来。铁木真不解地问道："你在笑什么呢？"

蔑古真止住笑后，说："你既然当了金国的鹰犬，就不配享有同我决斗的荣耀。"说完后，他便要将刀插入自己的胸膛。

铁木真大喝一声冲了上去，一枪刺中了蔑古真，蔑古真落下马来。铁木真举起长枪对着天空大声喊道："父亲，你的在天之灵能够听到吗？我今天除掉了塔塔儿恶人，明天就要惩罚女真人。"

很快塔塔儿部的财物便被一抢而光。这个部落曾经既强大又富裕，铁木真率众从中获得了前所未有的珍宝。其中，有两件极其贵重的物品，就是银绷车和大珠衾。在艰难困苦中长大的铁木真从来没有见过这样的宝物，心中不胜惊喜。

蒙古军在打扫战场时又捡到一个小男孩，名叫曲书。一只金圈环套在小孩的脖子上，还穿一件貂皮做里的金缎兜肚。小孩惊恐中露出天真的神情，样子非常招人喜爱。

按照蒙古人的习惯，凡是捡到这种幼儿，都要视为自己的家人，都要亲身抚养,并受到氏族的保护,和亲生子女一样来对待。

铁木真以前曾经把阔阔出和曲出当成礼物送给自己的母亲诃额仑。今天捡到的这个男孩当然也不例外,铁木真决定把他带到母亲的身边。

铁木真联合金朝与克烈部,取得了首战塔塔儿的胜利。这次胜利,不仅打击了东北草原东部的劲敌,迫使塔塔儿部从此彻底败北,而且他还在蒙古各部中赢得了"为父祖复仇"的好名声。

从此,蒙古族各部人都对铁木真更加敬重了,铁木真的战略眼光和军事才能,越来越多地受到了人们的信服。

攻打塔塔儿人取得了胜利后,大金国丞相完颜襄在松树寨的临时官邸接见了脱里汗和铁木真。耶律阿海与耶律不花侍从左右。

铁木真和脱里汗二人躬身下拜:"克烈部、蒙古乞颜部可汗参见完颜丞相!"众将随后拜倒在地。

这时,完颜襄离开了帅位,扶起了铁木真和脱里汗:"二位可汗请坐。"

铁木真站起身来,在侧面落座。完颜襄对诸将说:"各位首领平身。"众人起立。完颜襄笑容可掬,十分亲切地开口道:"这次脱里汗可汗、铁木真可汗尊承天命联兵败敌,击毙了蔑古真,大获全胜,劳苦功高,真是可喜可贺呀。"

铁木真很恭谨地说道:"哪里,这次马到成功全依靠完颜丞相的神机妙算和天朝的军威,如果说有功劳和建树,那也应该全部都归功于脱里汗父汗的鼎力相助。"

完颜襄说:"铁木真汗过谦了。二位有功于皇上,定要论功行赏。只是国都路远,在下尚未及奏闻朝廷。以在下之权限,暂封脱里汗可汗为王。"脱里汗原本就是草原上有名的可汗,如今得了王位,所以被人们称为王可汗,也被称作"王罕"。

脱里汗离座谢恩:"感谢丞相提携!愿上帝保佑你!"

完颜襄说:"至于铁木真嘛,功高反而难封,需要奏明皇上再加封号,暂时可封为札兀惕忽里,也就是统帅诸部的首领。希望你能够统帅

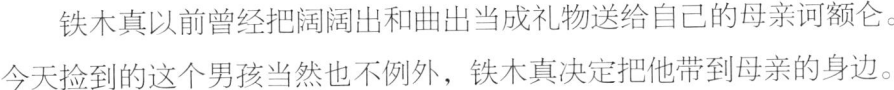

诸部兵马为大金国镇守北部边陲。"

其实，当时铁木真的力量不如王罕强大，因此得到的官职不及王罕，但这件事对于他们有重要作用。他借此提高了自己的政治权力，可以用朝廷命官的身份发号施令了。

铁木真离座说道："铁木真一定不负朝廷的期望。"论功行赏完毕后，铁木真和王罕走出了大帐，完颜襄脸上则露出了一丝得意的微笑。

金朝一向都是支持一些草原部落攻打另一些部落的，以前他们扶持着塔塔儿和蔑儿乞人来攻击蒙古人，这次他们又利用蒙古部和克烈部来削弱近来不大顺从的塔塔儿人。这一招所获得的成效，使完颜丞相心里非常满足。此时的脱里汗，成为草原上人们熟知的王罕，自然也是志得意满了，而只有铁木真的心思是高深莫测的。

对于完颜襄的封赏，铁木真的部将们非常不满，议论纷纷："我认为这是不公平的，蔑古真是我们除掉的，为什么脱里汗却封了王，而我们的可汗只封了个札兀惕忽里。"

"我们费了九牛二虎之力套了一匹野马，让信耶稣的王罕备上鞍子骑走了。"

"草原各部的统帅也好，有了这个名义，可汗就可以名正言顺地鞭打那些不服从统帅的傲慢的畜生，在草原上称雄了嘛。"

"称雄草原靠我们自己兵强马壮，他给的札兀惕忽里有什么用？！"

"这话说得最实在，我们自己没有力量，拿这个狗屁札兀惕忽里去让人家服从你统帅，非得让人家的鞭子抽了自己的屁股不可！"

在一片争吵声中铁木真只是笑着听着，也不插嘴。这时，速不台走进来报告说："可汗，那个金国特使又来了，他要单独面见可汗。"

铁木真愣了一愣，还是应允了，随后速不台便退了出去。铁木真对大家说道："现在你们都不要再争了，还是回去睡上一觉吧，等你们睡醒后就会想起来，我们当初为什么要帮助金国来打塔塔儿人了。"

合萨尔拍了豁儿赤一巴掌："对呀，要伤其一嘛！管他什么封赏不封赏呢。"

者勒蔑也挠了挠头皮，眨着眼睛说道："不用睡觉就能想起来了嘛！"众人开怀大笑。

者勒蔑又打趣地说道："等我们攒足了力气再去攻打他的时候，这个完颜襄再想当个百夫长，也得看我们可汗高兴不高兴呀！"人们在一片哄笑中走了出去。

青年征战

将领们都走出去后，大帐之中只剩下了铁木真。此刻，他不再笑了，眼里露出杀机："等着瞧吧，完颜襄，你这只狡猾的狐狸，为了今天我向你屈膝下拜，将来我要让你用眼泪和鲜血来偿还。"

正当铁木真想这些的时候，一个帽子压得很低的人走进了大帐中，铁木真一下子便认出了那个人是耶律阿海。突然，耶律阿海扑通跪倒在地，说道："可汗，耶律阿海求见可汗，代雪旧国之耻！"

"快快请起！有话坐下慢慢说吧！"铁木真扶起了耶律阿海。

只见耶律阿海动情地说道："臣原本是个契丹人，祖上一直都是在大辽国居官。后来，国败家亡屈膝事仇，忍辱含愤以待时机。前次出使蒙古，见到可汗雄才大略，将来定会成为天下共主，今天特前来投奔，求可汗能够收留。"

铁木真在耶律阿海说话的时候，大脑紧张地思索着："这个人是不是金国派来试探自己的？如果我收留了他，金国就找到了攻打我的借口；如果他果真不是金国的奸细，此时收留他也不成，那样会过早地暴露自己反金的意图，无论如何都是不能够收留他的。"

铁木真经过这样细致地思考后，哈哈大笑着说道："耶律阿海，我铁木真已经从先祖俺巴孩和今天塔塔儿人败亡的下场中领略到了大金国的天威，以后一定要俯首帖耳地听命于完颜丞相，将来我还要靠他老人家提拔呢！"

耶律阿海的表情异常地愕然："可汗想与虎谋皮吗？完颜襄这次隐瞒了他被塔塔儿人战败被掠的真相，利用可汗消灭了蔑古真；又隐匿了可汗的战功，自己向皇上邀功请赏了！"

铁木真微笑摇了摇头，耶律阿海急了："你难道不相信我说的话吗？可汗，完颜襄对可汗早就已经存有戒心了，可汗如果疏于防范，早晚也会被他置于死地的。"

铁木真走到门口说："速不台，把这个人逐出大营吧！"于是，速不台和两名军士走进了大帐，架起了耶律阿海。

这时，耶律阿海骂道："铁木真，我真是看错你了，我把你当成一代雄主，不料你却是鼠目寸光的匹夫！"

速不台打了耶律阿海一记耳光："架走！"耶律阿海嘴角流血，被架出了帐外。他仍然还在跳着脚骂道："铁木真，你不听我的劝告，早晚会被女真人钉死在木驴上。难道你当了那么一个五品官职的札兀惕忽里就满足了吗？那不过是完颜襄扔给巴儿狗的一块肉骨头！然后他要宰了你，剥了你的皮……"随后，耶律阿海的声音被帐帘隔断了。

此时，在铁木真睁大的眼睛里涌出了热泪："看来耶律阿海投奔自己确实是真心实意地呀，可是现在我还没有足够的力气来攻打这只猛虎啊！"

铁木真向金朝俯首听命，只不过是暂时的隐忍，他不会忘记，金朝也是杀害乞颜贵族的仇敌，当时他可能已经设想到了，在将来有了足够的力量的时候，金朝便是他第一个消灭的目标。

塔塔儿依靠着金朝的支持，一直都是蒙古乞颜部的东方劲敌，它使乞颜部的几代英雄都洒下了鲜血，并献出了自己的生命。铁木真就是要利用二者之间的矛盾，配合金朝攻打塔塔儿，从而打破了塔塔儿依靠中原主子称霸草原的局面。从此，草原的力量对比发生了极为明显的变化，铁木真的事业也开始蒸蒸日上了。

青年征战

胜利后的悲泣

铁木真讨伐塔塔儿的战争，其实给主儿勤氏提供了一个与铁木真和好的机会。忘掉眼前的冲突，共同参加血族复仇战争，既符合古老的传统，也有利于将来的利益。因为塔塔儿人是他们共同的敌人，讨伐塔塔儿也是为主儿勤报了父祖之仇。但是主儿勤人却拒绝了这次合作，这使铁木真感到大失所望。

当铁木真领着得胜归来的队伍回到了斡难河时，在诃额仑的斡儿朵外，诃额仑、孛儿帖、铁木仑，孛儿帖的四个儿子，诃额仑的三个养子，双目失明的豁阿黑臣都在迎接他们。

这时，铁木真正坐在由二十头牛拉着的大帐车上，四个弟弟和部将们则骑着马跟在后边。一行人来到近前，纷纷下车下马，向诃额仑施礼。

早就得到了战报的诃额仑眼里充满了泪水，她笑着说："铁木真，听说你除掉了蔑古真，你父亲的在天之灵会感到十分欣慰的。"

"可是札邻不合和大部分塔塔儿人还没有受到惩罚。"铁木真有些懊恼地说着。

"一斧头是砍不倒合抱的大树的，不要着急。现在，我要设宴庆贺你们五兄弟的凯旋。"诃额仑说道。

铁木真从车上取下了一件袍子捧给诃额仑："母亲，别勒古台从塔塔儿人那里获得了两件珍贵的战利品，是大帐车和大珠袭，就献给母亲吧。"

大帐车就是那辆由二十头牛拉着的上面有帐篷的大车，大珠袭则是镶满了东珠的紫貂皮袭，可以说是非常的名贵。这时，诃额仑则笑着摇了摇头说道："你们的心意我领了，可是我已经老了，留着这些又有什么用呢？大帐车还是你自己坐吧，大珠袭就算我赏赐给孛儿帖的吧，她为你生了四个儿子，教育得各个勇敢善良，她穿上大珠袭是当之无愧的呀！"

孛儿帖急忙推辞，说道："不，母亲，您也是十分辛劳的，大珠袭还是留给您吧。"

这时，小妹铁木仑则在一旁劝道："嫂子，母亲赏给你的，你就收下吧，不然我可要了。"听到这么一说，大家便笑了。

铁木仑忽然问铁木真："哥哥，怎么不见我丈夫呢？"

"我派他去给主儿勤人送战利品去了。"铁木真说道。

大儿子术赤插嘴说道："主儿勤人一兵一卒都不发，为什么还要给他们分战利品呢？"

二儿子察合台也是愤愤不平地说道："应该送他们一顿马鞭子，让他们知道怎么样做一个蒙古人。"

孛儿帖说道："术赤、察合台，大人讲正事，你们不许插嘴。"

这时，铁木真看着两个儿子笑了，他倒是愿意让儿子们更早地参与部落大事的议论。他又向三子窝阔台招了招手，窝阔台走到了他的身边。铁木真摸着窝阔台的头问道："窝阔台，你是怎么看待这件事的呢？"

孛儿帖说道:"他才十二岁,能知道些什么呢?"

"让他说嘛。"铁木真看了看孛儿帖说道。

此时的窝阔台则翻着眼皮想了想说:"主儿勤人这次没有出兵是不对的,父汗送给他们战利品是想提醒他们,我们应当像一家人那样亲近。如果他们接受了战利品,两家就会和好;如果他们接受了,还是不与我们和好,那草原上的人就都会知道是主儿勤人做得不对,而父亲做的则是对的。"

铁木真哈哈大笑,周围的人也都笑了,窝阔台则不好意思地依偎在豁阿黑臣的身后。

铁木真高兴地说:"窝阔台,为了奖励你有这么好的见解,你可以提出一个要求。"

窝阔台怯怯地说:"我想坐坐大帐车,和姑姑、叔叔、哥哥、弟弟、妹妹们一起坐。"

铁木仑天生就十分地爽快,急忙说道:"还等什么呢?姑姑带着你们兜一圈去。"

当孩子们都抢着上了大帐车时,忽然从车棚里钻出了一个睡眼惺忪的七八岁的男孩,只见他一边揉着眼睛一边问道:"这是到哪儿了呀?"

铁木真哈哈大笑说:"我倒是把他给忘记了,母亲,这是在松树寨捡到的一个男孩儿,他脖子上带金环,身前带着貂皮金缎兜肚,按照蒙古人的习惯,拣到这种幼童都要视为家人,所以,我就把他给带回来了。"

诃额仑看着这个可爱的孩子,问他叫什么名字,孩子告诉诃额仑说他叫失吉忽秃忽,众人看他像个小大人的样子都笑了。随后,诃额仑便认失吉忽秃忽为养子了,对他简直是喜欢得不得了。

这时,铁木仑招呼着失吉忽秃忽,说道:"上车,失吉忽秃忽,姐姐带你去玩个痛快。"

诃额仑的四个养子曲出、阔阔出、博儿忽和失吉忽秃忽,还有铁木真的四个儿子和两个女儿呼啦一下子全都上了车。铁木仑鞭子一甩，大帐车载着欢快的笑声奔向了草原。诃额仑笑着说道："看你妹妹，都这么大的人了，怎么还像个孩子呀！"

合萨尔有些不满地说："您对我们兄弟总是那么的严厉，而对铁木仑则温柔得不得了。"大家都笑了，连诃额仑也笑了。豁阿黑臣怔怔地问："你们在笑什么呢？"

孛儿帖大声地告诉她："在笑母亲偏心眼儿。"可是，豁阿黑臣还是没有听清楚。诃额仑叹道："豁阿黑臣耳朵也不行了。"这个时候的老女仆豁阿黑臣已经是又聋又瞎了，不过，诃额仑待她却如同家人一般，让她跟自己住在一起，好吃的、好穿的都会有豁阿黑臣的，诃额仑的养子和孙子们也整天逗着她玩儿。可豁阿黑臣毕竟是年纪太大了，虽然吃得很好，但还是在一天天地消瘦。

草原上，铁木仑赶着大帐车飞跑，并且还高兴地唱着歌。这时，术赤用手一指，说道："姑姑，你快看。"铁木仑顺着术赤手指的方向看去，只见一支腰间裹着一块遮羞布的五十人的队伍，抬着树干捆成的担架缓缓地向这边走了过来。

铁木仑放慢了车速，当她看见铁木真等人快马跑向这一群人时，她知道一定是出事了。于是，铁木仑也将车赶向了那群人。

这个时候，那群人停下了，并且把担架放在了地上，上边躺着一具尸体，铁木真等跪了下来。当铁木仑看见那具尸体时，身体突然一颤。当她断定那是自己的丈夫时，便飞快地跳下车跑了过去，孩子们紧接着也都下了车跑了过去。

铁木仑分开了众人："他是怎么了呀？究竟发生了什么事呢？"

这时，博尔术含着泪说道："他带着六十名兵士给主儿勤人去送战利品，可是主儿勤人却杀了我们十名兵士，还脱光了这五十个人的衣服，你的丈夫也被主儿勤人给杀害了。"

铁木仑听到博尔术这么一说，怔怔地跪了下来。铁木真劝慰道："铁木仑，你要挺住啊！"突然，铁木仑眼睛一闭便昏倒在了地上。铁

元太祖成吉思汗传

木真赶紧呼喊着铁木仑，不一会儿，铁木仑睁开了眼睛，她喘息着吐出了两个字："报仇。"

此时，铁木真已经愤怒到了极点，他大喝一声："上马！"众人便纷纷跑向了自己的战马。大家知道，铁木真与撒察别乞的矛盾终于要用战争的方式来解决了。

一仗下来，撒察别乞战败了。主儿勤人像无头的苍蝇一样在峡谷之中乱撞乱叫。两边的山坡上站满了乞颜部的兵丁。忽然，一声号炮，人群停止了叫嚷。博尔术喊道："可汗有令，撒察别乞、不里孛阔等叛逆已经被擒获。主儿勤人与孛儿只斤人是同宗同族，只要不再反抗，我们依旧还是一家人！"主儿勤人这才安静了下来。

这时，双手被捆绑起来的撒察别乞、不里孛阔、木华黎、合答吉歹等被押到了铁木真的面前。撒察别乞、不里孛阔和木华黎走前几步跪倒，合答吉歹吓得只能让两个兵士架着他跪下。

忽然之间，铁木真认出了木华黎："他不是木华黎吗？者勒蔑，你为什么要处死一个门户奴隶呀？"

者勒蔑摸了摸头上还在渗血的布带，说道："这个小子为了保护他的主子，杀了我们十几个人，还伤了六七个。"

铁木真问："你的头也是被他砍伤的吧？"者勒蔑不好意思地点了点头。

突然，铁木真严肃地命令道："放了他，把刀还给他吧。"者勒蔑迟疑了一下，便松开了木华黎的绑绳，并且还把刀还给了他。

铁木真又对木华黎说道："以后，你就做我贴身的那可儿吧，可以日夜带刀随意出入我的大帐。"铁木真的这一决定使众人无不感到吃惊。

木华黎叩着头说道："可汗，我木华黎今后若对您有半点不忠、不信、不义之事，您就把我的脚筋挑了，心肝割了。"随后，铁木真便拉起了木华黎。

这时，铁木仑飞马赶到了，她跳下飞跑的马冲了过来，抓住撒察别乞："撒察别乞，难道你和我不是共有一个曾祖父吗？难道我不是你的堂妹吗？你为什么那么心狠手辣，杀了我的丈夫？"

铁木真愤怒地指着撒察别乞说："撒察别乞，当初我推举你当了可汗，你对天盟誓说，如果我铁木真当了可汗，你撒察别乞若违背了誓言愿意弃黑头于地，现在，你还想活命吗？"

撒察别乞低下了头，铁木真刚要发令，额里真妃便从人群中冲了出来，她喊道："慢！铁木真，你还是先杀了我吧！"铁木真愣了一下。

额里真妃老泪纵横但仍很傲慢地说："铁木真，我不能看着你杀了我的儿子，与其让我成为一个无人奉养的寡母，还不如先杀了我。"说完后，她便坐到了地上抱住了儿子。

铁木仑冲过来抓住额里真妃的衣服，说道："你这个像恶魔一样的老太婆，你现在知道失去亲人是什么滋味了？那你为什么纵容你儿子杀了我的丈夫？这次轮到你了，让你看着你儿子是怎么死的吧！然后，你也会像条毛虫一样地死去。"

撒察别乞哭道："母亲，您别难过了。您把脸背过去吧，儿子欠的债，儿子自己去还。"额里真妃悲悲切切地哭了起来。

铁木真生气地说："你们现在有眼泪了？那在以前呢？当你们做了那么多恶毒的事的时候呢？你们怎么没有想过别人是不是也会流下眼泪。你们实在是太可恨了。"

额里真妃一下子从地上跃起来，冲向铁木真："你杀了我吧，我们的账今天就用我们主儿勤人的血还清给你！"铁木真推开了额里真妃，并且命人把她带走。

兵士们把额里真妃拖走后，铁木真对撒察别乞说："撒察别乞，我可以留下不里孛阔，让他去照顾额里真妃。我不是在可怜你的母亲，而是敬重先可汗的大妃。可是，你必须得死，因为你曾经对长生天发过誓。"

撒察别乞仰起头："你不要再说了，我愿意用血来实践自己的誓言！"

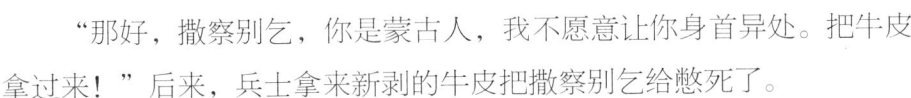

"那好，撒察别乞，你是蒙古人，我不愿意让你身首异处。把牛皮拿过来！"后来，兵士拿来新剥的牛皮把撒察别乞给憋死了。

过了一会儿，铁木真又看了一眼被吓得已经瘫在地上的合答吉歹，喝了一声："砍！"一兵士手起刀落，合答吉歹人头落地。这里结束后，铁木真便向自己的战马走去了。

时光荏苒，一转眼又好几年过去了。有一天，铁木仑在诃额仑的斡儿朵里给母亲梳着头。此时的她心中有些凄凉："母亲，您的白头发越来越多了。"

诃额仑苦笑着说道："我已经是六十一岁的人啦，已经老啦。"

铁木仑感慨地想到，时间过得可真快呀。在这三十年中，哪一天不是枕着刀枪、备着马鞍过日子；哪一年不是在砍杀、惊恐中度过的。铁木仑给母亲梳完了头，叹了一口气，便和母亲说要回去了。

诃额仑却叫住了她："铁木仑，你过来。"

铁木仑面对着母亲，诃额仑拉住她的手："铁木仑，你丈夫已经去世五年了，你不能总是一个人吧？我都已经六十岁了，总有一天我也会像豁阿黑臣一样老得又聋又瞎，到了那个时候，有谁来管你的婚事呢？"

"可是，父亲遇害的那一年，您才二十八岁呀，不是一样熬过来了么，我今年都已经三十多了。"

"但是，我有四个儿子和你这个好女儿，如今又收了四个养子。可是你呢？连个孩子也没有，我一想起你心就在流血呀。"诃额仑伤心地哭了，她是在为自己的女儿难过呀。

铁木仑忍住眼泪，半晌才说道："我身为可汗的妹妹，难道给已婚的将领做别妻，还是要嫁给娶不了亲的奴隶呢？我的幸福早已在五年前就和我的丈夫一起埋葬了。好在我还有战马，有弓箭，有马刀，有仇恨陪着我。"铁木仑说完便抽出手跑了出去，跳上马飞奔而去。诃额仑也跟着跑了出来，她望着远去的女儿，泪水模糊了视线。

为了以后没有头的拼杀岁月，诃额仑的子孙们人生的头等功课就是要学会战斗。在斡儿朵外边,术赤等四兄弟正在练习劈刺。他们在两棵小树上抻开一张新剥下来的小牛皮做靶子。

最小的拖雷先放马过来,一刀下去只在牛皮上留了一个白印。窝阔台第二个放马过来,一刀下去在牛皮上留下了深深的一条印记。第三个是察合台,他先踌躇满志地兜马在原地转了一圈,然后一咬牙,放马过来,奋力挥刀,将牛皮砍了一个大口子。术赤也不准备,放马过来只一挥刀,便将牛皮一砍两半儿。

察合台突然向术赤冲了过去,挥刀便砍,术赤用刀架开。拖雷大惊:"二哥,你要干什么?"

察合台怒气不息地说:"是我先砍下牛皮的一大半儿,他投机取巧,砍断了剩下的一小半儿!"

术赤争辩说:"不对,我没有那样做。"

窝阔台在一旁说:"这有什么好争的,看看不就完了嘛!"于是,四兄弟下马过去看牛皮。展开的半张牛皮上,察合台砍的口子豁然在目。

元太祖成吉思汗传

术赤得了理便说道:"我并没有顺着你的印儿往下砍吧?"察合台气呼呼地扔下牛皮就要走。

"站住!术赤做得不对!"是诃额仑在说话。几个孩子愣住了。诃额仑问:"术赤,你刚才是不是用了很大的气力?"

"我用了全力了!"

"既然察合台已经把牛皮砍开了一个大口子,你若是顺着这个口子往下砍,是不是要省力得多?"

"当然,可是我不愿意那样去做。"

"但是,这正是你的错。你们是兄弟,凭你们哪一个人的力量都是不能够打败金国和那么多强大的对手的,可是你们兄弟如果同心协力,力量就会大得多了,明白了吗?"

窝阔台头一个表示说:"我明白了,这同阿兰祖母讲的折箭训子是一个道理。"

铁木真出现在他们面前："窝阔台说得对。你们不要在这儿砍牛皮了，我要带你们像真正的战士一样去参加练兵。"

诃额仑有些担心地说道："铁木真，孩子们都还太小了。"

"那就让他们在马背上长大嘛！"说完后，铁木真便催马走了，几个孩子也欢呼着跟了上去。诃额仑心里有一种说不出来的滋味，草原上无休止的战争又把她的孙子们卷了进去。

诃额仑步履蹒跚地走进了帐房，朝着豁阿黑臣的耳朵大声地说道："豁阿黑臣，一起吃晚饭吧。"豁阿黑臣却没有动。诃额仑又推了推她，"豁阿黑臣，豁阿……"突然，豁阿黑臣的头歪向了一边。诃额仑大吃一惊，用手试试她的呼吸，悲痛地垂下了手……眼泪流了下来。

这时，孛儿帖抱着个女婴奔了进来："她在哪儿？"诃额仑用目光指着平躺在地毡上的老女仆。孛儿帖把女婴交给母亲后，一步步走了过去，她默默地坐在了豁阿黑臣的身边。

诃额仑哀叹着说道："这样对她也许会更好。"看着这个同自己一起在蔑儿乞人那里受过牢狱之苦，并且还一直照看自己的老仆人就这样离开了人世，孛儿帖痛苦地哭出声来。

阔亦田之战

在铁木真处决了主儿勤部的亲王后，此举使其他各部人们的思想受到了很大震动。札木合在得知铁木真渐渐地强大起来的消息后，便坐卧不安了。他心里想着，如果铁木真的臂膀更加强壮后，那铁木真就会在某一天拧掉自己的脑袋。

此时的札木合在内心中是极为敌视铁木真的，因此，他在王罕耳边一直说着铁木真的坏话，从而激起了这位心无主见的王罕对铁木真不信任的情绪。

铁木真丝毫没有预料到会出现这种情况，他仍被蒙在鼓里，照常一心一意帮助王罕。当铁木真了解真相后，他又显出少有的宽宏大度。后来王罕兵败势微，铁木真被王罕欺骗理当不救，但是如果他坐视王罕受挫，必将唇亡齿寒，敌人的下一个目标就是自己。所以他表现出宽宏大量的姿态，马上应允了王罕的请求。

这更加提高了铁木真的声誉和威望。为此，札木合妒火中烧，咬牙切齿。札木合认为，只有他才应该做全蒙古的大汗而不是铁木真。于是，他派人去联络合答斤部、山只昆部、弘吉剌部、乃蛮部等，企图通过这些部一起来剿灭铁木真。

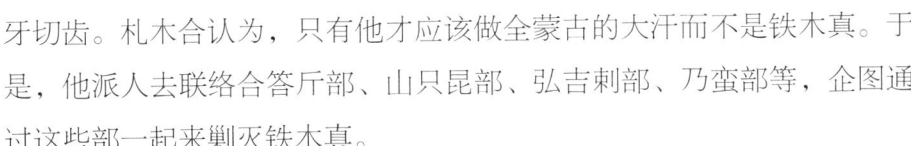

这时，塔儿忽台鉴于上次十三翼之战的教训，提醒札木合说道："听说蔑儿乞人和塔塔儿人的元气已经恢复了，也许他们在对消灭铁木真的事情上比你更加感兴趣呢。"

札木合摇了摇头，说道："我可是带领铁木真和王罕的联军打败过蔑儿乞人的。"

"那又有什么呢？没有永久的朋友，也没有永久的敌人。只要札木合首领派个得力的人去走一趟，说服他们出兵就是了。"

"我觉得这个最合适的人选就是你了。"札木合对塔儿忽台说道。

"我？"塔儿忽台愣了一下，"不不，我是俺巴孩汗的孙子，我的祖父让他们送给金国钉在了木驴上，我去恐怕不太合适吧。"

"可是，你不是说过没有永久的朋友，也没有永久的敌人吗？"札木合大笑着说道，而塔儿忽台则显得十分尴尬。

札木合止住了笑说："塔儿忽台叔叔，您只要替我办成了这件事，我答应你在打败铁木真之后，把他的一半部众和财物分给你。"札木合这么一说，倒是吸引了塔儿忽台，因为这毕竟是个很大的诱惑，他决定去试试运气。

塔儿忽台离开了札木合后，带着泰赤乌勇士纳牙阿、只儿豁阿歹和脱朵来到了塔塔儿人的驻地。

当塔儿忽台一走近札邻不合的大帐时，他就有些后悔了。此时，在他的眼前摆放着四口大锅，锅底下烈焰腾腾，锅里的水还冒着热气。大帐外边则放着长长的一排桌子，桌子后边坐着虎视眈眈的札邻不合和脱黑脱阿父子。

这个时候，带着塔儿忽台进来的也客扯连在后边催促道："塔儿忽台首领，快请啊！"塔儿忽台仍然站立着不动，他眼怔怔地看着那四口大锅。纳牙阿忽然从后面推了塔儿忽台一下，他这才向前走了过去。

到了离桌子不远的地方，周围的兵士们突然抽出刀来，指向塔儿忽台等四个人。脱朵腿一软就跪下了。塔儿忽台的腿也在打战，他回头看看纳牙阿和只儿豁阿歹，两位勇士视而不见地看着桌后的札邻不合，塔儿忽台这才稍稍定下心来。

这时，札邻不合手指着大锅冷冷地问道："塔儿忽台，你认识这是什么吗？"

塔儿忽台一脸的谄笑："这些是煮全羊的大锅呀。"

"错了！"札邻不合说，"从十三翼之战你用七十口大锅煮了七十个俘虏之后，它就已经改了名称，叫煮全人的大锅了。你知道今天我为什么要把它支在我的大帐前吗？"

塔儿忽台硬着头皮回答说："大概是札邻不合首领有什么喜庆之事吧？"

"你又错了。"札邻不合说，"我是专为你的到来准备的。塔儿忽台，你连着回答我两个问题都错了，我很不耐烦，我再问三个问题，你只要再有一个答不上来，我就把你扔进大锅里煮了！"随后，他又命令道："来呀，把火再烧旺一点儿。"

兵士们往锅下边又添了些干柴，而塔儿忽台则吓得心惊肉跳，看来今天这一关是过不去了。不待他多想，札邻不合的第一个问题就已经提了出来："你是来要我发兵帮助你和札木合攻打铁木真的吧，你忘了我同你这个蒙古人是仇敌了吗？"

塔儿忽台努力镇定了一下情绪，谄笑着回答说："我不记得我们还有什么仇恨。"

札邻不合说道："塔儿忽台，我的父亲骗杀了你的祖父俺巴孩汗，你怎么能说我们不是仇敌呢？"

塔儿忽台赶紧回答说："也速该为了这个杀了你的父亲铁木真兀格，一命抵一命，这账已经算是两清了呀。"

"可是我又毒死了你们的首领也速该！"

"所以，我们是朋友。"

"什么?"

塔儿忽台来了精神,说道:"也速该占据了本来应该属于我的首领地位,是你们帮我杀了他。"

札邻不合坐了下去,气氛缓和了一些。这时,塔儿忽台的勇气陡增:"朋友的朋友是朋友,敌人的敌人是更可靠的朋友。难道我说得不对吗?"

札邻不合冷笑着说道:"你不要得意,我还有问题呢。你让我去跟札木合联合,在事成之后,铁木真和王罕被灭了,而札木合就成了草原的霸主。你想要我拿塔塔儿人的鲜血,去换随时可以抽在自己脊背上的鞭子吗?你这不是想来愚弄我吗?"

塔儿忽台笑了笑,说道:"你以为我不知道札木合是个什么东西吗?"札邻不合不禁愣了一下。

"札木合是札答阑人,札答阑在蒙古部里是什么意思您想必听说过吧?"塔儿忽台解释说,"他的祖上是抢来的怀孕的女人生的,是个杂种,他怎么配当蒙古部的可汗呢?"

"那你为什么还要拜倒在他的帐下呢?"札邻不合不解地问道。

"我不过是想借着他的羊圈,养自己的羔子。只要你们帮助札木合打败了铁木真和王罕,然后,我们再里应外合一起消灭札木合。到了那个时候,我,你,还有脱黑脱阿就可以三分草原了。"

这时,札邻不合站了起来,走到了塔儿忽台的身边,咬着牙说:"好你个'乞邻秃黑',也速该一点儿也没有说错,你的确是个自私而贪婪的家伙。来呀,把火再架得旺一点儿。"兵士们往锅下不断地加着柴。

札邻不合走回座位后,说道:"把这只肥羊给我扔到锅里去。"塔儿忽台吓得浑身发抖,再也站不住了。幸亏纳牙阿和只儿豁阿歹一面一个架住他才没有瘫倒在地上。

只见塔塔儿的兵士们应了一声后,便抬着四只全羊扔进了锅里。札邻不合哈哈大笑说:"请远方的贵客入席呀!"此时的塔儿忽台如获大赦，擦了擦头上的汗水，迈着不听使唤的脚，走到了桌子的旁边，与札邻不合进一步商量着他们的计谋。

而这个时候的铁木真，正站在大帐车上，他视野所及之处全都是演兵场。四个弟弟：合萨尔、别勒古台、合赤温和铁木格组成了一列；四个儿子：术赤、察合台、窝阔台和拖雷组成了一列；诃额仑的四个养子：曲出、阔阔出、失吉忽秃忽和博儿忽组成了一列……一列列的兵将举着弯刀策马奔驰着，他们气喘吁吁，汗流满面地挥舞着弯刀。

天已近黄昏了，铁木真的将士们还在整齐地列着队，而铁木真则骑着马穿行在他们的中间："我的蒙古勇士们，你们累了吗？"

大家异口同声地回答道："不累！"

铁木真又走到拖雷的身边问道："拖雷，你累了吗？"

拖雷胸脯一挺："不累！"

"窝阔台，你呢？"铁木真问。

"有一点儿累，不过我能挺得住。"

铁木真开心地笑了，他大声地对将士们说道："我的小儿子拖雷精神可嘉，我的三儿子窝阔台的回答却很实在。你们已经有两天一夜没有下过马了，应当说有些累了。可是，我想到十一年前的十三翼之战，那一仗我们败了，不只因为我们人少，更因为我们是一群乌合之众。现在札木合又派出使者在四处进行联络，终究有一天，他们就会一起杀过来的。到时候，他们要砍掉我们的脑袋，你们怎么办呢？"

术赤大声地说道："我们先要砍掉他们的脑袋。"

"那好，我要你们接着在马上过两夜一天。"铁木真说，"人可以吃喝，就是不许下马，这包括我最小的儿子和我自己。"

夜深了，将士们有的在马上打盹儿，有的在吃喝，有的在轰打蚊虫。答里台、忽察儿和阿勒坛的三匹马挨在一起。忽察儿问："阿勒坛伯父，答里台叔叔，你们还行吗？"

忽察儿说道："如果是去打塔塔儿人和蔑儿乞人，那是理所当然的，可是，这一次却是同铁木真打他的好安答和老丈人啊。"

元太祖成吉思汗传

答里台和阿勒坛面有愠色。忽察儿说道："当初要是推举阿勒坛伯父为乞颜部的可汗就好了，您是忽图剌可汗的长子，又是长辈，年高德劭……"

答里台见有人走来，便捅了一下忽察儿，三个人便都不说话了。答里台被忽察儿的话吓坏了，他怕这个侄子再说出什么让他们掉脑袋的话来便离开了。

阿勒坛叹了口气说道："现在说这些，已经晚了。"

忽察儿说："不晚，你、我，再把不里孛阔的主儿勤人鼓动起来……"就在忽察儿想挑起主儿勤人闹内讧的时候，阔亦田已经到处是火把和篝火了。

就在1201年，也就是铁木真三十九岁时，新兴势力铁木真与旧势力的代表札木合，决定性的较量——阔亦田之战就要开始了。

此时，蒙古草原的十二个部落在额尔古纳河、根河、额尔古纳河入口外的忽兰也儿吉，举行了一次重要的盟会。其中有合答斤、山只昆、朵儿边、塔塔儿、亦乞列思、豁罗剌思、乃蛮、蔑儿乞、斡亦剌、泰赤乌、弘吉剌十一个部首领，并且共同推举札答阑部的札木合为古儿汗。

其实，这是一个以札木合为首的政治、军事联盟，一个反对铁木真、王罕的统一战线。札木合被推举为"古儿汗"，意为"众汗之汗"。"普众之汗"，也有人称其为皇帝，但札木合既没有皇帝的权力，也缺乏当皇帝的能力。

这个联盟也是既无共同的政治、经济基础，又无统一的军事力量，只是为了对付铁木真、王罕的进攻临时凑集在一起。实际上是一群各怀异志的乌合之众，各部的贵族都有自己的小算盘，各部的属民百姓也并不真心拥护，郑重其事地对天盟誓并没有加强联盟的力量，它对下边的成员也没有多大的约束力。

那时的合答斤部落、山只昆部落、朵儿班部落和弘吉剌部落，得知铁木真势力强盛，全都心怀恐惧，全部聚集在阿雷泉，发下誓言，结成了攻守同盟的秘密约定。

札木合趁这个难得的机会联系他们,就由各个部落共同商讨,推举札木合为古儿汗。还有泰赤乌、蔑儿乞部落里的两个首领,以及乃蛮部落里的不亦鲁黑汗,也产生了抱怨情绪,来和札木合会合。就是塔塔儿部落里的其余家族,另外推选部落首领,趁着那个各部落联盟大会,迅速赶到那里。

许多部落一齐在土拉河会合,由札木合作为联盟的首领,与各部落首领对天立下了誓言。

只见札邻不合将腰带搭在了脖子上,举起帽子跪了下去,捶着胸口说道:"额尔古纳河、根河和得尔木尔河作证,我札邻不合还在刚会走路的时候,铁木真的父亲就杀死了我的父亲。五年前铁木真又勾结王罕,伙同金朝杀死了我塔塔儿部的首领蔑古真以及数千人,如今他们已经成了女真人的鹰犬了。"

脱黑脱阿也将腰带搭在了脖子上,举起帽子跪了下去,捶着胸口说道:"额尔古纳河、根河和得尔木尔河作证,铁木真的父亲掠走了我们蔑儿乞人赤列都的新娘,铁木真又多次袭击了我们,使合阿台以下数千蔑儿乞人阵亡,上万蔑儿乞妇孺被奴役。"

塔儿忽台如法也跪了下去,捶着胸口说道:"额尔古纳河、根河、得尔木尔河作证,那个被金国封为统帅诸部首领的铁木真,早已经成了草原上的一只恶狼,他威胁着我等十二部。如果我十二部单独作战,那都不是他的对手,如果合为一体,那就不愁战胜不了他了。我等现在只有推举有超群才干的札木合为众汗之汗,才能够对抗这只恶狼。"

其余诸首领也一起跪倒在地,捶着胸口说道:"额尔古纳河、根河、得尔木尔河作证,手足配合需要同心,氏族行动需要酋长,诸部联合不能没有可汗,我等愿推举札木合为众汗之汗——古儿汗!"一时鼓乐欢腾,兵士们也如海啸般地呼喊着。

札木合解下腰带搭在脖子上,举起帽子跪下,手捶胸口说道:"额尔古纳河、根河、得尔木尔河作证,铁木真是我札木合三次结拜的安答,他没有遵守同甘共苦的誓言,却恶毒地杀死了我的亲兄弟。今天,

我被推举为古儿汗,就要替十二部的部众伸张正义,杀死铁木真和他的帮凶克烈部的王罕。"

这个时候,有两个光着膀子的壮汉,手持牛耳尖刀在萨满的神鼓声中走向两匹马,壮汉的刀插进了马的脖子,如注的鲜血洒入酒缸。十二位首领端起血酒一饮而尽。

札木合向天喊道:"天地之主都听到了吧,我们立下了何等庄重的誓言。如果谁违背了它,泄露了它,将会如同河岸之崩塌,如同树木被砍伐。"

发完誓后,首领们一齐徒步走向了岸边,他们举刀砍断了林木,作为警示的标志。他们真是庸人自扰,无事生非,自讨苦吃。就这样各部落选派军队,在夜里静悄悄地向前进军,去袭击铁木真军营。

其实,和以往一样,只要部落之间有大的战争,那么,全部落都会一起行动。此时,合答安也跟着丈夫和父兄来到了阔亦田。她在泰赤乌人的古列延里对着月亮跪下,默默地祈祷着:"铁木真,你还记得那个陪你在羊毛堆里避难的合答安吗?她在为你祈祷无所不在无所不能的长生天,把最仁慈、最有力的保佑都给予你。"

忽然,合答安听到什么声音,回过神来:"谁?什么人在那里?"只见德薛禅从黑暗中走了出来。合答安又问道:"你是什么人?怎么会在那里呢?"

"我是弘吉剌部的德薛禅。"德薛禅回答道。

"你是铁木真妻子孛儿帖的父亲吗?"

"正是我,我想找一个铁木真答应过要娶的姑娘合答安。"

"找她做什么?她已经出嫁了。"合答安说道。

"她的良心不一定当陪嫁也送给了别人吧?"

"有的人连自己的女儿女婿都可以出卖,良心又能够换几张羊皮呢?"合答安有些气愤地说道。

这时,德薛禅突然抓住了合答安的手,说道:"我确实没有看错你呀,快领我去找你的父亲和哥哥,我有事情要和他们说。"

合答安把德薛禅领进了蒙古包，并将他的来意告诉了父亲。索尔汗石剌用怀疑地眼光望着眼前的人。这时，只见德薛禅将一张画在布上的地图取了出来，说道："我叫德薛禅，我无法阻止我们弘吉剌部的首领参加这次会盟，可是，我知道他们中的任何人即使是靠着口是心非的奸计，或者是匹夫之勇的强悍也不能战胜我的女婿铁木真。"

索尔汗石剌想了想后对合答安说道："合答安，你出去看着点儿。"合答安听了父亲的话走了出去。此时，蒙古包里只剩下了索尔汗石剌和德薛禅两个人了。索尔汗石剌故意装出冷冷的口气说道："德薛禅大人，你跟我们说这些有什么用呢？"

"为了让我的女婿少流血，我这里有一张地图，上边用契丹文字写着札木合等十二部人马分布的情况，因为我是无法脱身的，所以，只好来求助于你们了。"

索尔汗石剌看了看地图后，说道："德薛禅，你的名字表示你是个智慧超群的人，所以你才想出用这个计谋来暗害我们吧。我们这些做奴隶的，服从主人的命令就是我们的本分。"

"你的意思是不信任我吗？"德薛禅问道。

"你明知道铁木真是不懂契丹文的，现在你还用契丹文绘制地图，你这招只是想试探我们父子是不是会叛变我们的族人吧。"

德薛禅笑了笑，说道："不是这样的，孛儿帖跟着我学过契丹文，而铁木真也跟着孛儿帖学过契丹文。我如果不知道你们曾经救过铁木真，我会来找你们吗？我如果真的想害你们的话，只要向塔儿忽台说出你们曾经救过铁木真就行了呀，何必像现在这样呢？"

此时，在蒙古包门外听着父亲和德薛禅谈话的合答安，已经判断出了德薛禅所说的话是真的，她见父亲还在推三阻四，便闯了进来一把抢过地图，坚定地说道："我去吧！"

其实，这个时候的索尔汗石剌也已经完全相信了德薛禅的话是真心的，于是，他把地图拿了过来说："还是我去做这件事吧！"德薛禅听到索尔汗石剌这么一说，这才松了一口气。

随后，索尔汗石剌便走出了蒙古包，德薛禅和合答安也跟着走了出去。善良的合答安目送着父亲和德薛禅分头走了，又跪下虔诚地祷告道着："长生天，保佑我父亲把信送到吧！保佑灾难从铁木真身旁擦肩而过平安无事吧！"

经过长途跋涉，索尔汗石剌终于来到了铁木真的居住地。此时，诃额仑正在照看着索尔汗石剌狼吞虎咽地吃着东西，而铁木真和者勒蔑、博尔术正在看着德薛禅的地图。

这时，孛儿帖指着地图对大家说道："这里是斡难河、根河和得尔木尔河三条河流的汇合处，十二部联军从这里出发，泰赤乌的塔儿忽台、蔑儿乞部的脱黑脱阿和忽都，还有乃蛮部、斡亦剌惕部为先锋。我们在这里，就是古连勒古山，联军要袭击我们，必须路经兀惕乞牙、阿兰塞、阔亦田……"孛儿帖还没有说完，忽然，听见帐外传来了一片吵嚷之声，好像是出了什么事情。

额里真妃想起自己被杀的儿子，就要把一口恶气撒在孛儿帖的身上。于是，她带着不里孛阔领着数百个主儿勤人，气势汹汹地举着火把向铁木真的大帐闯来。这时，速不台拦住了他们，大声地呵斥道："你们要干什么？"

不里孛阔气呼呼地叫嚷道："我们要求铁木真像杀死叛逆撒察别乞一样杀了叛逆孛儿帖。"

"杀死孛儿帖！杀死孛儿帖！"一百多人吼叫着一齐往前拥。

速不台抵挡不住，不断地后退了几步，而额里真妃像发疯一般往前闯，警卫的兵士们也被拥到了一边。木华黎带着守卫帐门的兵士迎上来，他用着不可抗拒的力量说道："都给我站住！"

不里孛阔先是愣了一下，因为他知道这个人不好惹。额里真妃却上前指着木华黎的鼻子大声地斥道："你，一个主儿勤人的门户奴隶怎么敢拦住我的去路？快给我滚开！"

只见木华黎纹丝不动，不卑不亢地回答着说道："额里真妃，我现在是可汗的那可儿，没有可汗的允许谁也休想前进一步。"额里真妃大怒，叫不里孛阔把木华黎赶走。

不里孛阔刚想动手，木华黎便以极快的速度出刀，刀尖已经触到了不里孛阔的脖子。不里孛阔僵在那里，众人也不敢靠前。速不台和忽必来也赶来相助。木华黎刀尖逼着不里孛阔说："都给我往后退。"

不里孛阔和主儿勤人都纷纷往后退。此时，铁木真、孛儿帖、博尔术和者勒蔑走出了大帐。铁木真说："是额里真妃婶母吗？有什么事情吗？"

木华黎见铁木真来了便收起了刀，可是，主儿勤人马上又拥了上来。额里真妃止住吵吵嚷嚷的人群向铁木真问道："铁木真，你杀了我的儿子是因为他叛逆了你，是吧？"

铁木真答道："他不仅叛逆了我，更是对蒙古先祖的叛逆！"

额里真妃问："那么如果再有人叛逆，你是不是要处死他？"

铁木真果断地回答："是的。"

额里真妃说："那好，我问你，弘吉剌部参加了札木合的联盟，有没有此事？"

"有。"

"你岳父德薛禅是不是也参与了？"

"是。"

"是就好，来呀，把牛皮预备好！铁木真，我要求你像杀了我儿子一样，马上杀了德薛禅的女儿孛儿帖！"额里真妃咄咄逼人地说着。随后，她就像一只发了疯的猛兽一样，扑上去抓住孛儿帖。主儿勤人齐呼："杀死孛儿帖！杀死孛儿帖！"

孛儿帖欲推开额里真妃，却被拥挤得施展不得。铁木真的四个兄弟、诃额仑的四个养子、铁木真的四个儿子得知主儿勤人闹事，带着马队分两翼包围了这群人。主儿勤人看到这种架势，便吓得停止了喧嚣。

只听额里真妃愤愤地喊道："你们想干什么？我要向全乞颜部讨个公道。"随后，只见她手指之处出现一片火光，千军万马即将出现在眼前。

诃额仑出现在门口："额里真妃，我会给你一个公道的。"她招呼索尔汗石刺："你过来。"有人将火把举过来照亮。诃额仑说："额里真妃，你见过这个人吗？"

额里真妃惶惑，不里孛阔认出了他："他好像是泰赤乌部塔儿忽台的奴隶。"

索尔汗石刺喊道："对，我叫索尔汗石刺，是替德薛禅大人来给铁木真可汗送消息的。"

额里真妃强词夺理地说道："谁会相信一个奴隶的鬼话呢？"

诃额仑举起地图："这是我的老亲家送来的地图，上边有同俺巴孩碑上一样的契丹文字，请各部将领们过目。"于是，众将们上前来看了看地图，纷纷点头。

铁木真趁机对别勒古台说："别勒古台，不降服不里孛阔就制服不了主儿勤人。跟他决斗，你敢吗？"

"小弟万死不辞！"

忽察儿见大势已去，为了摆脱嫌疑，高声喊道："啊，原来是一场误会，散了吧，散了吧！"众人听了向四处散去，主儿勤人也想离开。

别勒古台喊道："不里孛阔，你就这么走了吗？"不里孛阔已经气馁了，想快点离去，听了别勒古台的喊声吃了一惊，回过头来，警惕地看着别勒古台。别勒古台说："你刚才污蔑了可汗的大妃、我的长嫂孛儿帖，可汗可以不怪罪你，但是我可要替长嫂跟你讨个公道。"

不里孛阔心慌意乱地连连摆手，说道："不，不！我现在郑重地向大妃孛儿帖道歉。"

孛儿帖当然十分明白铁木真的意思，于是便强硬地说道："我们弘吉剌人的尊严是不容冒犯的。"

聪明的者勒蔑也领略了铁木真的意图，故意激不里孛阔说："不里孛阔，我听说你力大无穷，原来却是一个胆小鬼呀！"

速不台等人哈哈大笑。别勒古台不等对方表态，便猛扑了上去。不里孛阔灵敏地闪开，别勒古台一扑再扑。不里孛阔想早点儿脱离是非之地，完全是被动地周旋，期待着有人出来替他解围，这时一个不留神被别勒古台抓住胳膊，二人到底纠缠在一起。别勒古台不断地进攻，但是，不里孛阔有力的防守使他不能够得胜。

主儿勤人见到首领是如此的被动，于是，便发出了一阵狂喊。不里孛阔豁出去了，开始转守为攻。别勒古台摔跤的本事和力气都不及不里孛阔，马上就有些招架不住了。额里真妃和主儿勤人也都松了口气。

者勒蔑觉得形势不妙，于是指挥孛儿只斤氏人有秩序地为别勒古台助威。强大的声浪镇住了不里孛阔，不里孛阔一松懈，别勒古台挣脱了不里孛阔的手。在两个人分开时，不里孛阔瞟了一眼铁木真，铁木真瞪着的眼睛使他心里一颤，再一看铁木真身后的木华黎、博尔术、合赤温、合萨尔按着刀把虎视眈眈地看着自己，他更心慌意乱了。他知道这场角斗自己是不能取胜的，于是便停止了攻击，把破绽给了别勒古台。

别勒古台比起不里孛阔是稍逊一筹，但在铁木真如狼似虎的五兄弟之中也算是力气最大的了。他趁机一下子将不里孛阔摔倒，并乘势压在他身上，抬头看了哥哥一眼。铁木真眼睛瞪着别勒古台咬了咬牙，别勒古台明白了他的意思，松开了不里孛阔，并且还站了起来，似乎是要结束格斗。

元太祖成吉思汗传

不里孛阔也以为分出了胜负，这场角斗就算结束了，于是支起身子一侧想站起来。突然，别勒古台却猛地用膝盖砸向了他的肋骨，只听咔嚓一声，不里孛阔的肋骨便断了几根。不里孛阔一口鲜血吐在了地上，他撑起身子指着别勒古台说道："我是惧怕铁木真才让你的，你竟然下这样的毒手。"说完后，不里孛阔便吐血倒地而死。孛儿只斤氏人一阵欢呼，举起了别勒古台。

主儿勤人愤愤不平却敢怒而不敢言，额里真妃一下子便晕了过去。铁木真朝着孛儿帖使了个眼色，孛儿帖会意，上前分开众人，托起额里真妃的头："婶母，尽管您多次像仇敌一样地对待我们，我们仍然把您看作乞颜部落最应该敬重的长辈。来人，把额里真妃抬到我的斡儿朵里去好好侍候。"这时，几个女奴上前欲抬，额里真妃摆了摆手站了起来，晃晃悠悠地走了，主儿勤人也默默地跟了上去。

当铁木真看着忽察儿、阿勒坛和答里台时，他们的脸上写着的全是失望与沮丧。

铁木真在看了地图后，他已经了解了札木合的作战意图，但是，他需要有时间来调整自己的部署。于是，他便派豁儿赤带领两名兵士作为使者，前往联军进军的路上，来拖住札木合。后来，豁儿赤在兀惕乞牙的路上迎到了联军的前哨。

"豁儿赤来了？"札木合听到了报告后，恶狠狠地说道，"就地扎营，今天，我要好好宴请这位铁木真的使者。"其实，豁儿赤本来是札答阑部的一个首领，论起来还是札木合的族弟，可他却投奔了铁木真，札木合简直是恨死了他。现在，豁儿赤又亲自前来，札木合恨得不得了。

豁儿赤被脱朵带着走向了札木合的车帐。只见，此时的札木合正侧卧在地毡上，脱黑脱阿、札邻不合、塔儿忽台和忽都坐在两边。德薛禅、赤老温、纳牙阿、只儿豁阿歹等按着刀把凶巴巴地站在两旁。

豁儿赤使自己的情绪稳定了一下，然后，他走到了地毡前向札木合行礼说道："乞颜部使节豁儿赤，拜见札木合古儿汗。"

札木合嘲弄地问："豁儿赤兄弟，你离开我投奔铁木真也有些日子了吧？听说我的安答因为你唆使他反对我有功，答应在他得了天下之后，赏给你三十个老婆？"

众人听到后，一阵狂笑。这时，豁儿赤却不慌不忙地说道："要赏我三十个老婆确有此事，不过唆使他来反对您的事，那是没有的事啊，因为到现在您的安答还在挂念着您呢！"

札木合眼睛一瞪："你简直就是在胡说。"

豁儿赤说道："事实如此。这次我正是奉了铁木真汗之命给他的好安答送贺礼来了。请看！"

随后，豁儿赤闪开了身，只见两名随从打开了包裹，里边装的是绫罗绸缎和珠宝。札木合站起来，绕着礼品和豁儿赤转了一圈，突然问：

"铁木真在干什么？"

豁儿赤回答说："在古连勒古的山下放牧呢。"塔儿忽台等人听了大笑不止。

札木合又问道："他有没有让你转告我一些什么话呢？"

"当然有，他想与您消除误解言归于好。"当豁儿赤还想再继续说什么的时候，札木合却嘲弄地看了看豁儿赤说道："别着急，豁儿赤。等羊煮熟了，你喝点热汤，然后再当说客吧。"札木合走回地毡躺了下去，用不怀好意的目光看着豁儿赤。

此时，豁儿赤虽然脸上是笑着的，但是心里却有些发毛了，因为他知道札木合是个心狠手黑的家伙。"他是想等锅烧开了，把我放到锅里煮了吧。"想到这里，豁儿赤偷眼看了看那口煮肉的大锅，只见锅里开始冒出了热气，一个伙夫还在添柴拨火。

这个时候，塔儿忽台、脱黑脱阿、札邻不合、忽都冷冷地笑着，像看着就要屠宰的羔羊般的盯着豁儿赤。突然，豁儿赤的随从叫了一声抱头就想逃，但是却被联军的人给抓住按倒了。豁儿赤迅速地判断着局势，然后稳住了神，笑呵呵地朝按人的兵士说："主人也太热情了。"

按人的兵士松了手，豁儿赤对随从说："你们两个等不及了？那也得锅开肉熟嘛！"

随从惊恐地说道："他们是要煮了我们呀！"

豁儿赤忽然哈哈大笑道："你们真是胡说，两国交兵还不斩来使呢，何况札木合古儿汗是我们铁木真可汗的好安答，你我三人又是来送贺礼的。放心吧，聪明的札木合古儿汗是不会因为我们三个小人物而坏了他的一世英名的。"

札木合蓦地站了起来，于是，命人给豁儿赤盛一勺热汤来。脱朵用铁勺盛了一勺热羊肉汤端了过来，札木合说："豁儿赤，你把这羊肉汤一口喝下去，我再听你的说辞。"

豁儿赤端着铁勺绕着圈子边走边说着一些话，这时，脱朵对只儿豁阿歹说："这小子是想等汤折腾凉点儿了再喝吧。"

话音刚落,只见札木合一脚飞起将汤勺踢翻,豁儿赤惨叫一声捂住胸口倒在了地上。此时的札木合真想一刀杀了他,可是,刚才豁儿赤的话却让他改变了主意,他不能因为杀了使者而坏了自己的名声。于是,札木合便喝令道:"把这三条狐狸赶出去!"兵士们架起三人就走。

突然,赤勒格儿策马奔了过来,宿营的人们惊慌地躲开了。他在离札木合不远的地方跳下马来,人还未到声音先到:"札木合古儿汗,铁木真和脱斡邻的兵马已经冲到了我们的先锋前哨啦!"

札木合和札邻不合等人大吃一惊:"他们现在哪里?"

赤勒格儿说:"抢占了阔亦田附近的阿兰塞。"

札木合这才明白过来,豁儿赤方才的那一出,是在拖住自己,自己竟然上了他的当。于是,他马上命人追赶豁儿赤。随后,纳牙阿和只儿豁阿歹等应了一声,上马去追赶豁儿赤。

脱黑脱阿吃惊地对札木合说:"铁木真占领了阿兰塞?那里依山傍塞居高临下,对我们十分不利呀。"

"铁木真怎么会来得这么快,而且对于我们的行动了如指掌呢?"札木合用凶狠的目光扫视着周围的人,然后,他冷冷地一笑说道,"我明白了。"他突然用手一指,"德薛禅!"

德薛禅将着胡须笑了笑,说道:"札木合,你知道得实在是太晚了。"

"杀了他!煮了他!"众人一片喧嚷。札木合手一挥:"砍!"

赤勒格儿挺身走出:"我来吧!"他推了德薛禅一把,押着他走上了山冈。随后,便把德薛禅给放了。

豁儿赤逃回了阿兰塞铁木真的中军大帐后,烫伤疼得他龇牙咧嘴。通天巫阔阔出在他胸前和手上都敷上了药,可是每碰一下他便大声叫喊:"疼死我了。"

这时,者勒蔑打趣着说道:"好在只是烫伤了前胸和手臂,如果是破了相,那可汗将要赏给你的那三十个老婆可就惨了呀。"众人听到此话便哈哈大笑起来。

豁儿赤叫嚷道："我都要疼死了，你们还来取笑我。"可是，众人却仍是大笑不止。

铁木真也笑着说道："豁儿赤，虽然你受了伤，但是很值得，你立了个头功啊！"

铁木真在占据了阿兰塞后，心里踏实了多了。他吩咐博尔术放出哨探，让全军将士都舒舒服服地睡了个安稳觉，准备以逸待劳，迎战十二部联军的出击。

追赶豁儿赤的纳牙阿和只儿豁阿歹没有追到便跑了回来，对札木合报告说，豁儿赤已经进了铁木真前锋的古列延。札木合气急败坏地踢翻了羊肉锅。此时，大家都已经感到了事态的严重性。随后，塔儿忽台等几个铁木真的死敌便聚在札木合的大帐中商量着对策。

这时，塔儿忽台说道："古儿汗，铁木真已经占据了有利地势，我看弘吉剌部、斡亦剌惕部军心已经浮动，明天打起来，很可能是凶多吉少啊。"

脱黑脱阿建议说："我倒有个主意，把弘吉剌、斡亦剌惕那几个部落放在前面，我们四个部落在后边，不怕他们不拼死冲杀！"

札邻不合反对说："我看这样做是十分不妥的，如果他们无心恋战，那他们便是一大群等着宰杀的羊。"

塔儿忽台忽然想起了什么似的，忽然说道："有了，听说乃蛮部的不亦鲁黑汗会札答之术，能够呼风唤雨，明天攻击之前，如果他能够求来一场雨，我们一定会士气大振。"

札木合也听说过这事。既然地利不占优势，人和就显得非常要紧。如果联军的士气被鼓动起来，靠着三倍于敌的兵力，取胜还是不成问题的。于是，他同意了塔儿忽台的建议，让人去请不亦鲁黑汗明天阵前作法。

在兀惕乞牙的盆地里，十二部联军的将士们肃立着，带着无限崇拜的心情看着不亦鲁黑汗作法。只见不亦鲁黑汗面前放着一个铜盆，他将手中的石子放入了盆里的净水之中，并且还念念有词。不一会儿，不知道是天有不测风云还是不亦鲁黑汗真的法术高强，一片乌云便从天边出现了，并且像奔马般跑了过来。

此时，札木合兴奋地用手一指："乌云来了。"将士们也在欢呼雀跃，十分地高兴。塔儿忽台忽然举起了弯刀，大声地喊道："杀死铁木真。"

数万人一齐高呼："杀死铁木真。"这时，一个霹雷响起，随后便是狂风携着暴雨像瓢泼般的袭来，联军将士们在风雨中呼喊着。札木合突然停止了呼喊，他用手试试风向，又转动着身子判断了一下，脸色骤变。随后，札木合一把揪住了不亦鲁黑汗的前襟，质问道："你是怎么作的法？"

不亦鲁黑汗不明所以地问："这，这是怎么了？有什么不对的吗？"

札木合把不亦鲁黑汗推到身前迎着风雨站着："你自己看看，你求来的风雨为什么风是朝着我们这里刮的？我们现在连眼睛都睁不开了，还怎么打仗呢？"

不亦鲁黑汗有些懵了，他说道："我也不知道呀。这也许是天意吧！"

札木合推开了不亦鲁黑汗，声嘶力竭地叫喊："这不是天意！长生天会保佑我们砍下铁木真的头的！"随后，他便抽出刀来，"都给我听着，前进则生，后退则死，给我杀上阿兰塞！"

随着札木合的一声呐喊，联军开始进攻了。联军中乃蛮部的军队在不亦鲁黑汗的指挥下冒着风雨往山上爬着。他们的身后是泰赤乌人的队伍，说是第二梯队，实际上就是督战队，他们如果后退，泰赤乌人的刀箭就会要了他们的性命。可是往山上攻也不好过，铁木真军队的三排弓箭手放出的箭密如飞蝗，因而不断有人中箭倒地。

这时，站在蒙古军队一边的德薛禅向山下大声疾呼道："不亦鲁黑可汗，我是弘吉剌部的德薛禅，风雨打得你们的人都睁不开眼睛了吧，这是长生天在帮助铁木真呀，你不要再给札木合卖命了，快逃命吧！"

不亦鲁黑汗听到德薛禅的喊声后犹豫不前，随之他的人马进攻的速度也慢了下来。

随后，在后队督战的泰赤乌人队伍里，也乱成了一团，他们就像羊群走路靠头羊带领一样，人们在往山上攻的时候，尽管有人倒下了，大家也还是硬着头皮往前走；可是，一旦有人逃跑了，马上带动一大片人也跟着逃跑，泰赤乌人全队动摇了，兵士们没了命似的往回败退。

此时，不亦鲁黑汗的军队见到后边没有人督战了，也纷纷败退下来，两个部落的人比赛似的往山下跑去了。泰赤乌人后边是塔塔儿人的队伍，札邻不合指挥自己的兵士稳稳地压住阵脚，毫不留情地射杀着败退下来的泰赤乌人和乃蛮部人，迫于这种压势下，退下来的联军只得没有余地地再次转身往山上冲去。

听说德薛禅已经到了铁木真那边，还在阵前喊话动摇军心，脱黑脱阿愤怒地质问赤勒格儿："是不是你放了德薛禅？"

赤勒格儿并不掩饰自己的所作所为，他坦白地承认说："我不愿意杀死孛儿帖的父亲，可我是不会放过铁木真的。"随后，他抽出刀带着一队士兵冲了上去。

札木合与塔儿忽台在军中指挥着。这时，脱朵指着山坡上流下的雨水已经是红色的了，而且颜色越来越浓。随后，一群有鞍无人的战马奔驰而下。人们闪开，马群奔驰而过。看到这种情景，败局已经显露出来了。

其实，在战斗中，临时的联盟缺乏统一的指挥，刚刚遇到一点儿阻力，札木合的先锋部队很快就失去了冲锋陷阵的能力。失去勇气的军队必然逃脱不了失败的命运，一路先锋的溃败迅速引起了连锁反应，其他几路先锋也不再冲锋陷阵了。随后，先锋部队不再是带头冲锋，而是四散逃命，十二部联盟就这样不堪一击土崩瓦解了。

此时，塔儿忽台对札木合说道："看样子你的古儿汗是当不成了呀，今天败局已定。"

札木合抹了一把脸上的雨水说道："弘吉剌部的辎重、老幼妇孺在后边，你我分了吧。"札木合说完便上了马，带着自己的军队奔去了。

青年征战

联军的首领札木合早已失去了"万民之汗"的气魄，露出了一副鼠窃狗偷的嘴脸。在面对先锋军的溃散时，他不是想办法稳住军心、压住阵脚，反而趁火打劫大捞一把，乘机大肆抢掠那些推举他为汗的百姓，洗劫了他们的帐篷，然后也顺着额尔古纳河向东北方向逃窜。

塔儿忽台等也上了马。这时，纳牙阿也说道："札木合算什么众汗之汗？简直是个鼠窃狗偷之辈！"

塔儿忽台想了想说："我们还是赶紧回老营，带着妻儿老小逃命吧，晚了就来不及了！"于是，四个人便带兵奔向了自己的古列延。

随后，铁木真派者勒蔑去联络王罕，让克烈部攻打塔塔儿和蔑儿乞人，自己则带领全军去攻击泰赤乌和札答阑这两支最凶恶的敌人。

者勒蔑奉命赶到克烈部的大营对王罕说道："王罕，您的儿子铁木真已经率领自己的部队压向泰赤乌人和札答阑人了，他请您去消灭塔塔儿和蔑儿乞人。"

王罕回答道："知道了。"随即，他又大喊一声道，"上马！让我们去消灭塔塔儿和蔑儿乞人吧，把那些魔鬼打入地狱吧！"随后，者勒蔑也上马去追赶铁木真的部队了。

这时，桑昆却拦住了父亲，说道："铁木真为什么把消灭弘吉剌部留给了自己？是因为弘吉剌部最富足吧！"

王罕的弟弟札合敢不在一旁纠正说道："不是这样的，铁木真是去攻打札木合和塔儿忽台了。"

桑昆不屑地说："他是把肥牛肥羊自己留着，让我们打仗流血却只剩下啃骨头的份儿，这叫公平吗？"札合敢不根本就不相信桑昆说的话。

此时的王罕的确是老了，他让弟弟和儿子吵得没了主意。桑昆也不再等待父亲发令了，他举刀对大家发令去攻打弘吉剌部。桑昆一马当先冲了下去，人们欢呼着跟上去，把王罕和札合敢不的马冲得直转，他们只得被裹挟着往前跑去。

这时,札木合的军队正在纵兵抢掠着弘吉剌部众。当克烈部的军队赶到时,桑昆对父亲说:"父汗你看,札木合。你还说铁木真去打塔儿忽台和札木合了。札木合在这儿,铁木真又在哪儿呢?"

对此,王罕也是有些意外,他没有时间思考,急忙下令:"札合敢不、桑昆,你们一左一右包抄过去,一张羊皮也不能让札木合抢走。"于是,桑昆和札合敢不迅速分成两路,围向弘吉剌部的古列延,王罕也跟随着弟弟的一支向前冲了过去。

这时,正在指挥抢劫财物、妇女的札木合发现了克烈部人,他感到大事不好,于是顾不上跟部下打招呼,便立刻朝着还没有合围的缺口处冲了过去。札合敢不看见札木合要逃跑,便对王罕喊道:"汗兄,札木合跑了!"随后,便把队伍丢给了哥哥,自己则带着十几个亲兵追了上去。

这个时候的塔儿忽台也跑回了自己的老营,他张皇失措地命令把车帐、老人和孩子都扔掉,立即撤退。只儿豁阿歹反对说,现在逃跑已经来不及,只有坚守到底才能死里逃生。塔儿忽台觉得他说的话十分有道理,于是,便命令部众把勒勒车上的牛卸下来,将车在四周围起一道屏障。

当这一切刚刚做好时,铁木真的人马便像一股狂风般向泰赤乌人的古列延冲击过来。塔儿忽台更加相信只儿豁阿歹的判断是正确的,他庆幸自己没有逃走,否则一定会被铁木真砍死在荒野上的。

此时的泰赤乌人被求生的欲望驱动着,他们躲在车后面拉弓搭箭,等待着铁木真军队的接近。只儿豁阿歹则拿着一张弓立在车上,坚定得就像一尊塑像。几个泰赤乌人给他的车上堆满了箭,因为他们知道,在这一时刻只儿豁阿歹的神箭就是他们生命的保护神。

铁木真的人马离泰赤乌人的古列延越来越近了。只儿豁阿歹将弓张开,旋即又放下了。因为铁木真的前锋部队在射程之外兜了一个圈子后又消失在地平线那边了,对此,只儿豁阿歹有些不解。

死一般的寂静压迫着泰赤乌人,塔儿忽台和脱朵面如死灰,心里十分绝望："当初要是不同也速该的遗孤们作对，不去抓铁木真祭天就好了，可是，现在说什么都晚了，一切都完了。"他绝望地抱住脑袋，痛苦不堪。

暂时的平静过后，地平线上出现了旗帜、人头和马匹。铁木真接到报告，合萨尔追击塔塔儿人过了根河，王罕的军队在追击札木合，眼前的老对手塔儿忽台孤立无援了，该是同他算总账的时候了。于是，他笑着问大家："怎么样？大家都饿了吧？"众人没有想到他在两军阵前问的第一句话竟是这个，不禁轻松地笑了起来。

笑声过去，铁木真命令说："博尔术，你先去把塔儿忽台的古列延撕开一个口子！"博尔术应声后便带领人马向前冲了上去。刹那间，博尔术的人马便接近了泰赤乌人的古列延。

这时，只儿豁阿歹拉开弓瞄准了博尔术的咽喉，赤老温大喊一声："射人先射马，射那匹黄马！"只儿豁阿歹将弓往下移了移，一箭射出。飞跑的黄马被射中了眼睛，疼得倒竖起来，把博尔术掀到地上。

在铁木真身边的索尔汗石剌突然惊呼一声："那是神箭手只儿豁阿歹！"

木华黎和者勒蔑不等命令发出，同时纵马奔出。泰赤乌人的古列延里，纳牙阿率数十骑也冲了出来，直逼在地上奔跑着的博尔术。双方越来越近了，纳牙阿举刀向博尔术砍去，者勒蔑赶上来架出纳牙阿的刀，两刀相碰，者勒蔑只觉得右手发麻，差一点儿扔掉了手中的弯刀。就在者勒蔑与纳牙阿对刀的时候，木华黎一伸手把博尔术拉上自己的马背，向本队奔去。

纳牙阿摆脱者勒蔑去追木华黎，铁木真的四子也同时奔了上去，直取纳牙阿。蒙力克着急地喊着："术赤，你们回来。铁木真，他们几个还是孩子呀！"

铁木真笑了笑，说道："他们是我的孩子，我的孩子就要在战场上磨砺！"与此同时，速不台、忽必来和术赤台也都迎了上去。一阵刀枪的撞击之声过后，纳牙阿拨转马头往自己的古列延奔去。

当铁木仑要放箭射击纳牙阿时，铁木真阻止了他，并问道："索尔汗石剌，这个人是谁呀？"

"他叫纳牙阿。"索尔汗石剌回答说道。

"他是真正的草原英雄，我要抓住他，让他为我所用。"随后，铁木真的军队全线压向泰赤乌的古列延。索尔汗石剌提醒道："可汗，要留心只儿豁阿歹呀！"

铁木真不在意地笑了笑说："别忘了我十六岁的时候就是个射雕英雄！"他把苏鲁锭长枪挂在鞍桥上，取箭开弓，对准了站在车上的只儿豁阿歹。

这时，塔儿忽台在车后认出了铁木真，他把刀在勒勒车上拍得山响，大声喊道："那是铁木真！只儿豁阿歹，给我射死铁木真！"

由于塔儿忽台的喊叫声音干扰了只儿豁阿歹，他射箭的时候，手抖了一下，这一抖却救了铁木真一命，那箭稍稍偏了一点儿，射中了铁木真的脖颈。众人大吃一惊，铁木真勒住了马，伸手抓住那只箭，用力往外一拔，一股鲜血像箭一样射了出来，铁木真倒在了马上。

铁木真倒下后，秃黑军旗下边一阵混乱。者勒蔑、木华黎、速不台、忽必来迅速地四马并排挡住铁木真。者勒蔑伸手将铁木真抓到自己的马上，众将簇拥着者勒蔑和秃黑军旗往回撤退。泰赤乌人看到这一场景，一阵欢呼雀跃。

把铁木真放到地上后，铁木仑、术赤等人呼唤着他。德薛禅看了看铁木真的伤口说道："要用嘴吸出他伤口里的瘀血，不然人就完了！"这时，者勒蔑马上伏身吸铁木真脖子上的伤口，一口一口的瘀血被吸了出来。

一直持续到半夜，铁木真才苏醒了过来，喃喃地说："我的血似乎要干涸了，我很渴。"

者勒蔑便把靴、帽和衣服都脱下，只穿着短裤潜入敌营去寻找马奶，因为战乱之中谁也顾不上挤马奶，所以怎么也找不到。

他仔细搜寻，却意外地在一辆车上发现一桶酸奶，就偷偷地带了回

元太祖成吉思汗传

来。敌人都已睡熟,对者勒蔑的行动浑然不知。

者勒蔑拿回酸奶,又找来水,将酸奶调好给铁木真喝。铁木真连饮了三口酸奶,说:"我的心里亮了。"他就坐了起来。

铁木真又问:"你赤身跑去,如果被敌人捉住,岂不是要说出我躺在这里吗?"

者勒蔑说:"这我想过。我故意赤身出去,如果被捉,就说我本打算投降,被发觉后剥去了衣服,我挣脱绑索逃出,敌人必然相信。我可以找机会寻得一匹马逃回来。我是这样考虑的,所以在你安睡的时候跑出去了。"

铁木真说:"我还能说什么呢?以前我被三姓蔑儿乞人追杀,他们围绕不儿罕山搜查了三遍,那时你曾救过我一次性命。刚才你又用口吮吸我的瘀血,救了我的性命。现在我口渴,你舍命到敌营去寻来酸奶,再次救了我的性命。你这三次大恩,我永生不忘!"

铁木真想趁此机会彻底消灭泰赤乌部落。经过夜间激战,天大亮以后,铁木真发现泰赤乌人已经丧失了决战的勇气,趁着夜色逃跑了,属民被抛弃在营地里,这些属民都被铁木真收服。

铁木真又追着逃跑的泰赤乌人,将他们及其子孙"像吹灰似的"杀死了。

这时,铁木真忽然想起了索尔汗石剌对他的友情,就率领部队四处去寻找索尔汗石剌。终于在崇山峻岭之间找到了索尔汗石剌的女儿合答安。原来合答安被军队驱逐,恰好铁木真正在找她。

铁木真发现,合答安比过去显得更加成熟了。两人意外相逢,甚是欢喜。回到大营,两人结为夫妇。过去曾经共同经历患难,今天又得以共同享受安乐和幸福,铁木真真是一位有情有义的男子汉。

第二天,合答安的父亲索尔汗石剌,也进入军帐来拜见铁木真。铁木真欢迎他说:"你们父子几人过去对我恩重如山,我从那时起一直牢记着你们,你为什么这时才来投奔我呢,真是想死我了。"

索尔汗石剌说:"其实我的心思早就倾向你了,所以就叫第二个儿子最先来投靠你。我如果过早地到来，担心那里的部落首领不同意，杀了我的全家，所以就一次又一次推迟了我的行程。"

铁木真道："你过去对我的大恩大德，我今天应该报答你！我铁木真不是忘恩负义的人，你老人家完全可以放心！"

铁木真把索尔汗石剌的儿子收为部下，把索尔汗石剌的女儿收为自己的妻子，也算是铁木真对索尔汗石剌的报答。索尔汗石剌对此非常感谢，铁木真做完自己该做的事，就命令全军出发，回到了原来的营地。

经此一战，长期与铁木真为敌的泰赤乌部终于覆灭。

阔亦田之战是争夺草原霸权的一场决战，各部贵族害怕铁木真的崛起会危及自己的利益，于是，便推举札木合为"古儿汗"，也就是众汗之汗，并且发誓与铁木真为敌。但是，这些乌合之众却在不到一天的时间内就土崩瓦解了。这不仅给铁木真提供了报仇雪耻的机会，而且为他进一步统一蒙古准备了充足的条件。

青年征战

铁木真双娶姐妹花

经过长期的东征西讨,铁木真的力量日益强大起来,他可以依靠自己的军队对外进行大规模的战争了。1202年,铁木真出兵征讨宿敌塔塔儿。

像成吉思汗家族一样,塔塔儿人也属于蒙古部族,他们同成吉思汗家族是敌对的家族。

塔塔儿部落联盟下属许多部落,游牧于下克鲁伦河流域一带,其活动区域西起阔连湖和捕鱼儿湖,东至蒙古与东北的界山大兴安岭。

铁木真曾打败过塔塔儿人。后来,在同反对他的各种联盟的作战中,铁木真又数次同塔塔儿人交锋,在击溃这些联盟的同时也使塔塔儿人遭到了惨重的失败。

铁木真打算最后解决这批宿敌。完成这一任务,他现在已经不需要盟友帮助了,因为此时他自己已兵多将广,人强马壮,仅凭自己的力量足以对付塔塔儿人了。这将是他与塔塔儿人进行的一场毫不留情的生死决斗。

这时候的塔塔儿分为四部,被人们简称为"四部塔塔儿",总计约有七万户人家。

五年前,铁木真与王罕联军趁塔塔儿部和大金国关系破裂,乘机出兵消灭了蔑古真。时隔不久,塔塔儿部又恢复起来。但是它与四邻蒙古、大金国和王罕克烈部都结了仇,而且内部已分裂,这正是铁木真消灭塔塔儿的有利条件。

1202年8月,铁木真领兵两万,分三路来到塔塔儿地区答阑捏木儿格思地方。

为了保证战争的胜利,也为了一改从前作战时贵族们贪抢财物,不听指挥的弊病,在出征之前,铁木真命令说:"打仗的时候,不许抢掠财物,把敌人打败了,他们的东西都归我们所有,那时大家再分用。作战需后退时,应退向原阵地,退回原阵地后不再返身力战者,全部斩首!"于是军纪严整,战斗力大增。

元太祖成吉思汗传

在答阑捏木儿格思,今天的贝尔湖南讷墨尔根河地方,铁木真挥军向塔塔儿进攻,一举将敌人击溃。

铁木真大军以围猎方式对塔塔儿人进行包围、冲击、分割。军士自外向内飞鸣镝、放利箭,射杀极准。

塔塔儿人拼命反抗,战斗异常激烈,但最终顶不住铁木真军队的猛攻,一部分塔塔儿军突围,投奔札木合去了。

但是铁木真军中有人严重违反了他的军令。他在战前已经规定,战斗结束以后再共分财物。可是,他的叔叔、好惹是生非的答里台,他的堂兄弟忽察儿,此外还有阿勒坛亲王,不听号令,不等战事结束,也不等到共分财物之时,就在战场上私掠财物。

显然他们是自恃其出身高贵,自以为可以不受铁木真的命令的约束。他们不把铁木真的命令放在眼里,岂不预示着他们可以随时背叛铁木真么?铁木真想到此,便坚决地派哲别和忽必来两人去没收了三位亲王私掠的马匹财物。

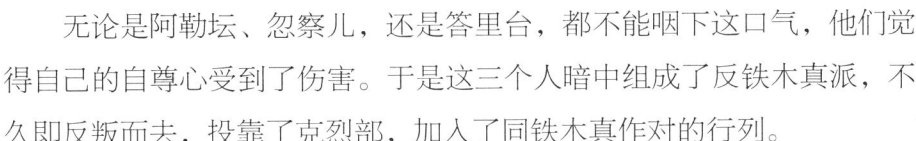

无论是阿勒坛、忽察儿,还是答里台,都不能咽下这口气,他们觉得自己的自尊心受到了伤害。于是这三个人暗中组成了反铁木真派,不久即反叛而去,投靠了克烈部,加入了同铁木真作对的行列。

然而,铁木真这次巩固汗权,制裁旧贵族的果断措施,为提高军队的战斗力,在统一草原的角逐中最终取得胜利,发挥了极其重要的作用。

此时,铁木真面临的问题是如何处理如此众多的塔塔儿俘虏。在这个问题上,铁木真的态度是异常坚决的。为了作出决议,他把族人们都召集到他的营帐内,开了一个秘密会议。

大家的看法和会议的结论很明确:"塔塔儿人乃毁我父祖之人也,今当为父祖报仇雪恨,杀之以祭我父祖。"决定要把像车轴高的塔塔儿男人都杀死!

散会以后,铁木真的同父异母弟别勒古台不慎把这消息告诉给了一个塔塔儿俘虏也客扯连。得到这个消息后,塔塔儿人便立寨自卫。

铁木真的军队费了很大的气力才取得胜利,而且在进攻时损失了不少兵力。破寨以后,铁木真即命令部队对塔塔儿人进行杀戮。

但是这种杀戮也不是单方面的,因为塔塔儿人已事先得知必死的消息,于是各人在自己的衣袖内暗藏了刀。临死前,塔塔儿部落的人除了妇女以外,各人都手执一把尖刀,向铁木真率领的军队乱杀乱砍,彼此都伤亡惨重,几乎各占一半。真是所谓困兽犹斗,一夫拼命,万夫难敌。这样,直到塔塔儿部落的男子,几乎全部伤亡。

铁木真对别勒古台的泄密行为甚为愤怒。从此,铁木真禁止别勒古台参与"大议",同时也禁止他的叔叔答里台参与大议,因为答里台的态度越来越引起了他的怀疑。

铁木真终于消灭了塔塔儿,完成了替祖宗报仇雪恨的使命。可是,铁木真一计算人马的损失,就觉得这一场胜利并没有带来什么好处。人马损失的惨重是因为泄露秘密,而这正是别勒古台的责任。于是,他派人把别勒古台叫来。

铁木真大声怒斥别勒古台："你随便泄露军事机密，害得我们损失了那么多的人马，你真是罪不容恕！你去，把也客扯连那家伙给我找来，我要跟他算账！"

吓得直哆嗦的别勒古台出去找了好半天也没找到，他战战兢兢地回来报告："我……我到处都找过了，实在找不到他。恐怕也客扯连已经死在乱军中，只找到了他的女儿。"

"就因为你随便说话，结果闯出这一场大祸来！从今以后，我再不许你参加黄金会议了！"铁木真不等别勒古台说完，就这样叫骂，接着他又问，"你把也客扯连的女儿找来，她现在在哪儿呢？"

"就在帐外，我去押她进来。"别勒古台赶紧说。他走到帐外去，带着一个女子来见成吉思汗。

这个女子衣服凌乱不堪，满头的乱发蓬松着。她一走进帐里，就低着头在铁木真面前跪了下去。

铁木真看到仇人的女儿，眼睛里火星直冒，大喝道："你的父亲害死了我们这么多人的性命，就是把他剁成肉酱，也不能抵偿那么多条人命！你既然是他的女儿，那就应该代替你父亲来偿命！我要把你千刀万剐，剁成肉酱！"

"饶命啊！"那女子一听，立刻抖成一团，勉强叫了一声，就倒在地上不停地发抖。

哪知道，她这一声"饶命"，铁木真一听就像音乐一样好听。他满肚子的怒火一下子烟消云散了，反倒觉得这女子可怜、可爱了。于是改变了口气，和颜悦色地说："你是要我免你一死吗？那你就抬起头来我看看。"

那小女子听了，仍然颤抖着身子，慢慢抬起头来。

只见她深锁双眉，眼含泪水，简直就像一株飘摇在风雨中的杨柳一般，实在是美！铁木真一见之下又怜又爱，觉得自己的那两个妻子孛儿帖和合答安谁也比不上眼前这个女子。想到这里，铁木真坐直了身子说："要我不杀你，那你就得做我的妻子！"

小女子一听，漂亮的脸上马上绽出笑容："大汗要是能赦免我的死罪，那我就嫁给您吧。"看来，人在屋檐下，不能不低头，且不说这个女人是厚颜无耻，实在是出于无奈。

铁木真一听，高兴地说："那好，那你就到帐后面梳洗去吧。"

说到这里，早有军营后勤处的老保姆出来，搀扶着铁木真刚相中的女人，慢慢走了进去。铁木真此时才命令别勒古台退出去，又把军营中急于办理的各项事务向各位将领作了安排，然后，他到军营帐篷内休息。

别勒古台因为给铁木真带来一个可爱的女子，泄露秘密的责任也就到此不予追究了。

铁木真虽在帐里处理事务，心里却忘不了那个刚来的女子。于是，他就放下手里的工作，走进后帐。

那个女子经过一番梳洗打扮后，真像一个仙女下凡一样。铁木真兴奋地追了过去，抓起那女子的手来，觉得细嫩柔滑。再看她满头乌黑的头发、袅娜的身材，以及那漂亮的脸蛋儿，真是处处让人疼爱！

"你叫啥名字呀？"铁木真笑眯眯地问道。

"我叫也遂干。"那女子微启双唇，含笑作答。

"好一个也遂干啊！你真是塔塔儿美人啊！"铁木真大加赞叹。

也遂干一听，满面娇羞。她把头一低，手里摆弄着腰带，一时竟羞于再开口。

铁木真牵着她的手并排坐下来。铁木真说："你的父亲实在罪大恶极，我要是杀他，你就会恨我，是吗？"

"我哪里敢怨恨可汗呢？不过，可汗您是宽宏大量的人，就请您饶恕我们这一家人吧！"也遂干替全家人求情。

"你实在是漂亮得很，要是你做我的婢妾，好像不大好，我看，你就做我的夫人吧。"于是，铁木真封了也遂干做夫人。

"多谢可汗！多谢可汗！"也遂干马上跪下去，连声道谢。

当天夜里，月满中天，铁木真和也遂干做成了夫妇。

第二天早晨也遂干醒来后，她悄悄地起来梳洗打扮。直到她都化好妆了，铁木真这才醒过来。

铁木真睁开眼睛，痴痴地望着也遂干，一动也不动。也遂干笑着问："昨晚看了一夜，难道还没有看清楚吗？一醒来你又这样看着我干什么？"

"你这漂亮的脸蛋儿，让我实在看不腻呀！"铁木真望着也遂干，实话实说。

"您堂堂一个可汗，眼可不能这样小！看到我就会这样中意，你要是看到了我的妹妹，恐怕……恐怕你要发疯呢！"也遂干说完，自己先笑了起来。

"你的妹妹？"铁木真一愣，"她在哪里？她叫什么名字？"铁木真急忙追问。

"她叫也遂，结婚时间不长，可现在在哪儿，我也不知道。"也遂干老实相告。

"既然也是一个出名的美人，而且也有名有姓，难道还怕找不到她？"铁木真立刻到帐外，派人去寻找那个塔塔儿美人也遂。

到了中午，几个士兵带着一个年轻貌美的女子走进大帐来。"可汗，这女子究竟是不是也遂，就请可汗亲自询问吧！"

"好了，你们先下去吧，让我来问问她。"铁木真把士兵打发出去。

铁木真看到这个女子，虽然满面愁容，眼含泪水，可是更加美丽，从头到脚，居然找不出丝毫缺点来。而且，看她那神态，也和也遂干很像。看来士兵没有找错人，这就是也遂了！

铁木真走上前问她："你的名字叫也遂吗？"

美丽的女人回答说："是。"

铁木真两手搓在一起，他说："真是奇妙极了！也遂，你的姐姐也遂干已经在我的营帐里了，你可以进去，和她相会吧。"

也遂进帐会见也遂干时，也遂干就请她也嫁给铁木真。

元太祖成吉思汗传

也遂却说："我丈夫已经被敌军赶走了，我很想他。姐姐，你为什么让我嫁给铁木真这个仇人？"

也遂干说："我们塔塔儿人，过去毒死了铁木真的父亲，结下了仇恨，所以我们今天才遭到铁木真的报复。铁木真现在身份这样显赫，生活特别富贵，他的威名已经远扬，我们姐妹俩嫁给了他，有什么不好呢？我看这要远远胜过嫁给那些亡国奴！"也遂一听沉默了，不觉心动。

接着，也遂干又劝导了妹妹一番，鼓动妹妹和她一起嫁给铁木真。也许，在也遂的心里，她早已暗自愿意，她不过是想做大老婆罢了。

也遂干又说："我听说他已有两个妻子了。别人的心里怎么想我不知道，我的贵夫人的位置情愿让给妹妹呀！"

也遂想了一会儿，说："那些事，就以后再说罢！"

她们姐妹俩的话音没落，就听一个人接着说道："你们还商量什么呢？你真是一位好心的姐姐，自己贵夫人的位置都愿意让给妹妹，当妹妹的，可是应该领情重谢呢！"随着说话声，帐篷的门帘已被揭开，铁木真迈着高贵的步伐，春风得意地走了进来。

也遂一见铁木真，马上惊慌失措，赶紧躲到姐姐的背后。没想到，姐姐反而把她推给了铁木真，正好与铁木真撞了个满怀。铁木真顺手抱住她，也遂干也乘机躲了出去。

一个柔弱胆小的弱女人，怎么可能抗拒得住一个威猛的大男人？一般来说，在这种情况下只有两种应对办法，要么为了保全名节寻死觅活，要么珍惜美好的姻缘情愿凑合……

第二天，铁木真进入军帐处理军机大事，他叫也遂陪伴在右边，也遂干陪伴在左边。深明大义的也遂干，自愿以大做小，维持家庭的和谐与平安。部落里的各位将领闻听后，纷纷前来庆贺。铁木真感到非常开心。

铁木真率领大军凯旋回来，还带来了塔塔儿族全部财物和妇女，另外还有极少数俘虏。这场战争，铁木真的确得到了不少好处。可是，要想从此就和强大的金国对抗，这对于铁木真来说是好还是坏，现在还不得而知。

铁木真回到牧地后发现，他的三个长辈答里台、阿勒坛、忽察儿在半路都溜走了。他派人出去一调查才知道，这三人都投奔札木合那边去了。

阔亦田一战后，札木合已经众叛亲离，古儿汗的名号早已名存实亡，他投效王罕，其实根本没有什么实力。所以，铁木真对于这三个叛徒逃到札木合那边去这件事，根本就没放在心上。但是，札木合投效王罕这件事，倒使他放心不下。他怕札木合在王罕那边挑拨是非，叫王罕找他的麻烦。于是，铁木真就借着替他大儿子术赤向王罕的女儿求婚为由，派人给王罕送礼去。

送礼的人一走，铁木真了却了一件心事，心神似乎安定了许多，于是他来到也遂的帐篷里喝酒。正好也遂干也在这儿，三个人就在帐幕门前并排就座，喝起酒来。

随着时间的推移，时过境迁，姐妹俩旧情淡忘，也就乐得安享荣华富贵了。这实在说不清是她们的无奈，还是她们的幸运。

青年征战

与王罕彻底决裂

统一蒙古草原,需要凭借强大的实力。经过激烈的群雄逐鹿之后,靠自己的实力足以问鼎草原的强大部落,首推克烈部,其次是乃蛮部,最后是铁木真的蒙古部。

实力自然是重要的一方面,在拥有实力的同时,更需要首领具有领导才能和制订正确战略的能力。在这方面,铁木真比克烈部和乃蛮部首领都要胜出一筹。

铁木真有绝对的权威,令行禁止。他能够笼络部下为之舍命向前,他懂得联合强部,逐一地消灭敌手。在好斗的铁木真羽翼丰满之后,他面临的形势是如何与更强的对手一决高下,独霸草原。

现在,铁木真占据蒙古草原之东,与他相邻的是地处草原中部的克烈部王罕,再往西边就是乃蛮。统一草原的战争,首先在铁木真和王罕之间展开了。

铁木真和王罕是义父义子关系,他们之间有两代恩情,算得上是深厚的。最初，是铁木真之父也速该帮助王罕驱走他的叔叔古儿汗，使王罕得以执掌克烈部的大权。然后，是王罕援救弱小无助、前来认父的铁木真，击败了篾儿乞人，帮助铁木真夺回了妻子孛儿帖。

大约在铁木真第一次称汗后不久，王罕为了巩固自己的地位杀了亲弟弟，西走乃蛮的额儿客合刺求得乃蛮的帮助击败王罕，迫使王罕弃国西逃。就在他穷困潦倒之际，铁木真及时前往迎接，帮助他恢复了对克烈部的统治。

由此可见，王罕与铁木真一家两代相交，他们互为依托，在困境中积聚力量，逐渐强盛起来。然而，在弱肉强食的争霸斗争中，亲生父子、兄弟成仇的事情屡有发生，作为义父义子关系的王罕和铁木真，除非义子永远向义父俯首帖耳，否则就不可能指望他们合作到底。在一次王罕和铁木真在一起开会的过程当中，王罕就曾背信弃义地在食中下药、酒中投毒，欲将铁木真置之死地而后快。

鉴于当时的形势，铁木真不能与王罕彻底决裂，他只能隐忍不发，暂时维持着双方的联盟关系。当敌手逐一被消灭后，都企盼独霸草原的王罕和铁木真，彼此便开始反目成仇，他们之间的危机也就一触即发了。

一次，王罕的部落大肆抢掠了篾里吉部落，得到了无数男女人口和财物，但是他自己独占了胜利果实，连一个牧民、一只牲畜也没有赠送给他的盟友铁木真，也没有把这件事向铁木真通报一声。

铁木真认为王罕不和他通气，是在私下里扩大势力，既然你这么不仁义，那咱们就走着瞧吧。

铁木真和王罕的关系日渐紧张起来，但是，双方都还没有达到需要用武力征伐的程度。不过，此时的他们都已经心照不宣了，各自忙着训练自己的军队，都希望自己比对方更加强大，如果战争爆发了希望能够打败对方。

全民皆兵是铁木真扩充军队的主要方法，他要求隶属于他的所有部族都要进行军事训练。

元太祖成吉思汗传

青年征战

正当铁木真全力以赴地训练军队时,他又听到札木合投靠了王罕的消息。札木合自从被铁木真和王罕的联军打败后,就率领残余部队逃到了北方。这年秋天,他突然出现在草原上,而且还带着人马投靠了王罕。对于此事,铁木真耿耿于怀。

王罕见到札木合后,并没有杀掉他,还拉着他的手说:"孩子呀!你终于醒悟了,来投奔光明,我是举双手欢迎的。"紧接着,铁木真的几个部下也带着人马去投奔了王罕。此时,草原上虽然显得很宁静,虽然铁木真部和王罕部都相安无事地生活着,但是,铁木真与王罕的矛盾已经逐渐升级了。

这个时候,蒙古草原上的第三种势力即乃蛮部也日渐壮大起来了。虽然铁木真和王罕失和,但是双方在面对着强大的乃蛮部族的侵扰时,都有着联手攻打乃蛮部的意愿。

虽然札木合投靠了王罕让铁木真极为不舒服,然而,他能够以大局为重,继续维持着同王罕的友好关系。王罕对铁木真当年协助他复兴的事也是记得十分清楚的。

早在几年之前,也就是铁木真和王罕联手战胜了部分塔塔儿人之后,王罕贪婪之心很重,不顾铁木真的劝阻,向北继续追杀塔塔儿的残部,并且掠夺其财物,可是不幸的是王罕统治的克烈部却发生了内乱。

战争是这样引起的,王罕的异母弟弟额儿客合刺认为,王罕杀人成性,曾经杀了好几个异母弟兄,自己迟早也会死在他的手里,与其等死,还不如逃生。于是,他便逃到了乃蛮部亦难赤汗那里,亦难赤汗握着额儿客合刺的手说道:"令兄王罕正在前方追击塔塔儿人,你何不率兵去攻打他的后方,从而来夺取他的政权呢?"

"可是,我的兵力有限啊!"额儿客合刺说着。

"放心吧,我一定会协助你的。"亦难赤汗说道。

此后,王罕在前方追击着塔塔儿人,而额儿客合刺却在乃蛮部的支持下向王罕留守的部队发起了攻击,留守的首领札木合不战而败。

王罕在追击塔塔儿人的北方战场上取得了胜利,不料在班师回营的途中却遇到了其弟额儿客合剌的伏击,最后他只好逃到了西辽。

那是在1198年,王罕历尽千辛万苦,终于找到了铁木真。王罕与铁木真的关系是相互依附的,这一点双方的心里都十分清楚。因此,铁木真对王罕很热情,并且立即将克烈部又交还给了王罕。随后,他们的关系有所缓和。

有一次,王罕的部落军队和牧民被乃蛮和曲薛吾等部落的骑兵从后面追袭,抢劫了许多东西,连王罕的儿子桑昆的妻子儿女,也被抢劫去了。

王罕马上派遣使者去见铁木真,向他详细报告了他们部落被抢劫和俘虏的情况,还说蔑里吉首领有两个儿子,已经被王罕部落俘虏,现在也趁机逃走了。

铁木真真诚地对使者说:"我们两个部落的关系情深谊厚,本来不亚于父子,都是因为听信部下的谗言和挑拨离间,因此才产生怀疑,疏远了感情。现在既然军情紧急,急需支持,我马上派遣四员能征善战的将领和你们去解除危难,你们说这样办如何?"

铁木真不计前嫌,义不容辞解除危难的行动,让王罕的使者感恩不尽。于是,铁木真就命令木华黎、博尔术、赤老温和博儿忽"四杰",带着快速铁骑军随使者前去增援。

铁木真快速铁骑军到了阿尔泰山附近时,就听见前面的厮杀声惊天动地,鼓角声响彻云霄。"四杰"知道,前面正在开战,而且听起来非常激烈,杀得难舍难分。

一行人登上山顶瞭望,只见辽阔的草原军旗飞舞,尘土飞扬,王罕部落的骑兵正被乃蛮军杀得丢盔弃甲,落花流水,眼看着七零八落地退下阵来。"四杰"等人见状,急忙率军冲下山来,挥军掩杀。

此时,王罕部落已经损失了两位将领,王罕的儿子桑昆的马腿中箭,险些被敌人活捉。危急时刻,木华黎迅速赶到,救出了桑昆,冲上前去与敌人迎战。乃蛮的头目曲薛吾等人虽已经战胜,但是长时间的厮杀,不免劳累乏力,怎么经得起这一支如狼似虎的生力军。

增援部队生龙活虎，见人就杀，遇马就刺！不到几个回合，曲薛吾军队难以招架，渐渐向后退却。"四杰"率领的军队越战越勇，直把敌人杀得四散奔逃，溃不成军。

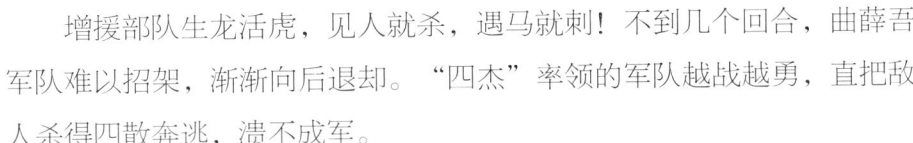

战后，王罕在军营里召见了铁木真派遣的"四杰"，只有博尔术一个前去接受了召见，其他人素知王罕不够仗义，懒得见他。王罕赞赏博尔术为人忠义，赠送他一件锦衣和十个黄金酒杯，还对他说："我现在年事已高，将来部落里的这些百姓，不知道让谁来率领。我的几个弟弟都没有什么好德行，难以服众，一个儿子桑昆也和没有一样，他既无德也无才。你回去以后，请转告你的主人说，假如他还没有忘记过去交情，愿意和桑昆结拜为安答的话，我就有了两个儿子，我也就能安心了！"

"四杰"回来后，转告了王罕的话。于是，王罕就和铁木真在土兀剌河岸摆设酒席，相互祝贺。两个部落的首领和民众，关系融洽，气氛友好。双方在此订立了盟约，约定一旦遇到战事，就要共同对敌。

那是在1203年的春天，铁木真又和王罕见面了。王罕对铁木真说道："我亲爱的儿子呀！进攻乃蛮部的时机已经成熟了，我的部队已经做好了越过阿尔泰山的一切准备。"铁木真表示他的军队也早已经准备就绪了。

为了共同的利益，蒙古草原最有实力的两个头面人物又结盟了。其实，铁木真的心里是比较复杂的。为了和王罕巩固关系，他向王罕说出了结亲的打算。他请王罕把女儿察兀儿别乞许配给他的儿子术赤。

王罕也请求铁木真把女儿豁真别乞许配给他的孙子秃撒合。但这门亲事后来却因王罕的儿子桑昆作梗，没有成功。

桑昆高傲地说："我妹妹到他家呀，站在门后向北立，他的女儿到我们家，正面向南坐，那怎么能行呢？"

铁木真并没有理解桑昆的话是什么意思，于是，桑昆进一步解释给铁木真听。原来他的意思是说，我妹妹嫁到你们家会变成仆人，而你的女儿嫁到我们家会成为主子。铁木真听到桑昆的话，有些生气，但是他却没有表露出来。

就在这时，札木合认为有机可乘，又蠢蠢欲动。他趁机挑拨离间，暗地里勾结铁木真的手下阿勒坛、忽察儿和答里台三个人，唆使他们背叛铁木真，投靠王罕。而桑昆对于父亲认铁木真做义子早就心怀不满，他害怕铁木真借此强大起来，以兄弟的身份威胁他继承克烈部的汗位。札木合等人的挑拨言语，此时正合桑昆的心意。

几天过后，桑昆向他父亲报告说，铁木真部下的将领阿勒坛等人前来投诚，并且阿勒坛还向他通报了铁木真准备攻击王罕的秘密。

王罕听了却不以为然，对儿子说："铁木真好几次为我解除危难，咱们不应该辜负铁木真的好心。况且我已经年老了，也活不了多少时间了。只要在我活着的时候不被别人砍死，我死的时候骸骨能够平安地合葬在一处，我也就心满意足，死也瞑目了！我不想自己去找死。至于你，你想怎么干就怎么干吧，不过，你还是谨慎一些才好！"

显然，王罕这样说既不辜负铁木真的好意，又怂恿了儿子，可见他是首鼠两端的人，也称得上是老谋深算了。

桑昆和阿勒坛等人果然商量了一条毒辣的诡计，准备诱捕铁木真。他们订下了计策，立即派人去邀请铁木真前来出席宴会，以便当面订立婚约。

胸怀坦荡的铁木真对这件事并没有产生过怀疑，他十分高兴，厚赏使者后便打发他回去了，并且答应会在几天内到和林赴许婚宴会。

随后，合萨尔被任命为大营留守，忽必来、者勒蔑、哲别和速不台等进行相辅。铁木真则决定率有功于王罕父子的四杰和术赤一行十人，另外带上百名护卫，沿着怯绿连河南向和林行去。

当他们一行人来到了晃豁坛族蒙力克父子的牧地，就在此留宿。蒙力克父子八人，自从那年从札木合处投过来以后，就一直被安置在此地，显然是被冷落了。但是，蒙力克父子还是热情地欢迎了铁木真的到来，并且还在当天晚上大开宴会招待了他们。

这时，铁木真说出了此行的缘故，蒙力克便命长男阔阔出算算吉凶。阔阔出是个神巫，被号称为"帖卜腾格里"，据说他可以交通鬼神。

这些年来，阔阔出没有一显身手的好机会，这时，他便装模作样地作起法来。只见他手舞足蹈，摇铃打鼓地弄了半天鬼，忽然一声大叫，直挺挺地坐在地下，算是"死"了过去。游牧部落少不了这种神巫，愚民们向他求福、求医、问吉凶，甚至还有贿赂他祸害人的。说他欺骗，却也有一点不可思议的神奇。

铁木真明知是假，然而，在那种特殊的神秘气氛中，再加上世代相传的信仰，对此也不觉得心荡神摇了。

这个时候，阔阔出的一声呻吟，听了真是叫人毛骨悚然。只见他缓缓地张开了眼，眼中射出了青光；嘴唇翕动，吐出了完全陌生的声音："我看到了。"他像唱歌那样地说着，"王罕坐在金帐里，桑昆和许多人手执刀剑地进行埋伏，那是凶相呀。"

此话一出，帐里的人一齐大惊。忽然，蒙力克说道："帖卜腾格里，再看看还有些什么人呢？"

"还有札木合和答里台、阿勒坛和忽察儿。"阔阔出手搭凉棚，双眼眯成了两条缝，"他们正在交头接耳，心怀叵测。"

"那他们埋伏了有多少武士呢？"

"有三千到五千，把土拉河的流水都遮得看不见了。他们在树干上垂下皮索，叫嚷着要把铁木真吊死。"

铁木真骇然问道："如果我去了，会不会有逢凶化吉的机会呢？"

"千万不能去，一到和林你就完了。"

"但是我们要跟克烈部和好呀！"铁木真说道。

"可是他们却要把你吊在大树上呀。"

"这也许不是王罕的主意呢？"铁木真说，"他和我有着父子之盟呀！"

"也许吧，但是，如果桑昆一定要这样做的话，那王罕也只好背弃父子之盟了。"铁木真刚想再继续问阔阔出时，他却大叫一声醒了。随后，蒙力克把刚才他说的话都学给了儿子听。

这时，铁木真皱起眉思索着，问道："蒙力克父亲，在我幼小的时候，你曾帮助过我们一家，也是我的后父，现在依你看我应该怎么办呢？"

蒙力克对铁木真说："你不能到和林去，到了那你只有死路一条！"

"但是答里台、阿勒坛两位叔父和忽察儿唆使札木合安答和我作对；札木合又控制着桑昆，王罕对桑昆又十分溺爱；如果这一次不把亲事办好的话，那么，克烈部就会和我们翻脸成仇。"

"那你也不用怕，老天叫你做可汗，自然就会给你力量的。别以为克烈部广土众民，昏庸老朽的王罕和猜忌刻薄的桑昆全部都是不得人心，也许那正是给你造成兼并的好机会。"

铁木真曾经有过这样的念头，但是他自认为这只是个虚幻的梦境。现在蒙力克也这样说，那么也并不是完全没有可能的。

"你现在可以想个理由推托一下。"蒙力克说道，"至于他们会怎么想，那你就不用管了。"

"可是，他们会起兵讨伐我们的呀。"铁木真说。

"好呀！如果他们敢来，那我们就和他们打，难道我们蒙古人还会怕他们不成？"

"当然，我们是不会害怕他们的，蒙力克父亲。但是，我现在还不想和克烈部开战，我需要把这个日子延迟一下。"

"但是和你的生死相比，如果他们一定要打的话，那也只能提早打这个仗了。"此时的铁木真有些惶惑，他皱着眉没有再继续说话。

几经讨论后，铁木真听从了蒙力克的话，中止了克烈部之行。随后，铁木真又派了两个会说话的人为使，到和林去见王罕和桑昆，借口说要等到秋冬马肥时才能过来赴许婚宴。

使者走后，他们就住下继续等待了。估计着使者的行程，需要三天才能够回来。这三天对于铁木真来说，犹如是一场与耐力的考验。此时的铁木真正暴露在困境的边缘，现在总共也凑不齐一千名战士，倘若这时王罕父子一怒兴兵，那时势就变成了以卵击石，必死无疑。

一天过去了，等待的日子异常的平静。第二天也没有什么事情发生，是啊！消息本来也没有这么快吧。第三天，在天还没有亮时，忽然听见了马蹄声在寂静中远近传来，打破了甜甜的梦境。

铁木真猛然醒来，伸手便抓起衣服，可还没有穿上一半他就停了下来。铁木真听出来只有两匹马，那绝非是王罕的铁骑。可是，要是派出去的使者回来了，好像又不应该是这样的匆忙啊，到底是谁呢？这一疑问在铁木真的心中泛起了涟漪。

就这样，铁木真静静地听着马蹄的声响。那两匹马踏入营地后就停了下来。又过了一会儿，几个人的脚步声走到了帐外停止。随后，蒙力克小着声音说道："铁木真，你快醒醒吧！可汗……"

铁木真等蒙力克叫了好几声才答应。于是，蒙力克撩开帐门钻了进来，他低声说："阿勒坛部下有两个牧人逃了过来，他们要见到你才肯说话。"

铁木真飞快地盘算了一下，立即说道："好，让他们进来说话。"等这两个牧人进来后，他已经点起了烛火，照着看了一眼，便知道他们是蒙古部落中的克烈人。

"忠勇的克烈人每在危难之际都会挺身而出。"铁木真严肃地注视着他们，"为什么要见我？我想不起你们的名字了。"

其中一人急急忙忙地向铁木真报告说："我是王罕部落里的牧民，名叫乞失里，他叫巴歹。我们听说桑昆言而无信，表面上允许婚事，在暗地里却已经设下了阴谋，现在他们已经扣留下了你派去的使者，准备派出骑兵袭击。我们对这样的阴谋一直都非常痛恨，特地前来报告。你们部落赶快准备对敌吧，他的马队很快就到了！"

铁木真神色不动，摇头说："一定是你们听错了，桑昆和我是多年的安答，怎么能够这样做呢？"

"可汗，"两人急忙说道，"我们在克烈部住久了，听到过也看到过许多可怕的阴谋，这次一定是真的。"

"可是,至少王罕是不会这样糊涂的。"铁木真说道。

"王罕也压不住了,自从我们的三位那颜由札木合拉拢给桑昆,他们就几乎天天在想法子对付可汗。许婚宴本来就是一个圈套,他们见可汗不上当,就当即决定趁可汗在这儿的时候派兵进行袭击。"铁木真明知道消息不假,但是仍然故作疑惑。

"可汗,"乞失里跪在地下抱住铁木真的腿叫道,"就算我们弄错了,可汗也不妨先避一避呀!如果事后证明我们在说谎,甘愿受到任何惩罚。"

铁木真抚着乞失里的头,说道:"你们当然是不会说谎的了。对了,就算这是一个错误的消息,那我躲避一下又有何妨呢。"他停了停又继续说道,"蒙力克父亲,你看怎么样?"

"宁可信其有吧!"蒙力克悠然地说道,"况且这又和阔阔出的所见相符,你们还是快点走吧!"

"我们走了,那你们呢?"

"我们也要避开,但是不能和你们一路。"蒙力克对铁木真说道。

"那是为什么呢?如果我们合起来势力还会大一些,如果真的打起来,也可以互相帮助啊!"铁木真不解地说道。

"不。"蒙力克摇了摇头说,"我们必须要避免作战。仅仅千名士兵怎么能够抵挡得了呢?我们要分为两股进行撤退,那将会困惑住追兵,使他们能够分散、阻断,甚至是不敢再继续逼近。"

"好吧!"铁木真说道,"我带护卫们北向卯温都儿山,你们可奔向西北方向,绕来阿勒赤营地会合。蒙力克父亲,我会赔还你的牲畜和财产,还会另外给你找一块好的牧地。"

随后,蒙力克亲自去召集部众,整装待发。而铁木真也立刻召集部下,命令他们抛掉粗笨的东西,轻骑撤退。他们沿着卯温都儿山后行进,让哲别在后面巡哨,一直走到第二天太阳偏西的时候,来到了哈阑真沙陀,在这里驻军休息。

铁木真的人正在草场上放马,突然发现沿着卯温都儿山前,有大队骑兵奔来,但见尘土飞扬,遮天蔽日。于是,赶紧报告铁木真:"王罕的军队追来了!"

铁木真立即上马指挥战斗,他刚摆好阵形,王罕的马队已经冲到了阵前。好险!如果不是及早发现敌人骑兵踏起的尘土,真的就要措手不及了。王罕与铁木真的两军迅速对阵摆开。很显然,铁木真的军队远远不如王罕的军队人数多。

王罕的第一梯队冲上来了,铁木真这边的术赤台和畏答儿领队冲出迎击,很快打败了王罕的第一梯队。随后,王罕的第二梯队杀到,术赤台率部力战,也很快打败了王罕的第二梯队。术赤台为了扩大战果,迅速乘胜追击,将冲上来的第三梯队、第四梯队也打了下去。

四个梯队的进攻都没有奏效,桑昆心中焦躁不安起来,他不等父亲王罕下令,便策马上前。不料被铁木真的箭手一箭射中了面部,桑昆翻身落马。

克烈人立刻拥上,把桑昆救回营中。经过几番激烈的交战,王罕的军队不得不退后几百丈,铁木真赢得了宝贵的喘息时间。

铁木真催军快行,到了温都尔山。铁木真登顶西望,没发现什么动静,这才稍微放心。当天晚上,他们就在山后宿营。

第二天黎明十分,铁木真的两个侄儿正在山上放马,突然发现远处敌军浩浩荡荡奔驰而来,他们慌忙报告铁木真。铁木真这时还住宿在大山的后面,根本不知道敌军已经到来。

铁木真接到报告后,连忙率军应战。这时,畏答儿勇敢地说:"兵在精而不在多,将在谋而不在勇。在危难的时候,我们应该多为主帅考虑。我认为,我们现在应该立即派出一支军队,从大山的后面绕到山的前面去,攻击敌人的背后。主帅这边率领一支部队迎面拦截住敌军,这样前后夹攻,就能取得胜利!"

铁木真觉得计策不错,就点头同意。畏答儿对铁木真说:"我愿意率领部队去攻击敌军后方!我要是在战斗中阵亡了,我有三个幼小的孩子,请求主帅给予抚恤!"

铁木真立刻坚决地说:"这个自然!上天是会保佑你的,我们应该不至于在战斗中失利。"于是,他让折里麦和畏答儿同去出战。铁木真命令术赤台带领先头部队,自己指挥后援部队,一齐到大山前面,排列成阵式,等待敌人的到来。

畏答儿等人率领的军队已经绕到大山前面,正遇上王罕的先锋首领只儿斤,他手里挥着大刀,迎面向前冲来。畏答儿也不和他答话,提刀与他交战。折里麦也率领骑兵紧紧跟上。

这时,王罕的第二批援军蜂拥而来,领军的头目名叫秃别干。只儿斤见援军到来,拨转马头,重新杀入阵地。

折里麦担心畏答儿久战力乏,连忙上前与敌将接战。秃别干也跟着杀了上来,这时畏答儿只得迎战。王罕兵势强盛,很难阻挡。畏答儿这时只是孤军奋战,心中难免恐慌,不禁刀法疏漏,秃别干乘机举枪刺来,恰巧刺中了他的马腹,坐骑疼痛难忍,快速奔回阵地。畏答儿驾驭不住,被马掀倒在地。

元太祖成吉思汗传

秃别干快马加鞭,追赶上来,用长枪来刺畏答儿,没想到前面突然冲来一员大将,把秃别干枪杆挑开,"哗啦"一声巨响,连同秃别干的一支长枪,一齐飞向了天空。那员将领救起了畏答儿,又在敌军中抢夺了一匹骏马,让畏答儿骑着。畏答儿稍作休息,又英勇地杀入敌人阵地。

这员大将就是术赤台部下的先锋,名字叫兀鲁兀。兀鲁兀力大无比,英勇非凡,他把秃别干吓退了,救出了畏答儿,接着又去追击秃别干。这时,王罕部队的第三批援军又到了,为首的将领名叫董哀。

董哀立即来截住兀鲁兀,又是一场恶战。术赤台率领军队增援,全军将士奋勇向前,终于把敌军杀退了。

在其他地方,铁木真的几员大将博尔术、博儿忽、窝阔台也奋力拼杀,这几个人都不同程度地受伤了。

铁木真看到这个情景,难过得流下泪来。这时,博儿忽跑来告诉铁木真:"刚才我往这里来的时候,看见卯温都儿山前尘土飞扬,敌人军队已经朝那个方向撤退了。"铁木真稍微平静了一下，又指挥军队向其他方向转移。

哈阑真沙陀之战是一次著名战役，这是铁木真一生中经历的最为艰苦的战斗。许多年之后，蒙古族人们仍不断地讲述战斗的情景。铁木真与草原上最为强大的霸主王罕，以及依附于王罕的许多蒙古部奋力对抗，但是敌众我寡，力量悬殊，尽管他的勇敢的将士消灭了不少敌人，但是自己的伤亡也十分惨重，铁木真不得不作战略退却，寻机再起。

后来，王罕和桑昆父子在铁木真的反击战中战败，他带着少数随从奔逃。一路上，王罕叫苦不迭。他们向西逃到乃蛮边境，来到了叫克撒合勒的涅坤水地方。

王罕口渴了，独自去找水喝，恰好遇见了乃蛮的守边将领豁里速别赤。王罕赶紧声明自己就是大名鼎鼎的克烈君主，无奈豁里速别赤不认识他，也不相信他的话，便把他捉住杀掉了。

他的儿子桑昆闻听后继续逃命，经过西夏的亦集乃城，即今天的额济纳，来到西藏地区。在那里，桑昆到处抢劫，当地居民集合起来包围了他，他又仓皇突围而出，向西逃到曲先，即今天新疆的库车。曲先的首领和居民对桑昆十分反感，就把他抓起来杀掉了。

就这样，风光一时的王罕及其克烈部被消灭了，铁木真扫除了他统一草原的最大障碍。在整个统一蒙古草原的过程中，王罕曾经屡克群雄，消灭了不少大大小小的割据一方的部落，在这个意义上来说，他还算是建立了自己的功业。

如今，王罕的基业已为铁木真所有，铁木真就此成为草原上最强大的势力。

纳忽昆山战乃蛮

现在,铁木真最后统一草原的重要战争已如箭在弦上,势在必发。这就是再向西进军,与强大的乃蛮决战。

当时的乃蛮分裂为两支,一支由不欲鲁汗统治,称"古出古惕乃蛮",另一支由不欲鲁汗之兄太阳汗统治。铁木真曾经几次与乃蛮的不欲鲁汗及其联军作战,极大地削弱了不欲鲁汗的实力。这次,铁木真的兵锋所指,正是太阳汗统治下的乃蛮部。

在乃蛮汗廷中,太阳汗和古儿别速妃一边饮酒,一边欣赏歌女的舞蹈。掌印官塔塔统阿一旁侍立。这个时候,屈出律走了进来,他走到太阳汗的身边说了些什么后,太阳汗诧异地问道:"怎么会有这样的事情呢?"

古儿别速妃问道:"是什么事情呀?这样大惊小怪。"

屈出律说:"回禀母后,一个边廷小吏抓到一个自称是克烈部王罕的人,也不知道是真是假。"

古儿别速妃说:"带来看看不就明白了嘛!"

屈出律回答:"可是,已经被当成间谍处死了。"

古儿别速妃对太阳汗申斥道:"太阳汗,你的军队是怎么治理的?一个边廷的小吏怎么可以不经请旨就随意行事呢?"

随后,屈出律轰走了舞女,并说道:"那个自称是王罕的人说,他是被蒙古人铁木真打垮了,才来投奔我们的。"

太阳汗站了起来,惊奇地说道:"王罕是赫赫有名的大可汗,怎么会被一个无名鼠辈铁木真给战败了呢?"

"父汗,难道您忘记了吗?前年我和撒卜剌黑打败王罕的那一次,就是这个铁木真迫使我们撤退的,他可不是一个无名鼠辈呀。"

古儿别速妃忽然想了起来,说道:"是啊,这件事曾经听撒卜剌黑和屈出律太子说过,不过,前些天那个札合敢不来归顺的时候,不是还说铁木真已经溃不成军了吗?"

屈出律说:"现在还是说说那个王罕吧。"

古儿别速妃说:"这还不好办吗?让他们把脑袋割下送来,让他弟弟认一认不就全清楚了吗?"

"这倒是一个好主意。"太阳汗立即下令道,"塔塔统阿,你替寡人写一道旨意,用上印。派人送到边廷去,让那个小吏把那个自称为王罕的人的头颅割下来,给我看看。"塔塔统阿领旨后便走了。

这天,太阳汗、古儿别速妃和屈出律太子临朝。在丹墀上置了一个小桌,小桌上的木笼里则装着王罕的头颅。

札木合、忽察儿、阿勒坛、答亦儿兀孙、札合敢不辨认着王罕的头颅。札合敢不突然扑通一声跪下哭道:"哥哥!"

太阳汗问:"札合敢不,你认没认错呀?他是王罕吗?"

札木合等一齐说道:"他的确是王罕。"

札合敢不跪爬几步:"太阳汗,我哥哥一定是走投无路才来乃蛮部寻求保护的,虽然乃蛮部与克烈部在过去有过争端,但是,毕竟同是耶稣的信徒,也曾是和睦相处多年的邻邦,想不到现在我的哥哥死得却是这样的惨。"

此时，太阳汗十分生气："撒卜刺黑，都是你治军不严，这样一个久负盛名的邻邦君主，怎么能够随意杀掉呢？"

古儿别速妃说道："请神甫来给他举行一次隆重的葬礼吧！"

太阳汗坐下了："也只好如此了。札合敢不，你起来吧，我要让自己的文臣武将以臣子之礼，让儿子、儿媳以家人之礼祭奠你的哥哥，用国王的葬礼来对待王罕，你就不要再伤心了。"

札合敢不说道："太阳汗，我哥哥一定是同他的儿子桑昆一起来的，求大汗派人去寻找并收留他吧！"

"好的，这件事情就由你来办吧！"太阳汗说道。

此时的桑昆和十几个随从正立马山头，桑昆说："现在，我们什么吃的也没有了，为了活下去，我们只好去抢了。女人们都留在山上，男人们都跟我去抢。吃的用的都要抢，人都要杀掉。"桑昆发布了抢劫、杀人的命令。

元太祖成吉思汗传

这时，马夫的妻子说："抢东西已经是犯罪了，还要杀人？那样做了，主还会宽恕我们吗？"

桑昆呵斥说："你一个马夫的老婆懂什么？！如果留下活口，乃蛮的士兵就会来追踪我们，到那时，我们就一个也活不了了。"

随后，他把刀一挥命令道："跟我来！"十几匹马像旋风一样地冲下山去。

经过了一场杀人抢掠后，桑昆一伙已经是筋疲力尽了。黑夜降临时，他们围着两堆篝火在烧烤羊肉，边吃边喝，一个个狼吞虎咽。

这时，马夫捅了捅身边的妻子，两个人走开了。到了离开火堆远一点的地方，马夫对妻子说道："我不想再给盗马贼喂马了，咱们去投奔太阳汗吧，我们只要抓住桑昆，把他献给太阳汗就行了。"

"可是，桑昆是你的主人啊！"马夫的妻子害怕地说道。

"可他也是个邪恶的人啊！"马夫见妻子还在规劝他，于是，便让妻子待在原地，自己则提着刀向桑昆的火堆走了过去，准备除掉他。

青年征战

当马夫走到了桑昆身后,刚要动手时,桑昆转过身来,说道:"你怎么不吃了?多吃点儿,明天我们还要赶路呢,给你。"

桑昆把一块肉塞给马夫,并拉他坐了下来,然后对大家说:"我想过了,我们不当盗马贼了。既然太阳汗不肯收留我们,那我们可以往南走,那边的长城脚下有个汪古部,也是基督的信徒,啊——"话还没有说完,就听见他一声惨叫。原来,马夫的刀已经捅进了他的肋骨中。

这时,众人立刻跳了起来,拉开刀,互相对峙着。就在这一刹那,远处马夫的妻子大声喊道:"乃蛮人来了,乃蛮人来了。"

声音未落,只见百十名乃蛮骑兵已经将他们重重包围了起来。在一阵的砍杀之后,十几个克烈人全都倒在了地上。

这一天,乃蛮部太阳汗的汗廷变成了灵堂。只见王罕镶了银子的头放在了太阳汗的宝座上,牧师还在抑扬顿挫地为王罕念着悼词。随后,太阳汗、古儿别速妃、屈出律、太子妃及札合敢不等群臣依次一边画着十字一边从宝座旁边绕过。

当群臣走出了汗廷后,忽察儿对札合敢不说道:"札合敢不,你哥哥在死后能够有如此荣耀,他也可以瞑目了,你就不要过分悲伤了。"

这时,札木合则对忽察儿小声地说道:"看到太阳汗的这套把戏,我简直就想笑。"忽察儿不明其意,便怔怔地看着札木合。

其实,在汗廷内也是不平静的。屈出律对坐在椅子上的太阳汗说:"父汗,把这老东西的头放在您的宝座上,还进行这么隆重的祭奠,真的有这个必要吗?"

"你懂什么?!我这是在给活着的满朝文武看,让他们知道我是一个仁慈的国君,只有我才是我主耶稣在这个世界上最垂青的儿子。"

"也许有人会认为你只是个糊涂的国君。"屈出律生气地说完后便走了出去。

太阳汗气极了,也不知说什么好,他气得跌坐在了椅子上,对着王罕的头发着脾气。忽然他惊呆了,他揉了揉眼睛,却看见王罕的眼睛笑眯眯地正在看着他。他顿时觉得毛骨悚然,一边画着十字一边对阶下大喊:"快来人啊,把王罕的头从宝座上拿下去,赶快把他扔掉。"

侍卫们赶紧跑了进来,把王罕的头拿了下去扔掉了。札合敢不回到了自己的帐篷后,颓然地跪倒:"哥哥,你死后都得不到安宁啊。"他捶着地号啕大哭,然后抹了一把眼泪,"我要杀了太阳汗!我要为我的哥哥报仇!"

札木合捂住札合敢不的嘴:"札合敢不,咬人的狗是不叫的。"

札合敢不抓住札木合的手,答亦儿兀孙的手搭在他们的手上。接着是忽察儿和阿勒坛,几只大手握在了一起。他们的眼睛布满了血丝,阴森而可怕。

在太阳汗的后宫中,古儿别速妃正在给太阳汗摩挲着前胸后背:"一定是你又累又气,眼睛花了,死人的头怎么会笑呢?"

这时,侍卫走进来报告,说道:"撒卜剌黑将军进见。"

还没有等太阳汗发话,撒卜剌黑已经怒气冲冲地走了进来。只见他气呼呼地说道:"王罕已经死了,你还派人把他的脑袋割来进行辨认,这合乎礼仪吗?"

元太祖成吉思汗传

"我用隆重的葬仪,用银子镶了他的头骨,难道这还不是最最崇高的礼仪吗?你难道没有看见他的弟弟札合敢不,都对我感激涕零了吗?"太阳汗说道。

撒卜剌黑又顶撞道:"可是葬仪刚刚结束,你就把王罕的头给扔了,你那种所谓的仁爱之心,早已经被这种暴行给冲刷得荡然无存了。"

"够了!"太阳汗不耐烦地打断了撒卜剌黑的话,又说,"我就不喜欢乱世,感谢主,给了我们安宁和平的生活,让乃蛮汗国一向太平无事。"

撒卜剌黑觉得他不可理喻:"太平无事,那么王罕还会掉脑袋吗?"

太阳汗轻蔑地说:"这有什么可奇怪的?东方有那么一些为数不多的蒙古人,用弓箭把老迈昏聩的王罕吓跑了,死在我们边将的手里,你说的不就是这件事吗?"

撒卜剌黑还要争辩,太阳汗抢着说:"铁木真算什么东西,莫非他也想做草原上的太阳?你看着,我现在就去把那个让你发抖的铁木真抓来。我马上就派使者去汪古部,去邀请那些与我们同一信仰的人们,共同发兵,把野蛮的蒙古人都给杀光。"

撒卜剌黑简直是哭笑不得:"太阳汗你是在开玩笑吗?战争是关系到国家兴亡的大事,怎么可以当作儿戏一般,你这样草率地行事,真是无与伦比的糊涂啊!"

太阳汗生气地说道:"你是怎么跟你的君主说话呢?你刚才还说我未经战阵,现在又说我不宜用兵,真是语无伦次。撒卜剌黑你看着,上帝做证,我就要做一个有作为的乱世之君了。"

这时,古儿别速妃站起来对太阳汗说道:"你们除了打呀、杀呀,难道就没有别的话可以说了吗?太阳汗,陪我去看看裁缝给我做的新衣裳吧。"

于是,二人便走了出去,把撒卜剌黑丢在了那里。撒卜剌黑愤愤地说着:"先可汗,你死的时候为什么不把这个女人也带走啊?留下她嫁给你这个昏庸的儿子,乃蛮离亡国的日子不远了。"

走下汗廷的古儿别速妃对太阳汗说把撒卜剌黑给杀了算了。可是,太阳汗觉得时机还不成熟,终究有一天会让撒卜剌黑永远地闭上嘴。

为了寻找盟友,太阳汗派脱儿必塔失为使者到长城附近的汪古部去,邀请他们共同夹击铁木真。于是,正在围猎的铁木真在围猎现场得到乃蛮要来进犯的报告。

当时,在围猎刚刚开始的那天,铁木真集会宴饮。酒过三巡,兴致骤起,铁木真对各位英雄说:"从今以后,谁也不许过量饮酒,希望大家认真遵守这项命令!"

这时候,他的小弟弟铁木格进来说:"汗兄,请示围猎的日程,我好下达命令。"原来他们正在围猎。

铁木真点头,对各位说:"诸位,请把饮酒的豪爽派头拿出来,到猎场上见，看谁的弓马技术占鳌头！定在下月15日吧。"

围猎的地方名叫铁篾延客额儿，因为这里有两座高峰，耸立在长长的山脊上，酷似两座驼峰。山下的原野长满榆树和灌木丛，野兽很多。为了训练军兵、将士的骑射，铁木真组织了这场围猎。合围的时间定在第二十一天。

铁木真把队伍按十户、百户组织起来，包围了方圆数百里的地方，把各种野兽赶往这一原野。十户、百户长们各执红、绿、黄、蓝、白色旗帜。

绿旗摇动，军队前进；红旗招展，士兵休息；黄旗风摆，大家吃饭；白旗耸立，下马宿营；见到蓝旗，合围射猎。

围猎从1204年2月15日开始，蒙古军士备好干粮、水袋，各队在七日之内到达指定地点，从四面八方紧围，追逐野兽，赶往铁篾延客额儿。

七日之中，他们见绿旗则进，见红旗则息，见黄旗则饮，见白旗则宿，最后把野兽全部赶拢在骆驼原野。

夜晚，他们点燃篝火，轮流站岗，防止野兽脱围。白天，他们敲响锣鼓，谨防野兽逃跑。

到了第三个七日，他们合围于秃勒勤扯兀惕惕地方，开始最后的猎杀战斗。

蓝旗招展，铁木真带头纵马驰入猎场。猎场灌木丛生，一些地方，马不能进去。铁木真令军士弃马轻装，手执弓箭，奋勇而进。

有一天，纳牙阿领着以汪古部首领之子不颜昔班为首的使团，赶着五百匹马和一千只羊，用车拉着六坛酒，押解着被捆绑的太阳汗的使者走向了铁木真的大帐。

此时，正在摔跤的拖雷、博儿忽和在一旁加油的窝阔台、脱虎见到这一景象都停了下来。随后，纳牙阿带着汪古部的使臣，押着太阳汗的使者进了铁木真的大帐中。太阳汗的使者说道："乃蛮的太阳汗说，为了宇宙的明亮，天空中有日有月。但天无二日，民无二主，我们去把蒙古人手中的弓箭夺来……"

这个时候，窝阔台问赶羊人："你们是从哪里来的？"

"汪古部。"赶羊人说道。

"汪古部在哪儿呢？"脱虎还没有听说过有这么个部落，于是好奇地问道。

别勒古台在他们身后接过话说："它是在乃蛮部的东南。"

赶羊人说："对。我们汪古部世世代代为大金国镇守北部边疆。"

这时，纳牙阿送出了使团，并且押走了太阳汗的使者。紧接着，有个那可儿敲起了云板，这是要进行大佬议事了。

随后，铁木真与众将领们在大帐中进行议事。这时，铁木真庄重地说道："乃蛮部的太阳汗，已经派使者去联络汪古部要来讨伐我们了，汪古部认为我铁木真是大金国的官员……"

听到这里，速不台和别勒古台突然愣住了，说道："什么？可汗是大金国的官员？"

铁木真笑了笑，说道："你们怎么忘记了，八年前金国丞相完颜襄封我为札兀惕忽里，统帅诸部的首领嘛。"

速不台和别勒古台恍然大悟："对，的确是有这么一回事呀。"

铁木真又说："汪古部的首领认为我和他是同朝为官，所以扣押了乃蛮部的使者，并且还派他的儿子把军情告诉了我们，让我们做好防范措施。"

博儿忽说："上一次，在乃蛮人追杀王罕的时候我们较量过了，他们的脖子并不比克烈人、塔塔儿人、蔑儿乞人的更硬。"

铁木真说道："你可不能不在意呀，太阳汗可是说了，要夺你们的箭筒，废掉我的名号呢。"

蒙力克说："可汗，现在正是青黄不接、水草缺乏的时候，战马太消瘦了。要打，最好也要等到秋高马肥的时候吧。"

察合台不同意蒙力克的看法："马瘦是个什么理由呢？如果太阳汗现在来攻打我们了，难道我们会因为马瘦就不去应战了吗？"

豁儿赤说道:"打仗可不像说话那么容易,乃蛮是个地大人多的强国,我们可不能贸然行事啊。"随后,诸将们你看看我,我看看你,大帐中出现了短暂的平静。

这时,别勒古台忽然说道:"一个蒙古勇士,如果被敌人取走了箭筒,那就是无可忍受的奇耻大辱,如果是那样的话,那活着还不如死了算了。太阳汗既然说出了这样的话,那就是不能够饶恕的。那么,我们就去夺了他的箭筒,废了他的名号,抓住那个先嫁给父亲后又嫁给儿子,却从不帮助丈夫做好事的乃蛮国后,给我们挤马奶。如果不去这样做,我们就不是真正的草原英雄!"

众人情绪再次被激发了起来,都在拍手称赞。

别勒古台增强了信心,继续说:"我们同乃蛮人交过手了,无论是开始的攻坚,还是后来我们从乃蛮人手里救出王罕的野战,都表明了他们人虽然比我们多,却都是些无能之辈。"

元太祖成吉思汗传

木华黎也赞成地说道:"别勒古台说得对,上次我们同他们交手时,那些乃蛮人在遇到了强于自己的敌人时,就像兔子一样往山上跑去。"

"太阳汗说出了那种狂言,我们是不能够忍受的。"年少英俊的博儿忽也坚决主战。

这时,铁木真站了起来,坚定地说:"有你们这些英勇无畏的将士们,还愁打不了胜仗吗?马上停止围猎,准备与乃蛮进行决战。"

会后,铁木真首先对军队进行了整编,并且还宣布了一系列札撒军令。将士们列队于山下,铁木真骑在马上巡视了一遍后,宣布道:"蒙古勇士们,我就要带领你们去夺取乃蛮人的弓矢箭筒啦!"

全军振奋高呼起来:"铁木真汗!铁木真汗!"

铁木真继续说:"可我得先告诉你们,这一仗不是好打的。从呼伦贝尔草原到阿尔泰山行程五六千里,我们要靠一路游牧和狩猎解决全军的给养,并且还要走上一百多天呢!你们要有信心,并且坚定自己的意志呀。"

铁木真听到了小声地议论声后，又说道："大家不要担心，我们是不会走失的，因为我们有位好向导。"

随后，铁木真指着汪古部使者说："这位就是汪古部的使者，汪古部首领的儿子不颜昔班，由他做向导，我们一定不会迷路的。"

在一阵议论声后，铁木真又宣布了整编的命令："过去的战争每次都是从防御开始的，所以古列延的阵势起过很好的作用。现在我们是主动出击，再也不需要把车辆围成圈圈了。为了适应数万人马长途奔袭的需要，我要把全军将士重新进行编队，并且还要打破家族和部落的界限，十户选一十户长，百户选一百户长，千户选一千户长。今后，无论是游牧、狩猎，还是作战全由他们进行指挥。此外，在各级那颜的子弟中还要选出勇士一万人做中军护卫，令阿儿孩合萨尔进行统辖，战斗时做先锋，平日做散班。整编之后，4月16日，我们要用乃蛮使者的人头祭旗出征！"

那是在1204年4月16日，铁木真整军举行了祭旗仪式。这一天，草原上站满了数万骑士。各位将领身着盔甲，手持利剑，领军立于蓝色旗下。

铁木真头戴金盔，身着银甲，登上帅台。立时万军躁动，"铁木真！铁木真！"的呼喊声响彻草原。有人早已备好马血，把碗盏呈上。

铁木真接过碗盏，仰望苍天，下祷厚土，说道：

苍天护佑，地母垂顾！军旗所到，顽敌荡灭！乃蛮的太阳汗口出狂言，要夺我弓箭。在此之前，我们先去收缴他的箭袋，夺取他的人民，占领他的土地！我们的骑士，所向披靡，战无不胜！我现在命令，军队出发，前进！

随着铁木真的一声令下，人喊马嘶，整个草原一片沸腾，军旗在风中招展，纷乱、沉重的马蹄踏上通往阿尔泰山方向的道路，扬起高高的灰尘，霎时间遮住了蓝天上的太阳。

青年征战

铁木真率领数万人马，远征位于阿尔泰山的乃蛮部。他们一路上进行游牧、狩猎，等到达乃蛮边界时，已经是当年的初秋了。

克烈部灭亡后，铁木真统一蒙古草原要做的最后一件事，便是消灭那个收容了铁木真一切敌人的西方大国乃蛮部了，太阳汗的挑衅，正好也为铁木真出兵提供了合适的理由。

太阳汗的军队正在翻越阿尔泰山。当他坐在马上时，看着自己兵强马壮的军队和那么多优秀的将领，他感到十分得意。

这时，太阳汗笑着鼓动着士兵，说道："我本来想带你们去呼伦贝尔草原，把蒙古人的弓箭筒给夺过来。现在，我要感谢上帝，铁木真已经等不及了，他自己送上门来啦！"

战士们听到太阳汗这么一说，都哄笑起来。这时，撒卜剌黑说了一声："还是先保护自己吧！"太阳汗听见了他的话后，干咳了两声便催马走了，众将随后跟上。

札木合对阿勒坛无可奈何地说道："得准备下一步去投奔谁了。"阿勒坛不解其意。

札木合又说："这老东西的脑袋就快要像王罕的一样了，也快掉了，只是应该没有人给他的头颅镶银子吧。"

阿勒坛生气地说道："札木合，你怎么净唱丧歌呢。太阳汗兵强马壮，要我看，应该是铁木真的死期快到了吧！"

这时，他们看见前边出现了一阵混乱，于是，便催马赶了上去。此时，人们正在围着一匹瘦马，那马的鞍子已经滑到了肚子上。太阳汗大笑着说道："你们看，这就是前哨部队抓到的蒙古人的战马，瘦得连鞍子都挂不住了。"

阿勒坛又对札木合又说："你就等着看铁木真掉脑袋吧！"

铁木真驻营于撒阿里川，此时，他正带着四弟和四杰在巡营。木华黎对铁木真进言道："可汗，我部人少，又是远道而来，这些对我们十分不利啊。"

铁木真忽然说道："晚上宿营时，让兵士们每人点上五堆篝火。"

合萨尔不解地问道："为什么要点那么多的篝火呢？"

"多设疑兵！这个办法好，整个撒阿里川全是篝火！"木华黎非常赞同铁木真的策略，"让太阳汗不知道我们到底有多少兵马。"

合萨尔恍然大悟："对啊！太阳汗没有打过仗，一见到我部人马众多，必然会惊慌失措啊。"听到这么一说，铁木真笑了。

太阳汗的中军大帐设在了哈瑞河边，这个时候，太阳汗正急匆匆地往山坡上爬，札木合、塔塔统阿和亲兵们则跟在了他的身后。到了山顶，太阳汗向远处一看，大吃一惊。

只见对面的撒阿里川里火光一片，更远处一路火把向川里移动。"啊，蒙古人营火多如星辰，已经是人山人海了，怎么还在不断增兵呢？你们快看呀！"札木合轻蔑地一笑。

太阳汗问道："札木合，你同铁木真曾是异姓兄弟，你快来说说看，他们作战究竟怎么样呢？"

"怎么说呢，你要是拿枪往他们眼睛上刺，他们会目不转睛；他们一听说要去打仗了，只知道往前冲，就像离弦的箭；他们手里的弯刀，左劈右砍，运用自如；当号令一发出时，人人唱着歌就冲了上来，他们把杀敌人看成是赴宴会那样地轻松。"札木合如实地介绍着蒙古军队的情况，当然这其中也包含了一些虚张声势的架势。

太阳汗还没等听完札木合的话，就被吓得面色如土转身往回走了。当他回到了中军大帐时，夜幕已经降临。太阳汗在一纸军令上盖上印，然后交给了塔塔统阿："塔塔统阿，你把我的军令交给屈出律太子吧。"

随后，塔塔统阿匆匆地走出大帐，他来到了屈出律的大帐中，将太阳汗的那纸军令交到了屈出律的手中。当屈出律打开那纸军令看后，突然愣住了："什么？命令全军后退？这是为什么呢？"

塔塔统阿说："太阳汗说蒙古战马虽瘦，可是营火多如繁星，其军队人数必然有很多，还听说蒙古人十分地刚硬，即使伤到他们也不会退缩。所以，我们不如先越过金山，整顿好兵马，且战且走，诱敌深入，瞅准了机会，再进行突然地反击，这样必定能够取得胜利。"

屈出律听完塔塔统阿的话后，气愤地将纸撕碎了："在我领着将军们正在谋划怎样分配蒙古俘虏的时候，太阳汗却害怕了。各位，请不要见怪，我的这位父汗从小生长在深宫，没有到过放牛犊的牧场，没有亲临过战场。"

众将领点了点头。

屈出律对塔塔统阿说："塔塔统阿，你替父汗看好玉玺就是了。告诉他，刚发现敌兵就要撤退，纯粹是妇人之见！"

塔塔统阿立刻回到了太阳汗的大帐，并且如实汇报了屈出律的反应。

太阳汗生气地问塔塔统阿："什么？他竟然说我是妇人之见？"太阳汗被气得火冒三丈，他来回地踱着步。

随后，他为了找回面子说道："这么勇敢的屈出律，愿我主耶稣保佑他，希望他能在双方交战的时候也不失其勇就好了。"并且还对大家说，"你们看着好了，他不听我的话，必定要吃大亏的。你们都回去看好自己的防地，明天铁木真就会杀过来了。"

札木合等人走出去后，太阳汗对塔塔统阿说："塔塔统阿，带上玉玺，我们这就回汗廷去。"

太阳汗和塔塔统阿刚刚走出大帐，就看到撒卜剌黑怒气冲冲地站在那里。太阳汗愣住了，只见撒卜剌黑指着他的鼻子呵斥道："太阳汗，你怎么能够离开呢？过去，你父亲打仗的时候，从来没让敌人看见男儿的脊背、战马的后胯啊。现在的你正是年富力强的时候，可是，怎么还没有交手就被吓破了胆呢，早知道是这样还不如让古儿别速妃来统帅军队呢！"

太阳汗听到撒卜剌黑这样说着自己，恼羞成怒地说道："撒卜剌黑，你不要以为你是先君的老臣就可以这么放肆，男儿终有一死，你敢说这样的话，我也不怕拼个一死。"

说完后，太阳汗转过身走回了大帐中。

元太祖成吉思汗传

这时，撒卜刺黑对自己的亲兵说道："都给我把大帐围住了，好好地给我保护着太阳汗！"

随后，太阳汗下令全军渡过鄂尔浑河，列阵于纳忽崖前。乃蛮部与铁木真展开了一场决定各自命运的大战——纳忽崖之战。

铁木真立马于秃黑军旗下，鞭梢一指，四名勇士率军直扑乃蛮阵地，乃蛮人看到大军前来纷纷向后退去。

这时，太阳汗身边的札木合叹了一声说道："铁木真的指挥真是越来越精明了。"

太阳汗不明白札木合在说些什么，紧张地问道："你这是什么意思呢？"

札木合说："你看他的军队，既像大海一样摆成了包围的阵势从四面八方逼过来，又像凿子劈木头一样长驱直入直逼中军。"

太阳汗面带惊慌地指着，问道："那几个一路杀来的人，是什么人呢？"

札木合说："他们是哲别、速不台、忽必来和者勒蔑，都是铁木真的虎将。"

"快！"太阳汗害怕地对部下说，"我们还是离这些不信天主的下等人远一些吧！"随后，太阳汗在侍卫们的簇拥下退到了山坡之上。而在对面阵地上的铁木真，鞭梢又一指，术赤台则率领部队摆开了圆阵。

山坡上的太阳汗有些惊慌地问道："那是什么人呢？他又要干什么呢？"

札木合说："从旗色上看是术赤台，他率领的都是驱赶拿抢的好汉，抢劫血腥之财的人。"听到这些，太阳汗决定再换个地方。

札木合突然叫道："铁木真要自任先锋了，就是那个使苏鲁锭长枪的那个人！"

"他怎么会冲杀在最前面呢？"太阳汗有些不解地问道。

札木合回答说："他浑身上下都是生铜铸成的，用铁椎刺他都找不到缝隙。"此时，太阳汗捂住了眼睛，对此他感到有些害怕。

随后,太阳汗喊道:"快去告诉屈出律太子,要他一定要顶住啊!"传令兵飞马奔了出去。

太阳汗见到铁木真的将领们是如此的勇猛、善战,由于感到害怕,一伙人便逃之夭夭了。

这时,札木合诡谲地一笑,说道:"跑吧,我也该去别的地方躲一躲了。"说完之后,他便领着自己的亲兵从另一条路下了山。

而此时的山下,正进行着一场惨烈的杀戮。撒卜剌黑同自己的亲兵还在拼死抵抗着,只见他杀死了一个个接近他的蒙古人。

后来,由于筋疲力尽了,撒卜剌黑被三个蒙古人围住了。但他仍然靠着自己的意志在战斗着,一次次地受伤,倒下,再起来再战。当六把刀同时刺进他的身体时,撒卜剌黑却立尸不倒。

此时的乃蛮军已经全线溃败了,蒙古人还在进行着全面的追击。在纳忽崖下,出现了一片死尸。这时,铁木真与四弟、四杰,以及不颜昔班走了过来。铁木真吩咐道:"不颜昔班,你来确认一下,这些都是什么人呢?"

不颜昔班走上前去查看了一番,说道:"这位是乃蛮部的老将军撒卜剌黑,而这些很像是宫廷侍卫。啊!这个是太阳汗!"听到不颜昔班这么一说,铁木真等人急忙走上前去。

木华黎说:"奇怪,太阳汗的身上怎么没有伤呢?"

铁木真说:"我让哲别给他腿上钉了个钉子。"

这时,博尔术翻过太阳汗的腿,说:"是射在腿弯上了,可是,这也不至于死啊!"

赤老温将耳朵又贴在太阳汗的胸口听了听,还用脚踢了踢确认太阳汗已经死了。

博儿忽忽然说道:"他是被吓死的吧?"

众人一愣,继而则是一阵大笑,这时从死尸的下边爬出来一个人。汪古部使者立即认出了他,他就是塔塔统阿。

众人欲上前,塔塔统阿则护住了怀里的玉玺,说道:"不要抢我的玉玺，这是太阳汗的！"

铁木真笑了笑，说道："你的太阳汗早就已经变成了僵尸，你还抱着他的玉玺干什么呢？"

众人也都被铁木真的话给逗笑了。塔塔统阿听到铁木真这样一说，一屁股就坐了下来，随后便大哭了起来。

这时，忽必来快马跑了过来，说道："可汗，屈出律太子、札木合、札合敢不、忽察儿、阿勒坛、桑昆和脱黑脱阿父子的尸体都还没有找到。"

铁木真说："难道是跑了吗？哲别、纳牙阿和术赤台给我分头去追！"

当忽必来应声要走时，铁木真却叫住了他，并且对他说道："告诉哲别他们，如果遇上了札木合，就放他一条生路吧。"

此时，众人却感到十分地惊诧，他们不明白铁木真为什么会这样做。铁木真说道："札木合已经走投无路了，他的罪恶就让长生天去惩罚他吧！"

随后，铁木真在塔塔统阿的陪同下来到了太阳汗的汗廷。铁木真手中摆弄着太阳汗的玉玺，又看了看坐在一边的塔塔统阿。

这时，四养子和四子前来进见。铁木真站了起来，对八个子弟说道："你们都听着，从现在起，你们就不要领兵打仗了。你们八个人现在头等要紧的事，就是要跟这位有学问的老师学畏兀儿文字，还不快拜老师！"

博儿忽说："可是屈出律、忽察儿还有脱黑脱阿父子，他们都还没有抓到呢。"铁木真又严厉地说道不用管了。术赤感到诧异，其余的人已经跪下叩头，他却张大了嘴："可是，学那个到底有什么用呢？"

铁木真喝道："跪下！"术赤不情愿地跪下了。

随后，铁木真在木华黎和那可儿的陪同下走进了太阳汗的后宫。

正在安顿被俘宫人的者勒蔑迎上来说："可汗，太阳汗的古儿别速妃被俘了，她再三请求可汗纳她为妃。"

当铁木真看到古儿别速妃时,对她的年轻美貌和高雅气质感到意外。可是,铁木真并没有当即答应要纳她为妃的事情,要古儿别速妃以后再说。然后,便叫者勒蔑带她下去了。

古儿别速妃走了后,铁木真又问道:"答亦儿兀孙找到了没有?"

木华黎说:"已经和脱黑脱阿父子一同逃往西夏了。"

"那答亦儿兀孙的女儿呢?"铁木真问道。

者勒蔑说:"当然是跟着她的父亲一起跑了。"铁木真说不能让他们跑了,木华黎告诉铁木真纳牙阿已经追赶去了。

此时,乃蛮部与铁木真进行的纳忽崖之战已经告了一个段落,在这一场决定各自命运的大战中,铁木真取得了胜利,收获也是颇丰,同时,也使自己的实力进一步增强了。

青年征战

下令处决札木合

在乃蛮部被粉碎以后，铁木真成了北蒙古的君主，几乎统治了所有部族。剩下的一个难题是怎样处置昔日的盟友、后来背信弃义的札木合。

札木合在离开了太阳汗之后，率领着本部人马向北奔逃。当铁木真的部队赶来时，札答阑部的百姓、部民们都不愿意再跟着札木合受苦受罪了，于是，许多人便主动投到了铁木真一边。

札木合已经是众叛亲离了，他落到了一种人人驱之的处境，并且还在过着流亡的生活。后来，札木合逃到了唐努乌梁海地区的唐努乌梁山，当时身边只剩下了五个伴当。由于当时他们急于逃命，辎重和粮草都丢光了，所以只好靠射猎和抢劫来维持着基本的生活。

正当札木合过着朝不保夕的悲惨生活时，发生了一个决定他命运的悲剧事件。有一天，他们没有猎到一只猎物，也没有抢到任何东西，日落西山时，六个人躲在一片树林中一筹莫展。

当札木合躺在一条小溪边睡着时，那五个人便一刀割下了一个羊头，然后架起火来一边烤羊肉串一边吃。烟和香味把札木合熏醒了，他爬起来看见五个人正在将珍贵的盘羊烤了羊肉串大嚼着，就生气地跑了过来，对他们拳打脚踢，嘴里还狠狠地骂着。

盘羊是草原上一种珍贵的食物，札木合本来想留到关键的时候再享用，没想到这几位仆人竟敢自作主张，烤羊肉串吃了。札木合哪能不生气呢？

随后，五个人被赶到了一边，札木合便自己边烤边吃起来。五个人互相使了个眼色，离开札木合，来到小溪边，一边捧水喝一边商量。其中一个人说："就是因为札木合，我们把妻子儿女和大群牛羊都丢了，吃口羊肉串他还发这么大脾气。"

又有一个人说道："我们跟他从札答阑部跑到了克烈部，又从克烈部跑到了乃蛮部，这回又不知道要跑到什么地方去呀。我们就像羊群一样，东撞一头，西撞一头，可是到哪一天是个头儿啊！"

这时，有一个人神秘地说："我倒是有个主意。"

那人又说："我们如果把札木合给抓住了，然后送给铁木真，不但能免受流离之苦，也许还能弄个百户长、千户长做做呢。"

另一个人伸出手来，说道："就这么干！"紧接着，其他几个人也把手搭在一起同意了。

当他们悄悄地返回来后，五个人一起扑上去按倒了札木合。札木合不明白发生了什么事情，嘴里骂道："你们要干什么？看我不杀了你们！"

这时，有一个人说："那要看铁木真是不是先杀了你！"随后，他便将一块石头塞进了札木合的嘴里。

札木合还在不停地挣扎着，那几个那可儿把他紧紧地捆了起来。然后，他们来到火堆旁继续烤起羊肉串儿来。札木合在地上不停地乱蹬乱滚。这时，哲别的兵马出现了。札木合的那可儿们举着手喊道："蒙古人快来呀，我们为铁木真可汗抓住了他的仇人札木合啦！"

随后,哲别将札木合用绳子捆绑着押送到了铁木真处。札木合从小与铁木真结为安答,后来在统一蒙古诸部的斗争中,与铁木真争斗了二十多年,打了五次大仗。

今天,札木合却被自己的伙伴活捉送给铁木真。他双眼紧闭,回想起与铁木真五次交锋的情景,每次战斗都是历历在目。

铁木真为何每战必胜?是我不如他吗?他为何路越走越宽,部众越来越多?是我的想法和需求不对吗?这些问题,他自己找不出答案。

此时,在白毡大帐里,铁木真正襟危坐。札木合向他微躬身躯,请安问候,随后说:"下奴擒拿了汗主,这事安答你怎么看?身为奴仆却围擒了本主,英明的安答你看对吗?"

铁木真闻言说道:"身为奴仆怎能侵犯本汗主,这种人还能与谁为伴!"他下令斩了捉拿札木合的人。

然后铁木真对札木合说:"现在我们两人又相会了。过去做安答时你怀异心离开了我,现在我们重新做安答,忘了的事互相提醒,睡着时要及时叫起。你过去虽然离开了我,但仍然是吉庆的安答,打仗时你总是心疼我,比如与王罕作战时,你把王罕说的话告诉了我,这是你的提醒之恩;与乃蛮作战,你用言语吓坏了太阳汗,这些事我都不会忘记。"

听了铁木真的话,札木合回答说:"小时候,我与你结为安答时,情同手足,可后来轻信了外人的挑拨,让我们分离了。想起我们立下的誓言和我后来的言行,真是无颜再见安答的面。你如今不记前仇,要与我重新和好,更让我感到不安,该做朋友时,我没能做朋友。现在四方都已平定,各部落都来归附,草原大国就要建立了,汗位非你莫属,我再与你做朋友还有什么益处呢?我活着只会使你感到不安。"

草原上的英雄最终只能有一个,已经穷途末路的他即使活下去,也不会再有作为。札木合叹息了一声,继续说:"我今天兵败被俘,没有颜面与你相见。你已经收服了各个部落,皇帝的大位子已经决定了,从前我们相交很深,该做好伙伴的时候,我没有抓住时机,结成友好联盟。今天你成为大汗，还要我做什么？你如果不忍心杀我，就像皮肤上的虱子，背上的芒刺一样，反而让你不得安心！真是天数难逃，过去的洪福不会再来，不如让我自行了断吧！"

铁木真听了这些话，对札木合犹有怜意，他想即使在他们两人之间发生不睦之后，札木合也没有用下流的语言咒骂过自己。铁木真想，札木合安答虽然离去，但从未听他说要残害自己的生命。

铁木真说："我本来并不忍心杀他，他想自尽，就依从他罢了！"

铁木真随后即提出了处死札木合的理由："从前在盗取马群的时候，札木合安答你前来攻打，我们交战于荒野，你把我逼入狭地。这个事你不会忘记吧？现在我想友好，你不答应，即使想保全你的性命也没有办法了。现在就依照你的话，叫你不流血而死，不把你的尸体抛弃，以礼埋葬！"

于是，铁木真下令按处置贵族的方式，赐札木合不流血死。采取这样的死刑，是因为蒙古人认为灵魂居于血液之中，不流血就保住了灵魂。

这也是按古代土耳其、蒙古萨满教的信仰，杀死有罪的尊贵人物的惯例进行。

札木合当天就自杀了。这位曾与成吉思汗分庭抗礼的首领，这曾一度使成吉思汗前途难卜、命运多舛的人物，被厚葬到了一个高地。根据阿尔泰山地区萨满教徒的说法，札木合的灵魂将从那里永远地保佑他的战胜者的后裔。

辽阔的蒙古草原绝大部分都已处在铁木真的统治之下了，到这时，铁木真才有了他自己的独立的可汗地位，他顺应统一的大势，艰苦创业，克敌制胜，终于取得了成功，下一步便是创建国家。并凭借新的政权，扫平草原上尚未降服的势力，再驱赶他的铁骑去征服更加广大无边的土地，以成就他的伟业。

成就伟业

　　成吉思汗看着也遂，问道："也遂，你说我能够打赢吗？如果打败了，那我这大半生的功业也就全完了。"也遂妃用坚定的目光看了看成吉思汗后，肯定地说："你一定能够打赢！"

　　成吉思汗盯住也遂说："可是，你知道吗，金国建立有一百多年了，人口比我们多四十多倍，军队多十倍，他们不仅是繁荣富庶之地，而且是兵强马壮啊。"

　　也遂听了成吉思汗的话后，笑了笑说道："他都一百多岁了，那也太老了。我们可是刚刚建立自己的汗国，草原不是有句谚语说，'先长出的耳朵，不如后长出的犄角'，何况现在金国又有庸碌无为、昏聩无比的皇帝呢？"

　　成吉思汗对也遂的说法感到吃惊，但是，随后便舒心地笑了。

　　成吉思汗又对也遂说道："这毕竟是要冒着很大风险的大事啊！"

继承汗位封赏功臣

1205年,铁木真三十三岁。这年冬天,铁木真领军返回斡难河老营。在返回营帐的第二天,铁木真召集部落首领到斡难河参加大会,竖起了历史很古老的九足白徽的旗帜,蒙古族俗称这种旗帜为察干苏勒德,象征王权和军威,旗帜在草原大风中飘扬。

在军帐的正中坐着八面威风的铁木真,他的两旁侍卫林立,防卫森严,各部落首领见状依次先后进帐拜见,互相庆贺战争的胜利。

铁木真站起来又坐下去,向前来祝贺的各部落首领答礼,各部落首领齐声说:"主帅不必多礼,我们都愿意真心拥戴,推举你为草原的大汗!"

铁木真对此踌躇不决,合萨尔高声说道:"我的哥哥威名远播,功德超人,怎么不能做个更大的首领?我听说中原有个皇帝,我哥哥也称皇帝,那就更好不过了!"他真是快人快语。

各部落的首领听了这句,都欢声雷动,群情振奋,齐声拥护,一齐高呼："皇帝万岁！"

阔阔出前来向铁木真说："昨夜我面见了天帝，天帝说你已到做大汗的时刻。"

阔阔出平时总是喜欢谈论人的祸福和命运，还经常预测准确，得到应验。听了他的话，铁木真遥拜苍天，然后对他说："过去，消灭克烈部时你曾传达天帝的旨令，让我当合木黑蒙古之汗，现在又出此令是为何意？"

阔阔出微闭双眼，略静片刻后，说道："上天有千万只眼，无所不知，无所不晓，令你做大蒙古之汗，已令出三次了。"

听了阔阔出的话，站在一边的几个人也都劝说："从碧绿的兴安岭到雪白的阿勒台山峰，从北方的贝加尔湖到南方雄伟的长城，都已归入您的统治下，建立毡帐百姓统一的大蒙古国是人们的愿望，现在已到了这一时刻，应该顺从天意才是。"

铁木真没有说话。好长时间后，他转脸又问阔阔出："天帝让我做蒙古国大汗，赐予我什么称号？"阔阔出沉默片刻说："赐号'成吉思'，你拥有四海，坚强有力，是名副其实的海内大汗，上天赐予你这吉祥的名字，是我们众人的幸福！"

阔阔出是个聪明人，他透过众人的脸色、眼神早已看出了大家的疑问，于是把他已经编好的一套"理由"摆了出来："天神告诉我让铁木真可汗称'成吉思汗'，并没有说明这几个字的含义。我自己理解不外乎这么几个意思，我们草原各部几乎都有可汗，其中某些力量稍强的人就妄自尊大，比如札木合等就曾称为'古儿汗'。'古儿'，普也，古儿汗即众汗之汗，'普天下的可汗'。乃蛮的可汗自称'太阳汗'，也就是说他是'全世界的可汗'。听说在西夏西南，有的人还称'达赖汗'，'达赖'意为海洋，'达赖汗'即海洋汗、大海汗、四海之内可汗。但他们既没有征服众汗，更没有统一天下、平定海内，相反却一个个先后国破身亡。我们今天征服诸部，统一漠北，这才是名副其实的古儿汗、太阳汗、达赖汗。然而这几个称号已被玷污，我们的可汗功盖宇内、威震四海，不能再因袭这些称号，因此天神赐号为'成吉思汗'。"

铁木真和诸位那颜都听得入迷了。但有些将领来自其他部落，他们不信萨满教，对阔阔出的话自然是表示怀疑。

他们同意铁木真不要因袭古儿汗、太阳汗等称号，但是对于究竟称不称"成吉思汗"的问题还有所保留。

阔阔出为了说服这些人，就不能只是借助天神的旨意。幸好阔阔出是一个知识丰富的人，他灵机一动，又想出了一大篇道理。

他说："从字面解释，我们蒙古的'成'含有坚强之意，'吉思'为众数，由此推论，成吉思汗应为众人的、强大的可汗。从另一个角度看，'成'又含有伟大、强大之意，'吉思'也可理解为'最大'，成吉思汗即伟大的可汗，或者称为大多数人强有力的皇帝。还有一种理解，'成吉思'与'腾吉思'同音，'腾吉思'即海洋之意，成吉思汗也可以说是海洋可汗、海内可汗，无论怎样理解，'成吉思汗'这个称呼也是吉利的、名副其实的。"

元太祖成吉思汗传

听到这里，铁木真突然打断了阔阔出的话，劈头问道："如此说来，这与你刚才说的古儿汗、太阳汗、达赖汗岂不是异名同义吗？"

阔阔出皱了皱眉头，稍微考虑了一会儿，然后又回答道："以上几种解释，确有异名同义的毛病，所以我并不主张那样理解，因为那些说法还不足以表示我们的可汗功盖天下、威震四海。我曾听汉族人说过，中国第一个统一天下的人自称为始皇帝，意思是说他功过三皇、德高五帝，这个称号很有气魄。我们的'成吉思汗'这个称号，则是神仙所赐，上天所命，所以用不着我们多做解释，'成吉思汗'就是天赐的可汗，就相当于汉人的天皇帝。"

阔阔出的一席话正说中了铁木真的心思，铁木真非常高兴，诸部那颜更是喝彩叫好，大家一致同意铁木真的尊号为"成吉思汗"。

然后，成吉思汗定国号为大蒙古国。从这时起，"蒙古"就成为草原各部的总名称了，一个统一的蒙古民族的共同体出现在世界的东方。

1206年8月15日，在斡难河畔举行了隆重的成立大蒙古国庆典。这一天，天气晴朗，风和日丽，草坪上筑起的成吉思汗宫帐威严壮丽。这是一顶用八根顶柱、二十四块哈那支起的大蒙古包，包顶用蓝色花边装饰，包缘闪动着金光。

一阵庆贺的锣鼓和奏乐过后，成吉思汗高举手臂，大声宣布：

仰仗上天的护佑，依靠大地母亲的垂顾，得到千万百姓的支持，我即蒙古汗位，国号命名为大蒙古国！

铁木真建国称尊是13世纪初的一件大事，无论是在中国，还是在世界历史上，公元13世纪都是一个天翻地覆的世纪，是分裂了四百余年的中国完成第四次统一的世纪，也是中国打破闭塞状态，真正走上世界历史舞台的世纪。而所有的这一切都与一个伟大的名字联系在了一起，这就是闻名中外的英雄——元太祖成吉思汗。

庆典进入第二阶段，成吉思汗封赏功臣。

第一位被封赏的是蒙力克老人。成吉思汗对他说："你是我同生共长、有福有庆、有很多功德的人。其中，王罕父子用计害我，途中是你谏阻，才使我不堕漩涡、不入焰火，此功此德，直到子子孙孙，不能忘记！今后，给你设位坐在我的上角，每年每月对你论赏，直到子孙不绝。"

成吉思汗非常感谢博尔术的忠诚。对他说："在我小的时候，失去八匹白骟马，你连向你父亲说都没有说一声，就帮助我追回了那八匹马。你是富翁的独生子，何以与我交友？完全是一片忠心！从那以后你来到我这里，在不儿罕山一起躲避蔑儿乞人的追杀。有一次我们两人出去，受到几个敌人的伏击，搏斗中突然有一支箭射中我，我昏迷过去，你立即用热水给我漱口，使我吐出了喉咙里的凝血，使我的灵魂重又回到我的身体里。在答阑捏木儿格思与塔塔儿对阵时，夜雨滂沱，你为了让我安眠，张着毡衣为我遮雨，你支着腿在雨地里站了一夜。博尔术，你的功劳说不尽,你的忠诚感泣鬼神!"

于是封博尔术为第二千户,地位在众人之上,可以九次犯罪不受惩罚,并任命他为管辖西边直到阿尔泰山地方的军事统帅——右手万户。

木华黎被封为第三千户,成思吉汗任命他为左手万户,管辖东边直到哈刺温只都山(今大兴安岭)的地方。

有一次,古温兀阿等六名随从与成吉思汗一起逃避乃蛮人的追击,成吉思汗的坐骑突然死掉,另五名随从大惊失色,只有古温兀阿将自己的马交给成吉思汗,然后徒步与追兵激战而死。

木华黎英勇善射、足智多谋,随成吉思汗共历艰险,战绩显赫,与博尔术、博儿忽、赤老温一起被称为成吉思汗的"四杰"。

成吉思汗对豁儿赤说:"自幼你便与我为伴,甘苦与共,你出过大力。很早以前你就把上天的旨意告诉我,说我将做国主。你还说,如果天意应验,你要做万户,还希望娶三十名美女为妻。现在,你从降服的百姓里,挑选30名美女吧!"

接着,成吉思汗又封豁儿赤为千户,并让他在三千名巴阿邻族人的基础上,再加上赤那思族、脱斡劣思族、帖良古惕族的百姓,共一万人,由豁儿赤做万户,辖区为沿额儿的失河的林木百姓住地。

巴阿邻人纳牙阿也因忠于故主而受到嘉奖。成吉思汗对他说:"你和父兄一起擒拿了泰赤乌人部的塔儿忽台,你说属民不可以侵犯自己的领主,就把他放掉了。你来到我这里,当时我说你是通晓爱护领主的大道理的人,可以委付大事。后来你送忽阑姑娘到我这里,并且说了真话,我又一次说你是诚实的人,可以委付大事。现在博尔术是右手万户那颜,木华黎是左手万户那颜,我任命你为中军万户那颜!"

对于兀鲁兀部首领术赤台,成吉思汗盛赞他的功劳说:"在与克烈人作战时,虽然是畏答儿首先请战,但最后成事的是你。你一连串打败了土绵土别格人、斡栾董合亦惕人和豁里失列门的一千名护卫,直取他们的中军,射伤了桑昆的脸颊,这是你最大的功劳。在我们共饮班朱尼湖水后,你做先锋进攻克烈人,蒙天地佑护,我们把克烈部的百姓征服

元太祖成吉思汗传

了，这是你的又一个功劳。你在杀伐之时，不惜牺牲，作战之时，不失阵地！"

这样，铁木真封术赤台为管辖兀鲁兀的千户那颜。同时为了酬答术赤台，成吉思汗还把自己的一个妻妾亦巴合别乞赐给他做妻子。

在每次战争中都勇敢地冲锋陷阵的"四条猛狗"，即忽必来、者勒蔑、哲别、速不台。成吉思汗对他们大加赞美："你们给我扭断了强梁的脖子，给我摔得力士屁股着地。忽必来、者勒蔑、哲别、速不台你们四人犹如我的四条猛狗，无论叫你们到哪里去，你们都会将坚石撞碎、崖子冲破、深水横断！所以在厮杀时，叫你们四狗做先锋，叫博尔术、木华黎、博儿忽、赤老温四杰随从我，叫术赤台、畏答儿带领兀鲁兀和忙忽人立于阵前，这样我就安心了。"这四个人也都成为千户那颜。

成吉思汗还深情地对者勒蔑说："你的父亲札儿赤兀台老人背着风箱，从不儿罕山下来，当时正值我在斡难河的迭里温孛勒答黑地方出生，就送了我一个貂皮的襁褓。那时你者勒蔑也在襁褓之中。以后你做了我的门户内的奴隶，建立了许多功劳。你是我的一同生长在貂襁褓里的吉庆同伴，你可以九次犯罪不罚！"

接下来，索尔汗石剌和赤老温父子二人跪了下来，等候封赏。铁木真却没有马上开口，合答安关切地注视着他们。

这时，铁木真忽然问道："你们想要什么封赏呢？"大家愣了一下，索尔汗石剌老人一时也不知该如何回答铁木真的话。

铁木真又说道："没有听懂我的话吗？你们一家帮我从塔儿忽台手里死里逃生，对我有救命之恩，想要什么，你们就说吧！"

索尔汗石剌听铁木真这么一说，便鼓足了勇气，说道："如果可汗降恩，我想做个自由自在的人。"

"啊，做答剌罕，还有呢？"

"我要蔑儿乞地、薛凉格地做我的营地。"

"嗯，还有呢？"

索尔汗石剌看了看儿子，赤老温并没有看他。他又瞟了一眼女儿，合答安偷偷伸出一个指头指着铁木真。索尔汗石剌明白了女儿的意思，说道："其他的封赏就全由可汗决定吧，我是来者不拒啊。"众人听索尔汗石剌老人这么一说，全都被逗笑了。

铁木真想了想说道："那好吧，除此之外，你的营地可以传至子子孙孙。赤老温可以带弓矢出入大帐，有事不必通报便可以找我面谈，并且你们父子同为答剌罕，犯九罪而不罚。"索尔汗石剌父子听到了铁木真的封赏后十分感动，二人伏地谢恩。

这时，铁木真忽然冷下脸来，说道："下面是关于答里台叔父的事情。"答里台后事未卜，慌忙地走了出来。

铁木真蓦地站了起来："你在我幼年的时候，就跟随泰赤乌人抛弃了我们母子，直到我单独设营你才回来。可是，在同塔塔儿人对阵时你又不听军令，受罚之后又投奔了王罕。你还记得你和忽察儿第一次回来的时候，捏坤太石伯父临终的遗言吗？你还记得蒙古人恩仇必报的古训吗？念你知道早日回头，就饶你不死，把你流放到我们看不见的地方去吧！"

答里台伏地颤抖地说道："臣知罪！臣知罪！"

这时，失吉忽秃忽忽然大声地阻止，说道："你不能这样处置答里台叔父啊！"

铁木真生气地说："有功应赏，有罪当罚，你不要再插嘴啦！"

失吉忽秃忽跨出几步，争辩道："我是您方才封的最高断事官，怎么不能插嘴呢？"

铁木真瞠目结舌，一下子竟然不知应该说些什么了。失吉忽秃忽又继续地说道："答里台虽然屡次犯错，但是每次都是自我反悔，自觉地投到可汗的帐下。处罚勇于改过的长辈怎样给晚辈的行为做规范呢？而且答里台叔父每次来投都是正当可汗危难时刻，这说明他是敌我分明的人啊，答里台叔父不仅没有罪，反而有应赏之功啊！"铁木真听到失吉忽秃忽所说的话，一下子沉默了。

这时，答里台哭着说道："不，我不求有功，但求无过呀。"

博尔术也说道："蒙古人把幼子叫作守灶之人，炉灶在，就有接续的烟火，答里台是先可汗也速该首领的幼弟，可汗怎么能够弃之不顾呢？"

木华黎说："可汗，如果您的先父还在，他一定会原谅答里台的过错的，就留下您这唯一的叔父吧。"

这个时候，诃额仑也叹道："铁木真，就让他守住你贤父的营地吧，免得断了也速该的香火。"

当铁木真再次抬起头时，他已是泪流满面了，有些伤感地说道："封答里台叔父为亲王！"说罢，急忙以手掩面。

答里台哭道："谢成吉思汗隆恩！"当合萨尔和别勒古台将他搀起后，答里台号啕不止："我后悔我的过错呀，我多想再活一回呀！你们可不要学我呀！"听到这里，许多人怆然涕下。

铁木真平静了一下心情，继续下面的事情。此时的铁木真也并没有忘记忠心耿耿地为他战斗而死的勇士们以及他们的子孙。蒙古家族视天下为家产，因此成吉思汗按照分配家产的体例，给自己的亲族分配了大量的人户。

对母亲诃额仑夫人抚育的四个养子，即失吉忽秃忽、博儿忽、曲出、阔阔出都被封为千户。

铁木真说："畏答儿在战斗中首先请战，立有功劳，应当给他的子孙们以抚孤的赏赐！"

铁木真又对察合安豁阿的儿子纳邻脱里汗勒说："你的父亲察合安豁阿忠勇作战，在答阑版朱思之战中为札木合所杀。现在以你父亲的功劳，给你以抚孤的赏赐！"

纳邻脱里汗勒说："我族捏古思人分散在各部，倘蒙恩赐，请允许我把捏古思的兄弟们收集起来。"

成吉思汗于是下令："你可以收集你的捏古思兄弟们世世管辖！"

此外，按照蒙古习俗，幼子享有优先继承遗产的权利，即俗称"幼子守灶"，这是蒙古氏族的主要特征之一。那么幼子拖雷将要继承成吉思汗直接领导的十多万军队,还将继承成吉思汗直接统治的蒙古高原中部地区。

铁木真其他年长的儿子,则分离出去,自谋生计。因此,成吉思汗生前分封诸子,拖雷留在他父母身边,继承父亲所有在斡难和怯绿连的斡儿朵、牧地及军队。

成吉思汗留下的军队共有12.9万人。其中1.1万由拖雷继承。1227年成吉思汗死后,拖雷做了监国。

成吉思汗的千户制,是一种军事、政治、经济三位一体的制度,它基本上打破了以血缘关系为纽带组成的原始氏族,变成了按地域编制的军事行政组织。

这种组织既保存了氏族部落勇于战斗的长处,又克服了旧贵族分部而治的弊病,从而完成了蒙古草原从分裂向统一、从部落联盟向真正的国家的转变。

成吉思汗分封的九十五个千户,既是为蒙古国创造物质财富的基本力量,又是进行征服战争的主要工具。

成就伟业

实行军政合一政策

成吉思汗在着手治理这个国家时,一系列的法规政策也随之产生了。千户制的建立和护卫军的扩建,是当时最有影响力的两件大事。

成吉思汗将蒙古地区划分为九十五个千户,分别由八十八名开国功臣进行统一管理。千户既是行政单位,也是军事单位,它是军政合一、兵民合一的组织形式。千户的规模大小也是不统一的,所辖户数多少也是不相等的,有些千户所辖户多达数千。

对领户内的民众,一律要用法律制度将其固定在某个地区,并且不准其进行私自变动。牧民也只能留在指定的千户、百户、十户之内,不得随便迁移到其他的单位,也不得向其他单位寻求庇护,违反了该规定的人将会被处死,收容者也同样会受到严厉的惩罚。

牧民在户长指定的牧地内进行生产劳动,平时还要定期向户长进行纳贡和服役,有战争需要时还要自带鞍马、兵器和粮食,随从领主出征,从而更好地履行兵役义务。

此外，凡是十五岁至七十岁的男子，每邻近十人就编为一队，并且推选出一人为长，也被称为十夫长。十夫长要服从百夫长，百夫长要服从千夫长，千夫长要服从万夫长的制度。

与此同时，成吉思汗还亲自扩建了护卫军，由原来的百余人扩建为了一万人。其中宿卫有一千人，箭筒士有一千人，护卫散班有八千人。这支由青年人组织起来的队伍是由成吉思汗直接管制的，同时，他们也是保卫政权的核心力量。

这些青年人大多数都是万户长、千户长和百户长的子弟，只有少部分是出身于普通的百姓家庭。当然，加入卫队也要有一些其他条件，简单地说也就是要身强力壮、长相端正和聪明老实。

由于护卫军的人数是有限的，因此，成吉思汗又对兵源做了具体的规定：护卫及所带人员的马匹均由所在千户、百户等提供；护卫军士由诸侯子弟充任；护卫军享有特权；护卫军分为十个千户，第一个千户为宿卫，第二个千户为箭筒士，第三个至第十个千户为护卫散班。

与此同时，成吉思汗还明确了护卫军的任务和纪律：日落之后，擅自通过帐幕前后者逮捕，并于翌日进行审问；在值班交接时，要出示证件，并且还要交出符牌；值班侍卫睡于帐幕周围，半夜如有闯入帐幕者，格杀勿论；任何人都不能坐在值班侍卫的身旁，也不能询问值班卫队的人数，如有私自接近侍卫者，不管是什么身份一律都要进行逮捕；带班侍卫不得离开帐幕外出；所有值班侍卫的内部事情，应与带班侍卫商量后再进行裁定。

从某种意义上来说，这支护卫军就是成吉思汗的私人护卫。负责护卫军一切日常事务的长官是斯吉·克特克，他的地位也是极为特殊的，他是成吉思汗母亲抚养的孤儿，此人的性格比较内向，也不善言谈，并且对养母和成吉思汗是一片忠心。

成吉思汗安排好军政大事之后，便着手建立和完善各种政治制度。《大札撒》是成吉思汗根据蒙古社会的实际情况制定的处理国家事务的法典。这部法典也是蒙古诸侯贯彻执行成吉思汗治国政策的准绳。

成就伟业

成吉思汗通过推行领户分封制,扶植了一大批新贵族。此后,不仅同姓诸王拥有军权,而且异姓将领也有权有势。尤其是蒙力克,他成了蒙古第一大功臣。

此外,蒙力克的第四个儿子阔阔出又假借天神之意,帮助铁木真定尊号为"成吉思汗",从而受到了成吉思汗进一步的宠幸,还得到了很多蒙古人的拥护。

但是,他们并没有满足于现状。而后,阔阔出兄弟几人与其信徒结为了一党,他们企图利用萨满教来争权夺利,并企图使宗教权与王权并驾齐驱,与成吉思汗平分秋色。于是,导致了一场极为尖锐的内部斗争。

奴隶出身的札儿赤兀台父子是此次分封的受益者之一,他们是成吉思汗的忠臣良将,也是蒙古国的支柱。

在分封之后,他们父子回到了家中,札儿赤兀台对者勒蔑和速不台说道:"我们不过是个打铁的奴隶,现在一家中就出了两个千户,犯九罪而不罚,大汗给我们的恩德实在是太重了,今后,你们一定要豁出性命来效忠大汗啊。"速不台完全赞同父亲的意见,不住地点着头。

者勒蔑说:"我一定会至死效忠大汗的,父亲,我想给大汗打一把钢火最好的刀。"

"这个主意倒是不错啊。"札儿赤兀台十分欣赏者勒蔑的提议。于是父子三人将炉火升了起来。札儿赤兀台鼓风,者勒蔑和速不台打刀。他们想用自己的一技之长表示对成吉思汗的一片忠心。

此时,与札儿赤兀台父子的情况截然相反地出现了另一种局面,那就是在蒙力克的营地中。那也是在分封之后,蒙力克一家坐在一起交谈时体现出的不同的情景。

蒙力克对妻儿们说道:"可汗给咱们家的封赏太厚重了,今后,你们兄弟七人可要尽心竭力效忠可汗哪!"

这时,通天巫阔阔出却不以为然地说道:"还是算了吧,哪里厚重呢?父亲不过是个千户,那个铁木格有什么功劳,却当上了万户王爷,还有那个蔑儿乞人生的术赤，也分了九千户百姓。"对此，通天巫阔阔出有些不满的情绪。

蒙力克生气地说："不许你胡说！"

蒙力克的妻子也出来为儿子辩解，说道："他不是在胡说，在铁木真一家倒霉的时候，是谁最后一个离开他们的？在十三翼之战的时候又是谁网开一面，让铁木真逃出了札木合的包围？是谁在他打了败仗的时候率部来投而使他东山再起的？是你呀，蒙力克！此后，是谁在铁木真每次出征的时候给他选择良辰吉日让他百战百胜的？是谁请示了长生天，让铁木真成为成吉思汗？是我的儿子通天巫阔阔出呀！由此看来，铁木真的一半江山都应该是我们的，他怎么封赏你们也是不过分的。"蒙力克听到妻子这么一说，有些沉默了。

其实，不光是蒙力克一家对成吉思汗的封赏有意见，就连他的几个儿子之间也因封户问题加深了矛盾。

有一天，成吉思汗来到了忽兰妃的斡儿朵。这时，门外突然传来了察合台的争吵声："让我进去见父汗！我有要紧的事，你赶快给我闪开！"

怯薛卫士在帐外阻拦，说道："可汗正在休息。"

察合台还是闯进了大帐中。成吉思汗冷冷地问道："什么事？"

只见察合台怒气冲冲地说道："我想问问父汗，是不是我的武功不如术赤？是不是我的功劳不如术赤？为什么您赐给术赤九千户而我却只有一千户呢？为什么这次收复林木中部落派他去，而不派我去呢？"

成吉思汗大怒，说道："你给我出去！"察合台走了出去。成吉思汗刚把刀插在毡床上，帐外的怯薛军又喊了起来："王爷，王爷，请您不要进去！"

成吉思汗刚停住了脚步，帐帘就打开了，这回进来的是鼻青脸肿、衣服破烂的合萨尔。成吉思汗看到他这一副模样，感到有些意外。

只听合萨尔气喘吁吁地说道："汗兄，通天巫阔阔出兄弟目无宗室，无故抢夺了我的猎物，还殴打了臣弟和部下随从，请汗兄给臣弟做主啊！"

原来，合萨尔在率部下外出狩猎时，恰巧与阔阔出七兄弟的狩猎队伍相遇。双方部下为争夺一只黄羊而发生了冲突，合萨尔部下被打，黄羊也被抢夺走了。

合萨尔一气之下前去争吵，没想到阔阔出兄弟根本就不把他放在眼里，由于话不投机，双方便动起手来。尽管当时未动刀枪，但是由于人数悬殊，合萨尔寡不敌众，导致他及其部下吃了大亏。合萨尔忍受不了这种侮辱，就闯入了忽兰妃的斡儿朵来向成吉思汗告状。

谁知这时的成吉思汗正在为察合台的事情发脾气，哪有心思去了解事情的真相。合萨尔的闯入无异于火上浇油。成吉思汗生气地说道："你被别人打了？你不是说过不败于任何有生命的东西吗？还要我替你做什么主？出去，你这个无能的东西，不要再来烦我。"合萨尔不知所以地后退着，感到迷茫地离开了大帐。

有一天，在一片林子里，通天巫又在装神弄鬼了，许多人跪在地上诚惶诚恐。合萨尔则躺在自己的大帐篷里生着闷气，这时，他的三个儿子、妻子还有小弟弟铁木格都围在了他的身边，他们互相议论着。

这时，铁木格发起了牢骚，说道："我们究竟算什么亲王啊，可以被一个千户官任意地凌辱。那个通天巫简直是越来越嚣张了，我和母亲名下的百姓有许多人受到了他的蛊惑，从而逃到了他的营地去了。"

合萨尔的妻子叹息着说道："汗兄信任他，我们也只得忍气吞声啦！"这时博儿忽叫着二哥走了进来。

"是博儿忽啊，你二哥正在生闷气呢！"合萨尔的妻子一边说着一边让博儿忽坐下。

博儿忽问道："二哥，你是不是已经有三四天都没有去朝见可汗了？"

"他又不用我去替他打仗，就是三年不见面，他也不会想到我的。"合萨尔有些生气地说道。博儿忽则是不断地劝慰着自己的哥哥。

那是一天凌晨，孛儿帖的大斡儿朵一片寂静。这时，帐外突然传来

成就伟业

了铁木格的哭喊声:"汗兄,我真是没有脸再见人了。"

随着哭声,铁木格和一个随从走进了大帐。只见那个随从身上驮着个马鞍子,随即二人便跪在了地上。

成吉思汗有些诧异,说道:"铁木格,你这是怎么啦?为什么哭哭啼啼的呢?"

这时,铁木格稳定了一下情绪,说道:"汗兄,通天巫阔阔出隐匿了我和母亲的许多百姓。我去跟他讨要时,他竟然把我带去的人身上备上了马鞍子,不仅罚他们在地上爬,而且还让我跪在地上,当着上万的信徒面羞辱我。"

成吉思汗还没有来得及回答,孛儿帖就流着眼泪说:"他通天巫兄弟有什么了不起的呀?蒙力克的儿子们究竟要干什么呢?他们怎么可以这样侮辱人呢?"成吉思汗听了铁木格和孛儿帖所说的话感到十分的愤怒。

孛儿帖又说道:"诸王给臣子下跪,这是哪家的规矩?这岂不是要上下颠倒、犯上作乱吗?"

铁木格坚定地说:"他污辱的不是我,而是您啊——成吉思汗。"此时,在成吉思汗的眼中,已经明显地露出了恶狠狠的杀气。

孛儿帖继续说:"如今大汗还健在,他们就任意欺辱您的弟弟们,假如以后您倒下了,他们还能让您那弱小儿子们来管理这些百姓吗?他们对您这些能征善战的兄弟们尚且都如此,如果有一天我的4个儿子掌权后,他们能让我的儿子们做主吗?您已经给了他们父子至高无上的荣耀,蒙力克为什么还要眼看着他的儿子来欺辱你的弟弟而不闻不问呢?"孛儿帖越说越气愤,泪流满面,双手还在不住地颤抖。

这时,已经被怒火团团围住的成吉思汗对铁木格说道:"你给我起来!通天巫兄弟今天会来朝见的,你记住了,你是我成吉思汗的弟弟。"

随后,成吉思汗在自己的汗廷朝见了文武群臣。只见成吉思汗居中而坐,右侧则站着合萨尔、别勒古台、铁木格,门口立着纳牙阿,气氛显得异常紧张。

过了一会儿，蒙力克率领七子走了进来，他们一起施礼："参见成吉思汗。"

成吉思汗说道："蒙力克父亲，请坐下吧，我有件事情来请大家商议一下。"于是，蒙力克便在成吉思汗的旁边坐下了。

忽然，铁木格走了出来，他抓住通天巫阔阔出："通天巫，昨天你让我服罪，今天我要跟你赛赛力气！"说完后，便揪住了通天巫的衣领。

通天巫也不是好惹的，他随即也抓住了铁木格的衣领。这时，成吉思汗瞪了他们一眼，说道："你们要干什么？年纪都不小了，怎么还是这么气盛！你们都给我出去，要比赛就到外边去比，我不愿意看见你们！"于是，铁木格便拽着通天巫阔阔出往外走。

这时，蒙力克叫了一声，说道："阔阔出。"成吉思汗则拍了拍蒙力克的手，劝他不要去理会他们。

突然，外边传来了一声惨叫，蒙力克吓得一哆嗦。成吉思汗随即问道："出了什么事？"

铁木格走了进来，说道："这个通天巫简直就是个平庸之辈，不敢跟我较量，竟然躺在地上赖着不肯起来了。"

蒙力克听到此话身体随之一震，他身边的小儿子马上跑到了门口一看，大吃一惊地喊叫起来："四哥死了！"蒙力克听到后，闭上了眼睛。随后，蒙力克的儿子们气势汹汹地逼向了铁木真的兄弟。

这时，成吉思汗站了起来，威严的目光扫向蒙力克的儿子们，说："你们都是我的兄弟，我说不服他们，也管不了你们，你们要斗就斗吧，我还是出去吧。"

只见成吉思汗从容地走出了大帐，合萨尔、别勒古台满脸杀气地按响了手上的骨节，纳牙阿将腰间佩带的一块玉石用手捻得直往下掉粉末。

蒙力克蓦地站了起来，叹息了一声，说道："孩子们，咱们走吧！"于是，他便带着六个儿子走了出去。蒙力克父子回到了自己的蒙古包后，这时的蒙力克早已经是满眼泪水了，他心有所思地坐在了毡床上。而他的几个儿子有的是气愤，有的则是沮丧。

蒙力克的妻子听说儿子死了，一边哭一边说道："你为什么不说话？你为他们一家人卖了一辈子命，现在，铁木真竟然支持自己的弟弟杀了你最心爱的儿子，你为什么就这么忍气吞声啊？"

蒙力克听到妻子的话后，狠狠地抽了她一个耳光，随即说道："你给我住口！你简直就是成事不足败事有余，要不是你无止境的贪欲，整天煽动阔阔出向铁木真的兄弟们进行寻衅滋事，他能这样白白送命吗？现在你还有脸来质问我。"

蒙力克的妻子又哭又闹："你不去跟铁木真算账，竟然还来打我？你总是向着诃额仑和她的儿子们。"蒙力克的妻子难过地哭着说。

"我简直是受够你了，你跟儿子过去吧，我不要你了，我老了，你就给我一点儿安宁吧！长生天，你怎么让我娶了这么一个小心眼的女人啊！"蒙力克大声地哭着说。

这次事件，不仅把通天巫给铲除了，那种以巫师代天立言干预部落事务的制度也结束了，并且给予那些想要争权的人以严厉的打击。从而，也进一步加强了内部政权。

成就伟业

颁布法令创立文字

成吉思汗为了加强统治,建国之初就设置了司法行政机构,以大断事官为其长官。断事官在蒙古语中被称为札鲁忽赤,其职责一是掌管民户分封,二是掌管刑罚诉讼。

大断事官就是蒙古国最大的司法行政长官,相当于中原的丞相。成吉思汗在1202年击败塔塔儿后,就曾任命他的异母弟别勒古台为断事官,任务是管理事务,审问斗殴、偷盗和欺骗的案件。现在,成吉思汗要任命管理全国的大断事官,这个职权更加重要了。

成吉思汗在一开始分封功臣的时候就说:"我的有殊勋的同伴,将予以特殊的赏赐,让博尔术、木华黎走上前来!"当时诃额仑夫人的养子失吉忽秃忽正在宫帐内,成吉思汗便命令他去召唤。

失吉忽秃忽见成吉思汗首先赏赐博尔术和木华黎,心中不服,就开口对成吉思汗说:"博尔术、木华黎等人,难道他们比我的功劳还大吗?难道我的功劳比他们还小吗?想当初我还在摇车里的时候,我就到了你的家里，如今，我的下巴已生出胡须，可我未曾有过三心二意。我从尿裤子的小孩子时候就在你的家里，如今胡须这么长了，也未曾做过什么错事。诃额仑母亲让我睡在她的脚后，就像对儿子一样抚养着我，你让我睡在你的身旁，就像对亲弟弟一样照看我。现在，你怎样赏赐我呢？"

成吉思汗听了失吉忽秃忽这样说，便下令："你失吉忽秃忽不是我的六弟吗？那我就给你像给亲弟弟一样的份子。你立下过很多的功劳，我现在奖赏你九次犯罪不责罚。承蒙长生天的佑护，如今，天下的百姓顺服，你就做我的眼睛和耳朵吧。我从所有有毡帐的定居的民众中，分些属民给你。你今后所说的话，谁也不许更改。"

接着，成吉思汗便任命失吉忽秃忽为全国最高的大断事官。成吉思汗对他说："今后，你在全国的百姓中，惩治盗贼和欺骗者，该处死的就要处死，该惩罚的就要惩罚。"

接着他又说："今后，全国的分产、办案之类的事务，都要记在青册上。凡是失吉忽秃忽和我商量过的所断的案子，要记在白纸青册上，子子孙孙永远不得更改，谁要是更改，就要严加惩办！"

从此以后，失吉忽秃忽就成了蒙古国最高司法行政长官。失吉忽秃忽断案公正，曾给予犯人很多帮助和恩惠。为了弄清事实，失吉忽秃忽曾经屡次告诉罪犯："不要因为恐惧而招认，不要害怕，一定要说实话！"

失吉忽秃忽的断案的方式方法和原则，奠定了蒙古国判决案件的基础。失吉忽秃忽后来活到了八十二岁，在成吉思汗死后的窝阔台汗统治期间，失吉忽秃忽长期担任断事官一职，管理着汉族地区的行政事务，汉族地区把他称为"胡丞相"。

为了维持刚刚建立的国家的统治，就必须制定法律。其实蒙古原来没有文字，长期以来奉行着有史以来的约孙，约孙在蒙古语里就是"道理""规矩"的意思，也就是习惯法。贵族们掌握了统治权后，他们的口头命令，就成为法律了。

成就伟业

成吉思汗的命令被称为"札撒",在蒙古语里,札撒是"法度"的意思。成吉思汗在1203年消灭了克烈部后,曾经召集大会,订立了较为完善的法令,不过从形式上来说,那时只是比较系统地宣布号令而已。

自从蒙古人开始使用文字,才有了写文章的章法。成吉思汗建国的时候,命令断事官失吉忽秃忽把决定了的事情记在青册上,可以说从那时起,写文章的章法才有了开端。至于后来的蒙古文,是经过长期的改革,才日趋完善的,并沿用到今天。蒙古文字的创制和它的使用,对蒙古族各方面的建设和发展,都具有显而易见的历史性作用。

在1219年成吉思汗西征之前,他再次召集蒙古贵族大会,这次大会规定了领导的规则、法律、命令和蒙古人古代的习惯法。他命令将这些也都写在纸上,并且将它命名为《大札撒》,然后加以颁布和实施。

每一个被封的王都领有一部《大札撒》,把它藏在金盒中,凡是在以后遇到新的大汗即位,在调动大军或召集议大事,他们就拿出《大札撒》,仿照那上面说的话行事。除此之外,成吉思汗还有许多的箴言,蒙古语称之为"公里克",公里克也是臣民们所应该遵循的各种法令。

现在,成吉思汗的《大札撒》已经失传了,但在中外史籍中仍然保留了不少有关札撒和箴言的条款,从中可以大体了解它们的内容。例如依据蒙古习惯法,札撒和箴言要求人们尊重长者,成吉思汗就说:"到长者处时,长者没有发言时,不应该先发言,长者发言以后,还应该做出适当的回答。"

札撒和箴言保护铁木真黄金家族和那颜的统治规范,规定了人们必须留在被指定的千户、百户、十户内,不允许他们转移他处。如有违反、迁移的人,都要被处死,而收容的人也都要受到严惩。札撒和箴言要求人们平时应该像牛犊一样驯顺,作战时则应该像扑向野禽的饿鹰。

成吉思汗的札撒和箴言对保护草场和牲畜、生活禁忌等方面做了种种规定,要求全体臣民必须遵照这个命令行事,永远不得违抗。他说:"如果隶属于国君的许多后裔们的权贵、勇士和异密,就是官人,如果不严格遵照法令,国事就将动摇和停顿,他们再想找成吉思汗时,就再也找不到了!"

作为法律的成吉思汗札撒和成吉思汗箴言,在蒙古国建国初期,对于巩固可汗的权力,维护统治阶级利益起到了重要的作用。后来,随着蒙古疆域的扩大,他们渐渐不适应新的需要了。但是,蒙古贵族在大的聚会时诵读大札撒这个形式,仍然被长久地保存下来。

成吉思汗统一了蒙古草原上的各个部落之后,建立了蒙古国,从而使历史上一直处于分裂混乱状态的蒙古族形成了一个民族共同体。与此同时,随之而来的便是蒙古社会经济的大发展,人们越来越觉得,没有民族文字,无论是在公文往来、传达大汗的命令、民间的文化交流方面,还是在与周边邻国的外交来往方面,都是极为不方便的。

十三翼之战时,扎木合纠集了与成吉思汗有世仇的泰赤乌等部,并且组成十三路联军,号称三万人马,浩浩荡荡地杀向成吉思汗的营地。这时,成吉思汗仓促应战,又缺乏作战的经验,与有备而来的扎木合大军进行对阵,岂有不败之理?

当时,成吉思汗看到局势十分不利,立即明智地改变了战略,避敌锋芒,主动进行撤退。与此同时,要传令侍卫向各路军队的首领传达这个撤退的命令。可是,由于蒙古没有文字,每次作战传达命令时都要用结草或者是刻木的方法来进行。

那些传令的侍卫手持刻有撤退箭头的木牌,分别交给各路军的首领,其中有一名叫兀者别的侍卫,他一时糊涂,竟然将木牌拿错了方向,倒拿着交给了成吉思汗麾下的捏儿歹族首领察合安豁阿。

这个勇敢的首领接过木牌一看,见上面的箭头是朝前的,那是向敌人进攻的信号,于是,他毫不犹豫地把手中的大刀一挥,领着人马冲向了扎木合的军队。

由于成吉思汗的其他各路兵马全部已经撤走了,只有察合安豁阿一路兵马出击,结果被扎木合包围了,大部分人马被杀死,剩下的七十余人也全都被扎木合俘虏了。

因为察合安豁阿原来是从扎木合部脱离出来后投靠成吉思汗的,现在他又被扎木合俘虏了，嗜杀成性的扎木合一怒之下，居然把察合安豁阿及其部下七十四人，残酷地放入七十四口大锅内活活地给煮死了。

扎木合为了发泄仇恨，还把察合安豁阿的头颅砍了下来，拴在马尾巴上拖着跑，其情景真是惨不忍睹啊。然而，这一切悲剧的发生，仅仅是因为那个传令侍卫把木牌给拿倒了，这是一次多么惨痛的教训呀。

虽然，成吉思汗在战事结束后斩杀了那个粗心的传令侍卫，但是痛苦的结局也已经改变不了了。与此同时，通过这件事情，成吉思汗深刻地认识到如果没有文字，那将会带来多么大的危害。

塔塔统阿也曾向成吉思汗说道："草原各部，偌大的一个蒙古族，如果没有语言，就好像是一只鸟儿没有翅膀，那它是飞不起来的，又如一头猛兽没有眼睛，这样的话猛兽该如何来捕获猎物呢？"

成吉思汗问道："文字既然是如此的重要，那你能替我们创制出蒙古文字吗？"

塔塔统阿说道："当着大汗的面，不是我夸海口，创制蒙古文字对我来说是很容易的一件事情。"

成吉思汗听了，兴奋得拍着手站起来，他走到塔塔统阿的面前，笑着说："你可真是草原上的瑰宝啊！人们通常会把金银珠宝当成宝贝，那可真是陈腐的想法呀，像你这样有才识的文人，才是国之瑰宝呀！"这天晚上，成吉思汗与塔塔统阿一直谈到了深夜，才各自回去休息。

第二天早晨，成吉思汗又让侍卫把塔塔统阿请来，想具体研究一下创制蒙古文字的事情。

塔塔统阿说道："听说西里胡笑夭儿也来了，他是乃蛮部的老臣可克薛兀撒卜剌里的儿子，他与我认识有许多年了，我可以与他一起合作，为大汗创制蒙古文字。"

成吉思汗听后更加高兴了，他立即派侍卫去把西里胡笑夭儿带来。老朋友一见面，自然是十分高兴，他们用维吾尔语在对话，使成吉思汗感觉到如同在云里雾中，急忙问道："你们都在说些什么呀？"

这时，塔塔统阿告诉成吉思汗说："我们说的是维吾尔人的语言，我们决心共同为大汗效力，一定要创制出属于蒙古自己的文字，从而来报答大汗对我们的知遇之恩。"

成吉思汗心中十分喜悦，不禁说道："我有了你们两位的帮助，比得到两件珠宝还要高兴。从此，我们蒙古人就像长了双翅的鸟儿一样，能够飞起来了。"

塔塔统阿说道："自古以来，打天下要靠兵马，要靠武将，而治理天下，则需要用文人呀！"

其实，此时的成吉思汗已经意识到了文人对于治理国家的重要性，于是，他更加器重他们，并且命令他俩创制蒙古文。

不久，两人决定用维吾尔字母拼写蒙古文，维吾尔文只有二十一个字母，根本就不够用。为了丰富蒙古文，他们便在偏旁上重新拼凑，从而形成了新的字。经过他们的不断努力，终于创制出了由维吾尔字母构成的蒙古文，这也就是人们常说的"维吾尔字书"。

此后，成吉思汗让塔塔统阿与西里胡笑夭儿担任教师，教太子、诸王学习这种文字。后来，成吉思汗又下令招来其他一些熟悉维吾尔文字的人，并让他们专门来做各级官吏的教师。由此，便形成了一个传统，从蒙古大汗到万户、千户等都要用维吾尔人来掌管文书印信。

随后，成吉思汗又正式下令，要求用这种文字来发布命令、登记户籍和编制法律等，从而，进一步加强了这种文字在各个方面的运用能力。

成就伟业

重用能工巧匠

成吉思汗对于有一技之长的人，都会巧妙地加以利用。他与木华黎是上下级的关系，木华黎对成吉思汗是十分忠心的，究其原因，那就是木华黎敬佩成吉思汗用人不疑的胸怀。

成吉思汗意识到金王朝不再是心腹之患了，便把主要的精力转移到了西方，而中原的这个广大战场便由木华黎来负责。木华黎是札剌亦儿氏人，其祖父帖列格秃伯颜在成吉思汗消灭主儿勤人之后，带着三个儿子及五个孙子前来投靠。

后来，在一次与乃蛮人的战斗中，帖列格秃伯颜的长子、木华黎之父古温兀阿在掩护成吉思汗撤退时立了大功。在以后的战争中，木华黎更加受到了成吉思汗的器重，这不仅是由于他的非凡才干，也是因为其父对成吉思汗有着救命之恩。

成吉思汗是一个非常重义气的明主，他对古温兀阿的相救之恩感念至深，对于木华黎的才干又十分地欣赏。于是，成吉思汗和木华黎之间便建立起了肝胆相照、荣辱与共的手足之情。

在跟随成吉思汗征战的日子里，木华黎也曾经多次出手相救。有一次，成吉思汗只率领数人骑行于溪谷之间，他突然问木华黎："如果我们在这里遇到了敌人，你会怎么办？"

木华黎听后，不假思索地回答道："我将用自己的身体来挡住射向大汗的箭！"成吉思汗听后十分感动。

正在这时，敌人果真从树林深处冲了出来，乱箭齐发，犹如下雨一般。此时，木华黎急忙取弓在手，瞄准追来的敌兵，连续射出了三箭，结果是三发三中，而且是箭箭都射中了敌兵的面门。这时，敌人的首领害怕地问道："请问刚才射箭的将领叫什么名字？"

元太祖成吉思汗传

木华黎不紧不慢地说道："本人名叫木华黎，谁要是不怕死，再敢上前，我定叫他有来无回，死无葬身之地。"此刻，数百敌人闻名丧胆，急急忙忙退回到了林子里去。成吉思汗兴奋地夸赞道："你已经令敌人闻风丧胆了，真是一员勇将啊！"

其实，木华黎的威名早在蒙古草原上时就已经传扬开了，他跟随着成吉思汗浴血奋战，从蒙古草原到中原战场，或者是独自率领一军，主持着全面的工作，或者是辅佐大汗运筹帷幄，都能够战则必胜，谋则有功，成为成吉思汗的得力助手。

成吉思汗在征战西方之前，就曾委托木华黎负责与金国的战争，从而来继续维护蒙古在中原的统治地位。

早在1217年的8月，成吉思汗就封木华黎为"国王"，并赐给他誓券金印，上面刻有"子孙传国，世世不绝"。这里所谓的"国王"，实际上只是个爵位，其实并没有国土。对于"国王"这个名称，其实也是有些缘由的。

以前成吉思汗曾将木华黎派遣到边境地区去，当时，那些女真部族称木华黎为"国王"，意思为"一国之君"。成吉思汗听说之后，对木华黎说道："这个称呼真是太好了！"

后来，成吉思汗又在"国王"称号之前，加封了"太师"的职位，并且把军事大权全部交给了木华黎，凡是在攻打金国的一切事宜中，不需要向他进行请示报告，皆可以自行决策处理。当时，成吉思汗还说了一句话："太行之北，朕自经略，太行以南，卿其勉之。"

同时，为了树立木华黎的权威，使他有真正的生杀大权，成吉思汗还特地赐给了他九尾旗，并且告诉诸将："木华黎凭借这面大旗，可以出号令，犹如朕亲临，军中所有将士一律谨遵勿急，如有违拗，可以先斩后奏……"其实，这就类似于中原帝王赐予官员的尚方宝剑。通过这件事，就不难看出成吉思汗对木华黎是多么倚重，因而金朝人甚至把木华黎称为"权皇帝"，这里的"权"，意思是"代理"。

木华黎的政治地位虽然很高，但是成吉思汗留给他统率的南征军却不是蒙古军队的主力，也不是木华黎原来统帅的左翼军，而只是一支名副其实的编师。这支编师中有汪古部的骑兵一万名，蒙古探马赤军一万两千名，总计共两万两千人。

所谓"探马"，在汉语中是指军队中的侦察人员；"赤"是指蒙语，意为"人"。"探马赤军"指的是打先锋的军队，它是以弘吉剌、札剌儿等五部为核心，由若干将领指挥的一支杂牌军。

这五部的将领指的是笑匿歹、阔阔不花、孛罗、忙烈台、按察儿以及不里合拔都儿军。木华黎就是依靠这些屈指可数的将领和为数不多的军队，去对付仍然拥有几十万大军的金国的，其兵力悬殊也是显而易见的。

因此，成吉思汗给了木华黎比较宽松的"政策"，大汗语重心长地对木华黎说："为了西征，主力军全部都被我带走了，只能给你留下很少的兵马。不过，你可以招集各地豪强为己所用。"

木华黎听后立即表态道："既然大汗如此器重我，我将竭尽全力完成所托，鞠躬尽瘁，死而后已。"

成吉思汗又说道："太原城墙体坚固，非用炮火难以攻下，新建的这支炮兵队伍你也带去吧！但愿他们能够助你一臂之力。"

为了能够实现攻一城、占一城、保一城的目标，木华黎委任老将军刘伯林及其长子刘黑马为太原城守,并且要他们按照中原人管理城市的方法来管理太原城。

后来,木华黎乘胜追击,领兵攻陷了离太原不远的平阳,又用了不到两个月的时间横扫了山西全境。之后不久,木华黎便又向河北进军了。

那是在1219年,木华黎的大军占领了山西、河北,并且收降了汉族将领董俊、董文炳父子以及李庭植家族,从而使自己的势力更加壮大了。

木华黎根据成吉思汗的策略,充分地利用了金国国内的各种矛盾,先后招降、重用了许多汉族人和契丹人,甚至还有女真出身的金国将领,由此仅用了不到五年的时间,已经基本平定了辽西、河北、山西、山东等地,并且还攻下了城池七十余座,使蒙古军队在中原打开了局面,并且还扎下根来。

后来,木华黎派遣使者去向成吉思汗告捷,并且还向他报告了这五年来的辉煌战绩。成吉思汗指示木华黎再接再厉,必须全面占领金国,然后进师,并且还不断嘱咐他要保重好身体,为此,成吉思汗还专门派遣了一个善于烹调的厨师来照顾木华黎的生活。

这个厨师名叫兀鲁也,他善于做一种食品,名叫活烫羊羔。成吉思汗十分喜欢这种吃法,便派兀鲁也到木华黎身边,专门为他做活烫羊羔的食品吃。由此不难看出,成吉思汗对木华黎无微不至的关怀。

终于,由于木华黎的步步紧逼,使得金国只得节节退让,最后,金国退守到黄河南岸,集中兵力于潼关附近,从而形成了蒙、金隔于黄河对峙的局面。

虽然说成吉思汗是一介武夫,但是,他在用人方面有着高超的智慧,那就是要用关爱之情来换取他人对自己的忠诚,同时,还要学会重用各个方面的人才,来弥补自己某些方面的不足,从而更好地发展国家和加强军队建设。

蒙古军队在金国打了几个胜仗后,成吉思汗十分高兴。他明白多么伟大的英雄人物，身边如果没有人才，那办起事来也会是困难重重，于是，成吉思汗便动了网罗人才的心思。

有一天，金朝的一位降将对成吉思汗说："据我所知，金国懂得制炮技术的人有很多呢！如抚州的薛塔刺海、昌平的张拔都等，如果能够请他们来帮助我们，那岂不是一件好事？"

成吉思汗忙问道："可是不知道谁认识他们二位？"

这个时候，史秉直站起来，他说与两个炮师是认识的。于是，成吉思汗立即派史秉直速去抚州与昌平，邀请薛塔刺海和张拔都来蒙古。

成吉思汗的二弟合萨尔又说道："在我的队伍里有个叫张荣的清州人，他不仅懂得造炮技术，还会造船和架桥等技术，我这就回去问问他，不知可好？"

成吉思汗有些埋怨道："为何不早说，他有技术，我们没有用他，那岂不是埋没了人才么？你快些回去问他，让他速来见我！"

合萨尔走后，成吉思汗有些感慨，说道："有人把金银财物当成了宝贝，那都是目光短浅、胸无大志的表现。其实，世间最好的宝贝，就是人才呀！"

说到这里，成吉思汗又加重了语气，嘱咐自己的部下说道："以后，凡是归降的能工巧匠和懂得各种技术的人才都要给予特殊的优待；在攻破城市以后，要对所有的能工巧匠一律给予赦免，不准杀害；凡是俘虏中的工匠，都要单独挑出来，另外加以任用。"

第二天，成吉思汗又与大将木华黎商议，提出了要建立炮兵军队的想法。这时，木华黎说道："我们的铁骑加上大炮协助，那真是如虎添翼，勇往不胜啊！"

成吉思汗哈哈大笑，说道："我们所见略同，只是还需要我们共同去努力呀！"

木华黎立刻说道："请大汗让我负责建立这支炮兵队伍吧！我一定会竭尽全力。如有差错，甘愿受到惩罚。"

成吉思汗听后，立即握住木华黎的双手，说道："你要是能够挑起这副担子，我自然是放心多了。不过，你军务已经够繁忙的了，如果再操劳这件事，会把你的身体累坏的，我怎么能够忍心呢？"

木华黎见大汗对自己是如此的关心，激动地说道："大汗说的是哪里的话，我能够替大汗做事，是我木华黎的无上光荣啊！我早已经立下了誓愿，大汗派我往火里去，我一定会毫不犹豫地冲进火里；大汗派我往水中去，我也会义无反顾地冲进水中！"

成吉思汗听了木华黎对自己一片忠心的肺腑之言，感动得无以言表，他亲切地说道："木华黎，谢谢你，上天能够把你送到我身边辅佐我，成为我有力的左膀右臂，这可真是我的幸运啊！"

木华黎是一位十分重情义的将军，成吉思汗任命他负责组建炮兵队伍，还包括大炮的制造与炮兵的招募等工作。

不久之后，那几位知名的炮师都被陆续地请来了，成吉思汗非常高兴，立即派人杀牛宰羊，又特别关照部下说道："要烤五十头羔羊，隆重款待炮师！"

在这次盛大的宴会上，成吉思汗激情满怀，他面对着济济一堂的造炮能手们，举起酒杯说道："地不分南北东西，人也不分种族，大家都是华夏子孙，让我们共同举杯，祝愿我们的大炮能够早日造成，干杯！"

曾经担任过大金国造炮技师的贾塔剌浑，这次居然在他的家乡还招募到了数百名善于造炮的壮士，并且带到了蒙古来。贾塔剌浑说道："请大汗放心，我可以造出木炮和石炮，只要条件允许，我带来的数百人在一个月内将能为大汗制造出成千个木炮和石炮！"

成吉思汗听后急忙问道："但是，不知道你所说的条件指的是什么，不妨明说。"

"我指的条件就是在生活上，生活用品要供应及时；工作中，就是在制造大炮时，不能够受到外界的干扰，从而让我们能够专心地埋头于制炮的工作。"贾塔剌浑说道。

成吉思汗听后，笑道："这是个正当的要求，放心吧，我一定会让你满意的，也一定会为你们创造出一个良好的生活和工作环境。"说完，成吉思汗又转过脸对木华黎说道，"这些事全都仰仗你了。"木华黎点了点头。

这个时候，另一个炮师薛塔剌海说道："我会制造大炮，也会修理大炮，还能够制造出铁炮。"

木华黎向成吉思汗悄悄地说道："这个人就是薛塔剌海，他居然把金军中的三百多名炮手全部都带到我们蒙古来了。"

成吉思汗一听，立刻称赞道："他可真是不简单呀！我们一定要善待他，他可是宝中之宝啊！"

随后，塔塔统阿也说道："我们也要学会挖矿炼铁，自己生产出铁来，铁不仅能够制造出箭矢、盔甲，还能够制造出大炮来。"

蒙古大将者勒蔑的父亲也是一个老铁匠，他专门打制大刀和铁枪等兵器。这时，者勒蔑说道："以前，我父亲打造兵器所用的铁全都是从外地买来的，不仅价格高，而且质量也很差，如果我们能够自己挖矿炼铁那实在是太好了。"

那是一天午后，木华黎请成吉思汗到造炮的场子里去视察，成吉思汗看到一大堆榆木炮的壳子时问道："这是木炮吗？"

贾塔剌浑伸手拿过一个榆木炮的壳子，说："报告大汗，这叫榆木炮，它是先用凿子将这一截一截的榆木胚子掏成一个筒子，然后装上火药，封住了口，就算制作成了。"

成吉思汗又问道："这木炮能够炸死人吗？"

贾塔剌浑严肃地说道："大汗尽可以放心，您不要小看了这木炮，如果它是在一群人中爆炸了，会炸死炸伤很多人的，有的可能会终生残疾，这可是十分厉害的呢！"说完，他又指着一堆石头说道，"这石炮的威力更大，因此，制造起来也是更加费工费时。"

成吉思汗伸手拿起一个未装火药的石炮，反复地看着，见那个炮里面的空间很大，便不由地问道："这里面也会全装上火药吗？"

贾塔剌浑说道："先是装进火药，在火药外头再装上铁碴子、铁蛋子,一旦爆炸,里面的铁碴子、铁蛋子就会四处乱飞,那可比木炮的威力要大数十倍。"

成吉思汗听后不禁点了点头,又问道:"这石炮能够打多远呢?"

"这石炮能够飞出去好几里路呢,它可比木炮的射程要远三十多倍呢。"贾塔剌浑说道。

"如果要是用石炮攻城,能够把城墙炸倒吗?"成吉思汗不解地问道。

"当然可以啦,即使在石头上爆炸,也能够把坚硬的石头炸得稀巴烂!"

贾塔剌浑说到这里,便提议道:"我们去试验场炸几个,让大汗亲眼看一看,以便能够及时提出改进意见,让我们有所提高,如何?"

这时,木华黎笑着说道:"那好啊,让大汗亲自检阅一下你们的劳动成果。"随后,他们一同来到了试验场。果然,这些炮的威力十分的强大,成吉思汗看到后情不自禁地笑了,他十分满意。

成就伟业

降服周边各部势力

在蒙古草原的北部和西北部的森林地带，居住着被称为"林木中百姓"的许多部落，主要有居住在贝加尔湖东部的八尔忽、脱俄烈思、豁里、突马等部和居于叶尼塞河上游的斡伊剌部。其中，斡伊剌部首领忽都合别乞曾多次参加反对成吉思汗的联军。

1207年，成吉思汗命令他的长子术赤率领右翼军去征讨"林木中百姓"。当时的兵锋所指，首先是斡伊剌部。斡伊剌部首领无法对抗强大的蒙古军，只好主动投降了。随后，术赤以忽都合别乞为向导，陆续招降了斡伊剌部，以及贝加尔湖周围的不里牙惕、八尔忽、豁里、突马等部。

同年，成吉思汗乘胜利之师，又遣按弹、不兀剌两人为使者，去招降斡伊剌西边的吉立吉斯部。吉立吉斯就是唐代著名的北方强部黠戛斯，曾经和唐朝一起击灭回鹘汗国。

在当时，吉立吉斯已分为许多部，他们的首领名叫亦难。成吉思汗的使者一到，斡罗思亦难等吉立吉斯首领便立即表示愿意归降成吉思汗。不久，林木中百姓和吉立吉斯的首领都亲自前来朝见了成吉思汗，并敬献了他们的白海青、白骟马、黑貂等珍贵礼品。

忽都合别乞因为率先归附，他又帮助术赤招降了其他许多部落，成吉思汗特意赐给他和黄金家族联姻的殊荣。

成吉思汗在降服了林木中百姓和吉立吉斯等部之后，他的统治地域向北、向西扩展了许多。

巴阿邻部的豁儿赤因为很早以前就为成吉思汗出过力，他又曾经预言过成吉思汗将做国主。所以在蒙古刚建国时，成吉思汗遵守以前对他许的愿，封豁儿赤做了管理林木中百姓的万户，并答应他，允许他从降服的百姓里选出了三十名美女为妻。豁儿赤就到被降服的突马部去挑选美女。然而，此举激起了突马人的愤怒。突马将豁儿赤抓起来，紧接着，突马部公然举起反叛大旗。

为了镇压突马人的起义，成吉思汗命中军万户纳牙阿率军征伐。但是，纳牙阿却推托有病，不愿前往。成吉思汗只好改派了自己的"四杰"之一、大将博儿忽做统帅。

突马人已经做好了迎战的准备，在密林里设下埋伏，布置哨探。博儿忽只带三个人，远离大军先行侦察。突马哨探将这个情况报告给了女首领孛脱灰塔儿浑，她立即指挥突马人截断博儿忽退路，并将博儿忽擒获杀掉了。

得知博儿忽被杀的消息，成吉思汗悲怒交加，他要亲自出征突马部。博尔术、木华黎两人苦苦相劝，成吉思汗这才没有亲自去。这时他改派朵儿边部的朵儿伯多黑申前往，并命令说："你要严整军马，祷告长生天的佑护，一定把突马人消灭掉。"

朵儿伯多黑申率军悄悄地一直摸到突马人住处附近的山顶。他们从山顶瞭望突马的百姓，就像从帐房的天窗看下面一样。顷刻间，浑然不觉的突马人便成了蒙古大军的俘虏。

突马人起义就这样被镇压了，成吉思汗悼念死去的博儿忽，将100

元太祖成吉思汗传

名突马人赐给博儿忽的家属做奴隶。同时，准许豁儿赤重新从突马部中挑选三十名美女为妻，将突马部的女首领孛脱灰塔儿浑，赏给忽都合别乞做了妻子。

吉立吉斯与突马部的住地是相邻的，成吉思汗派兵征讨突马部时，命令吉立吉斯协同夹攻，但吉立吉斯人违命不从，还起而反抗。在镇压了突马部之后，成吉思汗派术赤率军进讨吉立吉斯。

吉立吉斯人自然不敌，众人西逃。蒙古军乘胜追击，再降吉立吉斯，并使其西面的帖良兀、客失的迷、失必儿、巴尹吉惕等各个林木中百姓纷纷臣服。成吉思汗将这些林木中百姓交予术赤来管辖。

在成吉思汗建国时，他已经威名四震，西部邻国有的主动归附，有的在强大的蒙古骑兵的进攻下迅速灭亡。在归降的邻国中，畏兀儿是首先归附成吉思汗的。

畏兀儿为唐代回鹘族的后裔。9世纪中叶，回鹘汗国灭亡后，回鹘人分三支，从漠北西迁。后来，畏兀儿接受了辽王朝的统治，在1125年，辽被金所灭。宗室的耶律大石在西迁中亚后，建立西辽政权，畏兀儿继续接受了西辽的统治。1211年，畏兀儿王曾经遵照成吉思汗的旨令，亲自带着大量财宝到蒙古晋见成吉思汗。成吉思汗将女儿嫁给了畏兀儿王，并让畏兀儿王享有第五子的待遇。从此，畏兀儿归降了成吉思汗，成吉思汗借此打开了通往西方的通道，为他在之后的西进提供了便利的条件。

1211年，畏兀儿西面的哈剌鲁也降服于成吉思汗。

哈剌鲁就是唐代的葛逻禄，在当时，他们居住在巴尔喀什湖东南的伊犁河和楚河一带，首领是阿尔思兰汗，住在海押立，也就是今天的哈萨克斯坦巴尔喀什湖以东卡帕尔城附近，他们处在西辽的统治之下，西辽当时也派少监驻在这里。哈剌鲁王在得知蒙古势力西进的消息之后，立即派出使者去见成吉思汗，并且自称，他是成吉思汗这位世界征服者的臣仆。成吉思汗告诫他，不要一味地贪恋狩猎，以免成为其他人的猎物，并送给他一千只羊以代替猎物。

降服了哈剌鲁之后，成吉思汗的下一个进攻目标就是西辽了。由于屈出律现在成了西辽国的国王，所以追杀屈出律，就等于向西辽国开战。成吉思汗与诸将开始策划追剿蒙古草原上的最后一个逃敌屈出律的作战计划。最后，成吉思汗决定于1218年秋派哲别率两万骑兵先行追剿，其余各路蒙军，除木华黎部继续对金作战之外，各部相机待命，随时准备增援哲别部。

西辽又被称为哈剌契丹国，它是由金灭辽后辽国的皇族耶律大石所建立的契丹贵族流亡政权。

1124年，耶律大石见金灭辽已成定局，他觉得大势已去，便率部退到漠北，取得了漠北十八部酋长的支持，企图借此机会，复兴辽朝。

1130年，金国举军北伐，耶律大石不抵，他攒集兵马向西撤退。耶律大石摆脱了金军追击，西逃到叶迷立，即今新疆额敏，在此构筑城堡，休整人马，准备见机行事。在这个时候，耶律大石拥有的军队为四万帐，实力还不算小。

在当时，哈剌汗朝的大可汗对境内的哈剌鲁、康里诸部叛乱一筹莫展，遂遣使节到叶迷立城堡，请耶律大石出兵帮助他镇压叛乱，并表示情愿让位给耶律大石。

耶律大石一听乐得天赐良机，遂倾巢率兵，进入哈剌汗朝的都城虎思斡儿朵，即现在的吉尔吉斯共和国托克马克西南布拉纳吉古城，并收编了早先移居到哈剌汗朝的一万帐契丹人，使其兵力大增。哈剌汗朝的文武百官便尊奉耶律大石为帝，号称天佑皇帝。同时，废哈剌汗朝的大可汗。

耶律大石借机称帝后，开始了接连征战。他先后征服了可失哈耳（即今新疆喀什）、忽炭（即今新疆和田）、哈剌鲁、畏兀儿、乃蛮等部，国境南至乃蛮部，北抵金山，东至哈密力，西至花剌子模，成了当时中亚最强盛的国家，史称西辽或后辽。

所谓物极必反，国家最强盛的时候往往就是走向衰落的开始。耶律大石死后，统治集团内部的争权夺利，导致国力衰微，与此同时，境内诸部乘机叛乱，脱离了西辽。原先向西辽纳贡称臣的花剌子模国，也乘机大举入侵西辽。

就在这个时候，战败的乃蛮人屈出律一伙辗转逃到西辽首都，投奔了直鲁古皇帝。屈出律向直鲁古皇帝建议，立即招募四处逃散的乃蛮人为军，就可以帮助西辽镇压境内的叛军，还可以抵御花剌子模军的入侵。

屈出律信誓旦旦地向这位西辽老皇帝表示："我们乃蛮人都国破家亡了，现在散落在海押立、别失八里、叶密立一带。假如您能够允许我去招募乃蛮散兵来这里，我们就愿为您效力。只要您的国家能够收留我们，我们就愿意为您肝脑涂地，帮助您消灭您的敌人。"

直鲁古老皇帝不仅对这位逃难王子屈出律的忠心深信不疑，还将女儿许配于他，招他为驸马。这下子，屈出律就和当年西辽的创始人耶律大石一样，把乃蛮部和蔑儿乞部的残余势力召集到西辽首府，时间不长，就组成一支较为强大的军队。

再也不想过流亡生活的屈出律羽翼已丰，见直鲁古皇帝老朽昏庸，就企图夺取他的帝位，并派人与花剌子模暗中勾结，密谋共同灭掉西辽，瓜分它的国土。

1210年，直鲁古皇帝出兵征讨叛军。屈出律事先与花剌子模约好，乘机举兵。直鲁古分兵击败了屈出律，但他抵挡不住花剌子模军的进攻。花剌子模军同撒麻耳干，即今乌兹别克共和国撒马尔罕的奥斯曼部进行联合，一同作战，攻占了西辽首府虎思斡儿朵。直鲁古皇帝马上从能力所及的各地征兵，经过十六日苦战，终于将首都从敌人手中夺回。

但是在瓜分战利品时，他的军队因分赃不均发生冲突，而且还烧杀抢掠自己的百姓。直鲁古再也控制不住局势了。随即，军队又发生了叛乱。重整旗鼓的屈出律乘虚而入，收编叛军，擒获皇帝，并自称西辽皇帝，但在表面上仍尊称直鲁古皇帝为太上皇。仅仅两年，直鲁古皇帝忧愤而死，西辽于是成为屈出律的天下。

现在，对屈出律来说，乃是一个振兴复仇的好机会。他一直没有忘记蒙古人是如何灭亡乃蛮部的,于是他发愤图强,想方设法巩固西辽。但是,屈出律的西辽政权仍然摆脱不了灭亡的命运。他篡位后倒行逆施,激起了人民的愤慨。他又对进行叛乱的居民实施最为恶毒的征讨:每到秋收的时候,屈出律就发兵征讨,纵火焚烧他们的庄稼,使他们颗粒无收,饿殍遍地。经过三四年这样的征讨和蹂躏,反抗的人们不得不向屈出律屈服。

为了防止再发生叛乱,屈出律下令向每一户人家派驻一名西辽军士兵。然而,这些西辽的士兵胡作非为,给当地人埋下了更为仇恨的火种。屈出律又继续发兵征讨其他反抗的地方,强迫当地人放弃宗教信仰。屈出律下令将原来的宗教领袖钉死在十字架上。致使当地的宗教教徒对屈出律恨入骨髓。

元太祖成吉思汗传

屈出律兴兵征讨那些不改信别教的哈剌鲁脱黑鲁儿汗。脱黑鲁儿汗大敌当前,难以抵挡,只好去找屈出律的死对头成吉思汗,并向成吉思汗详细地汇报了有关西辽和屈出律的各方面情况。

成吉思汗自从杀死太阳汗,灭掉乃蛮部后,与屈出律的仇恨虽不及与王罕的三个儿子那样强烈,但他还是担心屈出律利用西辽的力量来复仇。成吉思汗也不能容忍屈出律欺负已经臣服自己的大蒙古国的哈剌鲁部。他命令哲别部加紧备战,务必于1218年秋开始征讨西辽的军事行动,彻底追杀屈出律。

秋天正是兵壮马肥的季节,蒙古骑兵常在这个季节出征。1218年秋天,哲别奉命率两万精骑进入哈剌鲁部境内。速不台、忽必来、术赤台三将率兵进驻乃蛮部和畏兀儿部境,在那里相机增援。

屈出律刚一听说哲别率蒙古骑兵来了,吓得魂不附体,马上下令停止围攻阿力麻里城,仓皇退逃。哲别哪肯放过作恶多端的屈出律,他率部跟踪追击,沿途宣传蒙古军保障宗教信仰自由的政策。蒙军骑兵一心追杀屈出律,对当地的百姓秋毫无犯。

在蒙古军的支持下,脱黑鲁儿汗的儿子昔格纳黑的斤继承了汗位,马上着手在阿力麻里恢复秩序,然后归附蒙古。同时,被屈出律蹂躏的

218

百姓收回庄稼，杀死了驻在家中的西辽士兵，像盼望救星一样欢迎这些蒙古骑兵的到来。

由于蒙古军宣布对当地百姓爱戴有加，又允许他们享有宗教信仰的自由，因此深得当地人民的欢迎。大将哲别一路上没遇到任何抵抗，顺利从哈剌鲁部进抵西辽首府虎思斡儿朵城下。

守城的契丹族士兵早就恨透乃蛮人屈出律的倒行逆施，立刻打开城门，迎请哲别进城。此时，屈出律带着由乃蛮部和蔑儿乞部残余势力组成的嫡系部队，仓皇逃出虎思斡儿朵。哲别立即换乘快马，兵分三路，对屈出律实施远程平行追击，终于将其截获，几乎杀光了所有的人，但狡猾至极的屈出律又逃掉了。哲别组织轻骑兵继续快速追杀屈出律，他的主力部队则分兵西辽各地。

惊慌失措的屈出律，吓得逃到喀什噶尔，喘息未定，听说有轻骑追来，慌忙继续西逃。屈出律还打算像以前那样，潜入穆思塔山脉的深山老林中销声匿迹，以躲过蒙古骑兵不停地追杀。但是，哲别的轻骑部队快如闪电，他们在恨透了屈出律的当地人的指引下，迅速追进了茫茫的穆思塔山。穆思塔山的主峰海拔7860米，这里可以俯瞰整个帕米尔高原。每座山峰都陡峭异常，冰川耸立，幽谷旷野渺无人烟。

气喘吁吁的屈出律爬上了海拔三千米的撒里黑山谷，他自以为摆脱了蒙古骑兵的追击，心里有了少许放松。然而，就在这时，蒙古骑兵突然出现在撒里黑山谷。这个撒里黑山谷只有进口，没有出口，吓破了胆的屈出律像无头苍蝇一样撞到了绝路。

蒙古骑兵旋风般追来，刀光闪耀中，屈出律被削为两段，他的部下统统做了刀下鬼。哲别在西辽挑选了一千匹与成吉思汗的坐骑一模一样的栗色战马，连同屈出律的头颅，一并献给了成吉思汗。

现在，成吉思汗在蒙古草原上的最后一个敌人被消灭了，剩下来的，都是草原以外的敌人。这时的西辽，也并入大蒙古帝国的版图，蒙古的西部边界开始与另一个中亚强国花剌子模接壤。

一场狼烟又将升起来了。

蒙古军进攻西夏

作为大蒙古国的开国皇帝,成吉思汗与世界上所有的帝王一样,认为自己是世界的领导者,世界各国都应以他为轴心而转动。他曾说:"上天使我建立了世界上独一无二的最强大的政权,我之上只有一顶帽子。"他的第一个目标是进攻西夏国。

提起西夏建国的历史,那是源远流长的,历史非常久远。西夏国的始祖拓跋思恭,原来是朔方党项部落的后代。唐朝末年黄巢起义,引发战乱,拓跋思恭率领军队支援唐朝,因为作战有功,被唐朝封赏为夏国公的官职,因为皇帝姓李,皇帝让他改姓李,作为荣耀的本家,世世代代都把西夏国称为夏州,位于蒙古国的南部边境。

西夏国的王位传到党项族首领李继迁之孙、杰出的军事家元昊的时候,占据的地域逐渐宽广。西夏国因为学习汉民族的经济文化而成为一个半农半牧的城池之国,手工业也较为发达,能织毡、造兵器和陶瓷等,尤其是用骆驼毛织成的毡毯被西欧人马可·波罗誉为世界上最精美之物。

西夏拥有二十二个州，即今宁夏回族自治区全部，今甘肃的大部，陕西、新疆及青海、内蒙古自治区的一部分。西夏的首都设在兴庆府，即今银川。

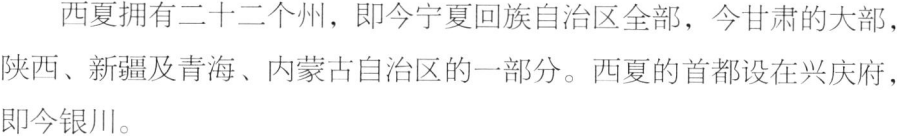

成吉思汗在发动攻打西夏战争之前，便对西夏的情况有比较详细的了解。他特别看重西夏的战略地理位置，是准备攻击的主要目标金国的屏障，是蒙古军将来进攻金国的练兵场和前进基地，又是历史上丝绸之路经过的主要地段，是当时克烈部、乃蛮部及畏兀儿商人进行贸易的极好市场。

所以成吉思汗思前想后，一定要带着军队去征服这个国家，期望能收到一举多得的功效。

但是，摆在成吉思汗面前有两个难题还暂时无法解决。一是出师无名，于理不顺；二是西夏不同于游牧部落，城池坚固，攻之无方。

正在成吉思汗犯愁之时，已归附他的蔑儿乞部长的孙女忽阑来拜见成吉思汗，说："大汗不是为出兵西夏犯愁吗？从前克烈部长王罕之叔局儿罕曾在西夏避过难，王罕之子桑昆也曾在西夏境内逗留过，您就可以以此为理由兴师征讨。"她这一条建议把成吉思汗的第一个难题给解开了。

不久，成吉思汗大将木华黎来见，面奏说："大汗还记得攻打塔塔儿两个土寨的事吧，我们一面火攻一面厮杀，不是很快就把寨子攻破了吗？"

木华黎对这一段历史的回顾，又启发了成吉思汗，使他第二个难题也解开了。

成吉思汗先后数次征伐西夏。第一次是在成吉思汗即位前的1205年，克烈部的桑昆兵败而逃，进入西夏寻求庇护，成吉思汗派兵追剿。

西夏主虽然派军抵抗，但不敌蒙古军，被蒙古军攻占力吉里、落思等城堡，掳掠了大量财物、骆驼。

夏主李纯枯被迫称臣纳贡，放桑昆逃往花刺子模国。但第二年，李安全登基，断绝了与大蒙古国的贡赐关系，继续投靠金国，请求其给予帮助。因此，成吉思汗决定第二次征伐西夏。

1207年秋，成吉思汗亲率大军，派哲别为先锋，深入西夏腹地，经黑水城，直奔东西交通要城兀剌海。

但是，西夏军民恃城坚守，蒙古军缺乏攻城经验，围城四十余日而不下。成吉思汗决定用火攻。他向守城官吏提出，假如城中交出一千只猫和鸽子，蒙古军就解围撤兵。对这一奇特的要求，敌将觉得惊奇。

他们万万没有想到，蒙古军在这些猫和鸽子尾上拴了浇透油的麻絮，点火齐放，惊恐的猫和鸽子惊叫着回到自己的家里和巢中，引起城中大火。

与此同时，蒙古军发起了总攻，终于攻破城池。夏主李纯枯在蒙古军的压力下，相拒了五个月，最后无力抵抗，遣使求和，将女儿献给成吉思汗，并送了大量金银财宝和骆驼，请求归附。

自从1207年夏主李纯枯表示臣服后，暗中却仍与金国联系，所以成吉思汗决定南下征讨。

蒙古军仍从黑水城入境，直袭兀剌海城。夏主李纯枯派世子李承桢为主帅，大都督高令公为副帅，领五万大军进行抵抗，但未能抵住蒙古军强大的攻势。城破后，副帅高令公被俘，不屈被杀。

蒙古军一部攻破兀剌海城，与守军展开激战，俘获西夏太傅西壁氏。成吉思汗率蒙古主力，长驱直入西夏都城中兴府。

在中兴府外围要冲克夷门（今宁夏石嘴山市东北）与西夏军大将嵬名令公统率的五万兵展开激烈战斗，双方对峙两个月。

成吉思汗乘西夏军小胜斗志松懈之际，埋伏精兵，大败夏军，俘获嵬名令公，攻破克夷门，旋进围中兴府。夏襄宗亲督将士，凭坚城死守不降。

成吉思汗见黄河水暴涨，便命令军队引水灌城，淹死城内军民无数。后来外堤决口，黄河水反倒淹了蒙古军。

成吉思汗自知难以长久立足，遂改变策略，派使者入城谈判，迫使夏襄宗纳女请和，并答应每年向蒙古纳贡。这样西夏便在名义上臣服了蒙古。

在蒙古降服西夏后的七八年间，成吉思汗一直把西夏当成蒙古国的附庸。西夏在经济上年年纳贡，军事上经常奉调军队参加攻金作战，政治上俯首听命，与金国的关系也恶化了。

这种被奴役的地位和为蒙古疲于奔命的状况，促使西夏宫廷内的反蒙势力愈来愈大，西夏与蒙古的关系也由驯顺到疏远，逐渐发展到抗争。

1217年成吉思汗要征调西夏军随从蒙古军西征时，遭到西夏的拒绝。更令他生气的是，西夏使臣胆敢藐视蒙古大汗，声言"力既不足，何必为汗"，他派大将木华黎率领蒙古军，第四次进攻西夏，给西夏以惩罚性重击。

木华黎长驱直入，包围夏都中兴府。夏神宗率精兵突出重围，逃奔西凉府，遣使乞降。成吉思汗认为西夏是不能移动的游牧国家，再过几年攻之也不为迟，所以下令撤军，以便集中主力进军中亚、西亚和欧洲。

1223年冬，西夏新即位的夏献宗德旺，改变其父夏神宗附蒙攻金的政策，于1224年与金国达成和议，称"兄弟之国"。

夏献宗还派使者到漠北去联络被成吉思汗吞并的诸部残余势力，共同抗击蒙古军。

这时，成吉思汗正在西域作战，得到攻金大将孛鲁的报告，方知西夏阴蓄异谋，密令孛鲁伺机征讨，再给西夏以惩罚性打击。

1224年秋，孛鲁及大将刘黑马率蒙古军第五次进攻西夏。蒙古军攻克银州，杀死西夏军数万人，俘其大将塔海，掳掠人口及牛羊马驼等数十万。

夏献宗遭此打击，只得遣使乞降请罪，方使蒙古军退去。

攻占金国的中都

成吉思汗在蒙古草原上创立了中国历史上又一个强大的游牧民族政权。方兴未艾的蒙古军事力量，在蒙古国建立之初，便在征讨西部邻国的同时，急不可待地南下，直指富足的定居民族金朝。

金朝是中国历史上以女真为主体建立的王朝，先建都会宁府（今黑龙江阿城南白城镇），后迁都燕京（今北京），其创建者是金太祖完颜阿骨打。

女真族的祖先很早就生活在长白山和黑龙江流域。五代时，女真之名始见于史籍，并受契丹所统治。女真完颜部为首的部落联盟建立后，很快统一了女真各部。

此后，女真族的发展进入一个新的时期。1114年9月，女真族领袖完颜阿骨打率部誓师于涞流河畔（今黑龙江与吉林省间拉林河），向辽朝的契丹统治者宣战。他在取得宁江大捷和出河店之战胜利后，于1115年称帝建国，国号大金，年号收国。

金朝建国后，在护步答冈会战中大败辽军，随后展开以辽五京为战略目标的灭辽之战。攻取五京的前后步骤是东京（今辽宁辽阳）、上京（今内蒙古巴林左旗南）、中京（今内蒙古宁城西大名城）、西京（今山西大同）、南京（今北京）。五京一下，辽朝随即灭亡。金灭辽后，与北宋遂成敌国。金太宗完颜晟即位后，挟灭辽之威，很快席卷而南，于1127年灭亡北宋。以后金与南宋多次交兵，南攻与北伐，均无力改变南北对峙的局面。

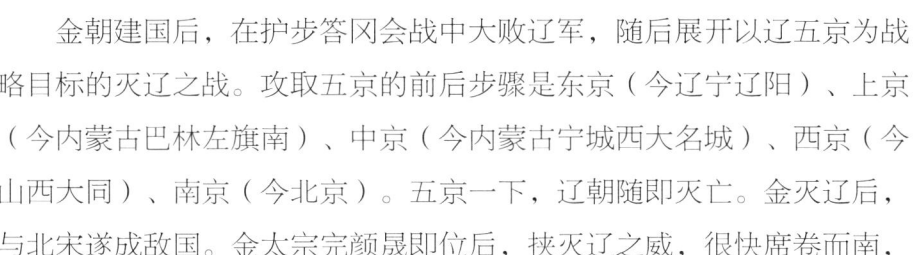

成就伟业

金在与南宋、西夏并立期间，迫使西夏臣附、南宋屈辱求和，始终维持其霸主地位。

中原上邦，蒙古各部都向其纳贡称臣。为了摆脱屈辱的臣属地位，踏进中原大地，成吉思汗决定向金国宣战。

对于蒙古牧民来说，这是一场非同小可的大规模战争，因为，金国当时统治着除甘肃省和河套平原以外的整个黄河流域，是当时最强大的王国之一。

金国的主人，那些昔日的女真人，尽管已被中原同化，但他们在中原土地上，仍保留着他们的祖先通古斯森林狩猎民族所特有的骁勇善战的特点。

此外，金人在中原土地上生活已有一个世纪之久，因而拥有中国古老的文明所创造的一切财富。

在这种情况下，蒙古牧民同金人作战，更艰难。他们将要对付防守坚固的要塞，而进行这种攻坚战，他们根本没有经验也没有足够的条件。

金国边境还有万里长城，长城脚下修筑有许多防御据点，这条长城从西向东，构成了金国的一条连贯的防线。

成吉思汗为了攻打金国，首先设法取得了居住在长城北侧的汪古惕人的帮助，从而得到了宝贵的盟友。

汪古惕地面的自然条件可以使蒙古人感到就像在自己的家乡一样自在，毫无身处异域之感。这里没有树木，到处是一望无际的草原。

成吉思汗早就同此地的主人突厥汪古惕人建立了联系。

汪古惕部的首领阿剌忽石帖勤忽里在1204年曾立有大功于成吉思汗。当时他曾拒绝参加乃蛮人策划的反对成吉思汗的联盟。

为了酬谢他立下的这一大功，成吉思汗曾在1206年举行的即位大典上封他为蒙古帝国的达官贵人之一，还把自己的亲生女儿阿剌孩别乞许配给阿剌忽石帖勤忽里的继承人之一为妻。

这是成吉思汗王室同汪古惕部王室间的首次联姻，后来，在整个12世纪中，两家又数次联姻。

汪古惕部所据地盘在地理上处于非常重要的地位。而且，汪古惕部同金国早有契约关系，是中原长城的守卫者，是金国部署在长城外侧的哨兵。

把汪古惕部笼络到手，成吉思汗就等于在战争开始以前就摧垮了敌人的前线防御，不费一刀一箭就把其帝国的势力扩展到了对方最重要的防线长城的脚下。

多年的战争实践使成吉思汗深深懂得知己知彼的重要性，并养成了每战必先察敌情的良好习惯。

在发动攻打金国战争之前，他就特别注意利用来往于蒙、金之间的使节、官员、商人等，了解和收集金国情报。在他与王罕结盟期间，金国向王罕派出了一员使节，名叫耶律阿海。

成吉思汗探听到这位金国的使节并不忠于金国皇帝，因此主动去找耶律阿海面谈。

两人谈话十分投机，耶律阿海告诉成吉思汗说："金国灭亡指日可待，本人愿意做蒙古进攻金国的内应。"成吉思汗为得到这样一个深知金国内情的人而高兴。

在攻打金国战争发起之前，成吉思汗即把耶律阿海留在自己身边，参与机谋，出入战阵。

他手下有个叫札八儿的亲信，是同饮班朱尼湖水的功臣，为人十分精明，记性特别好。

成就伟业

成吉思汗派札八儿出使金国，进一步核实和补充了耶律阿海等人提供的金国情报，还特地收集了进出金国北境的道路、山川、险隘等军事地理情况，为后来成吉思汗确定进军的路线、选择攻金的突破口积累了第一手资料。

有一天，成吉思汗看着也遂，问道："也遂，你说我能够打赢吗？如果打败了，那我这大半生的功业也就全完了。"也遂妃用坚定的目光看了看成吉思汗后，肯定地说："你一定能够打赢！"

成吉思汗盯住也遂说："可是，你知道吗，金国建立有一百多年了，人口比我们多四十多倍，军队多十倍，他们不仅是繁荣富庶之地，而且是兵强马壮啊。"

也遂听了成吉思汗的话后，笑了笑说道："他都一百多岁了，那也太老了。我们可是刚刚建立自己的汗国，草原不是有句谚语说，'先长出的耳朵，不如后长出的犄角'，何况现在金国又有庸碌无为、昏聩无比的皇帝呢？"成吉思汗对也遂的说法感到吃惊，但是，随后便舒心地笑了。

成吉思汗又对也遂说道："这毕竟是要冒着很大风险的大事啊！"

正在说话之时，外边的速不台忽然喊道："千户速不台奉召面见成吉思汗！"成吉思汗叫他进来。

速不台进来后，成吉思汗说道："坐下说吧！林木中斡亦剌部首领忽都合说，蔑儿乞部的脱黑脱阿和忽都父子们，还有那个太阳汗的儿子屈出律又纠集了乃蛮和蔑儿乞的残部大约两千余人盘踞在也儿的石河一带，正在蠢蠢欲动啊！"

速不台笑了笑说道："区区两千多人能成得了什么大事呢。"

成吉思汗对速不台的话有着不同的见解，他说："不，两千人对十万蒙古大军是不算什么，可是，如果要是对两千留守斡儿朵的蒙古军队来说，那就是很危险的敌人啦。"

速不台兴奋地问："大汗要南征？"成吉思汗点了点头。

速不台又说道："我这就去把脱黑脱阿、屈出律的两千人变成死尸。"

"好,就由我的新亲家忽都合给你带路吧。等你消除了后顾之忧以后,我就要带领你们去会会金国的皇帝啦!"

"是!"速不台站起身,施过礼,精神抖擞地走了出去。

速不台在接到了命令后,就带领着他的骑兵神不知、鬼不觉地行进到了也儿的石河河谷。

有一天早晨,屈出律、脱黑脱阿的队伍毫无秩序地杂乱列阵于河的左岸。女人们在野炊,男人们等不及的已经捞出半生不熟的肉吃起来。屈出律、脱黑脱阿和忽都等都围坐在一堆篝火旁。

这个时候,屈出律说道:"现在,我们像土拨鼠一样藏着也不是长久之计呀。"

脱黑脱阿用他苍老的声音说:"那还能有什么办法呢?我和铁木真打了三十年的仗,他越打越强大,我们总不能带着这样的队伍去消灭他吧?"

屈出律说:"当然不行,可是,我们这些人足够同他去逐个部落争夺林木中百姓。如果得手了,我们将会拥有几万人的马队和北方大片的疆土。"屈出律兴奋地说着。

"要在铁木真的背后插一把刀子,这倒是个好办法。"忽都兴奋地将刀刺在篝火上烤着的全羊上。

就在他们说话之时,只听见一声惊呼:"蒙古人来了,蒙古人来了。"

几个人顺着声音抬头望去,只见背后的山上布满了弓箭手,在一阵鼓响之后,箭像飞蝗般向河边早已乱了营的人射来,随后,便不断有人倒下死去了。

见到这个场景,脱黑脱阿大声疾呼:"赶快上马过河。"人们随即拥了过来,一齐向河中奔去,蹚水过了河。

刚走了一会儿,对面的崖畔上又出现了蒙古人,居高临下地又射出了一阵箭雨。随后,脱黑脱阿中了箭,便从马上落入河中。忽都和亲兵哭喊着将他抬到了岸边，屈出律领着四五个骑手奔过来："快跑，速不台来了。"

果然，速不台的马队轰然冲杀过来，也儿的石河谷出现了一片死亡的沉寂。

为了进一步检验部队的纪律，成吉思汗进行了一个小小的实验。有一天，在大汗的金帐内，成吉思汗把一副镶金子的笼头交给了失吉忽秃忽，然后，他说道："你把这副镶金子的马笼头扔在营地里。"

失吉忽秃忽不解地问道："这是要做什么呢？"

成吉思汗说："派人远远地看着，把过路的人，不论捡与不捡的人都给我抓来。"失吉忽秃忽答应下来后就走出了大帐。

第二天，失吉忽秃忽领着成吉思汗来到断事官的大帐，说："在一天之内，有四个人经过，却没有一个人捡起马笼头。"

成吉思汗问："是吗？"边说边走进大帐。成吉思汗坐在断事官的椅子上，失吉忽秃忽站在他的身后。在他们的面前站着四个蒙古人。

这时，成吉思汗指着其中的一人，问道："你是不是没有看见地上的笼头呀？"

那个人说道："看见了。"

成吉思汗问："那你是不知道它很贵重吧？"

那人回答："我当然知道了，那可是镶了金子的呀！"

"那你为什么不捡呢？"成吉思汗有些不解地问道。

只见那个人摇了摇头，说道："我可不敢捡。大札撒令上规定，拾到东西不归还原主，那就是偷窃呀，偷窃可是要杀头的呀。"

成吉思汗指着另一个人，问道："那你为什么不捡呢？"

那个人说："我有一个比这个笼头更好的，是在同乃蛮人打仗时，由于我表现勇敢，千户长分配给我的。"

成吉思汗又问了第三个人，说道："你呢，是不是也有一个比这个更好的笼头呀？"

"我没有，可是，我相信在下次打仗时，我会得到一个比这个更好的笼头。"

"好！果然有志气！"他又问了最后一个人，"那你呢？"

"我不捡它是因为它不属于我，拿不属于自己的东西是可耻的行为。"成吉思汗点了点头表示赞同。

这时，他们中的一个人说道："我记得，有一次主儿勤首领撒察别乞的那可儿偷了一只马笼头，可汗大发脾气说，您平生最恨偷盗的行为了，因为我们的吃穿用都是靠辛勤的劳作和战场的俘获得来的，是流汗流血换来的。偷盗者既不流血也没有流汗，就轻而易举地将别人的血汗据为己有，对这类偷盗的鼠辈处置的方法只有一个，那就是杀！"

成吉思汗听了这个人的话后，哈哈大笑起来："好，失吉忽秃忽，我原来担心，只有两千人留守在三河源头是不是太少了，现在看来，有这样路不拾遗的后方，我们还有什么可怕的呢？"

失吉忽秃忽问："大汗要讨伐金国了吗？"

这时，成吉思汗严肃了起来，说道："我等这一天已经等了四十多年了！"

那是在1211年的春天，成吉思汗在斡难河畔蒙古营地誓师伐金。秃黑军旗高悬山顶，九十个千户依次排列，旗帜鲜明，战马雄壮，刀枪如林。

随后，成吉思汗快步登上了小山之顶。他望着东升的太阳，解开衣带搭在了脖子上，然后，他又脱下帽子举着跪了下去，说道："长生天和不儿罕山的神灵，你们曾经目睹过金国皇帝将我族先祖俺巴孩汗和斡勒巴儿合黑两位无罪的人，钉死在了木驴上，此仇此恨，刻骨铭心。我现在就要去报仇了，我要靠着长生天的气力来战胜敌人；惩恶的神灵、扬善的神灵，以及列祖列宗保佑我们取得胜利吧！"说完后，成吉思汗闭上了眼睛，他听到了震天动地的厮杀声。

其实，成吉思汗南下伐金是他多年以来的夙愿。纵观这场战争的实质，我们可以将它归结为是反对民族压迫的复仇战争，是进行经济掳掠的掠夺战争，同时，它也是为了争夺最高统治权的征服战争和统一战争。此次战争是当时的社会、阶级和民族矛盾发展的结果，并非是少数人随心所欲的举动。

1211年春，成吉思汗誓师克鲁伦河，祷告天地，亲统大军，只留下脱忽察儿带领两千多名骑士留守在了本土，随后，踏上了南征之路。

蒙古军几乎是全部出动，兵分三路，中路军由成吉思汗亲自率领，是蒙古军的主力部队，他们3月出发，至阴山汪古惕部驻地，休兵避暑。

7月，蒙古军沿抚州，经宣德府，向居庸关进军；东路由阿勒赤那颜、速不台率领，经辽东，攻桓州；西路派术赤等四子攻打西京。

成吉思汗派哲别迂回乌沙堡，袭击乌月营守军，蒙古军大胜。乌月营失守，乌沙堡失去防御作用，金军败退，乌沙堡被蒙古军占领。乌沙堡守将千家奴被金廷免职。

乌沙堡战役的胜利，使蒙古军士气大振，他们乘胜追击金军，大破金军于宣平附近的会河堡，金军守将完颜胡沙只身逃奔宣德。

西路军进围西京，西京留守名叫胡沙虎，另一将领是抹捻尽忠。胡沙虎听说蒙古军要来，十分害怕，率所部七千人弃城东走，想回中都，途中遇到蒙古军，胡沙虎只身逃往中都。

另一守将抹捻尽忠独自坚守西京，因城坚固，蒙古军久攻不下，抹捻尽忠因此而立功。

西路军返身扫荡河北各地，蒙古军所至，金军望风而降，只有西京没有攻下。

东路军于7月攻下桓州，紧接着攻下大水泺，然后向临潢府推进。

成吉思汗的中路主力乘胜追击，攻占宣德府，攻打居庸关。居庸关是进入中都的咽喉要塞，因而金军防守严密，蒙古军久攻不下。

蒙古军先锋将领哲别采取佯败诱敌战术，先将大部分兵马撤离关前，只留少数老弱残兵在城下百般辱骂，以激怒金军，金军出击则败走，并遗弃各种物品，给金军造成蒙古军因久攻不下无力再战、准备撤军的假象，诱使金军出关进击。

金军中计，出兵追至鸡鸣山，哲别见时机已到，突然引军回身反击。蒙古军骁勇善战，战马驰突，刀箭齐下，金军不敌，其精锐部队全部被蒙古军歼灭。

蒙古军大获全胜，成吉思汗随之入关，驻跸龙虎台（今北京南口附近），准备攻取中都。但中都城高墙厚，金主又调外军入卫，防守非常坚固，因此哲别将军无功而退。

1212年，成吉思汗第二次兴兵南下，进军的路线与上年基本相同。蒙古军连续攻破昌、桓、抚州，攻陷宣德州、德兴府，再围西京城。

金帝派元帅左都监奥屯襄率师来援，成吉思汗诱敌至密谷口，金援兵全被歼灭。西京城下，蒙古军尽力围攻，金兵坚守不懈，成吉思汗中流矢受伤，只好撤围。

正当成吉思汗的大军在金国边境停滞不前时，发生了一件有利于成吉思汗的政治事件。原来在金人占领北京以前两个世纪，北京被另一个少数民族契丹人占领着。

契丹人统治北京达两个世纪，接着，金王的祖先从他们手中夺取了北京。金人和契丹人属于两个民族，金人属于通古斯——满语族，是今满族的兄弟，而契丹人则主要属于蒙古族，老家在今辽阳地区，契丹人虽然失去了北京的统治权，但三个世纪以来他们一直住在中原土地上。

所以与成吉思汗的臣民们相反，他们几乎完全被中原同化了。但他们怀念昔日的光荣历史，一直想向战胜他们的金王复仇。

果然，1212年春，契丹人的亲王之一耶律留哥带头发起暴乱叛离金王，集合手下的契丹人前来投靠了蒙古人。成吉思汗不失时机地利用刚发生的这一事件，派大将哲别率领一支军队去攻辽阳。

但辽阳城防坚固，哲别首战失利。于是，哲别佯装败退，且战且退，同时设埋伏于辽阳城附近。退了一段路程以后，哲别突然回转马头，指挥军队进行反击，进行奇袭并占领了辽阳城。

这样，耶律留哥就在蒙古人的支持下宣布称契丹王，充当成吉思汗的附庸。

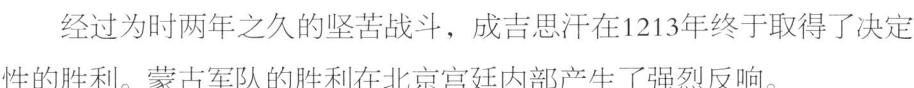

成就伟业

经过为时两年之久的坚苦战斗，成吉思汗在1213年终于取得了决定性的胜利。蒙古军队的胜利在北京宫廷内部产生了强烈反响。

1213年8月至9月，金国内一名将领胡沙虎弑其君金王卫绍，改立王室的另一成员为君，即宣宗。

成吉思汗立即抓住金国宫廷发生政变和混乱的良机，在同年秋天大举入侵金国，一直攻到金国的中心。他把军队分成左中右三路，三路大军一齐杀奔而来。

成吉思汗与其第四子拖雷率领中路军，主要目标是华北大平原。

当时，部下纷纷要求攻入北京城。但成吉思汗头脑十分清醒冷静，拒绝了这一提议，因为他认为，北京城城防坚固，蒙古军队还没有足够的装备足以使他们攻下这座城。

成吉思汗决定只派一些部队围住北京，而他自己则率领大军继续南进。

1214年，成吉思汗的三支大军在北京会师。他手下的将领们又纷纷要求攻下北京城，他又一次拒绝了这一主张。这是因为，成吉思汗比他的这些将领们更了解蒙古军队攻城技术的不足之处。

同这些将领的主张相反，成吉思汗却派了一名使节前往北京城内向金王提议媾和。实际上，金王是不能抱和平幻想的，因为，以高昂的代价换来的和平，在当时只不过是一种暂时的休战。

蒙古军队已经积累了攻破万里长城及其附近防御据点的经验，因而他们随时都会挥师重来：北京离蒙古草原太近了。

金王便以"国蹙兵弱，财用匮乏，不能守中都"为理由，提出将首都迁往南京开封府，以此躲避蒙古军的锋锐，苟且偷安。此议一出，举朝震惊，不少人极力反对。

左丞相徒单镒说："皇帝一离开首都，北方诸路势必落入敌人之手。现在已经与蒙古议和，我们聚蓄粮草、征调军队，固守首都，这是上策。南京毗邻南宋，四面受兵，并不安全。如果说一定要撤退的话，退到南京还不如退回辽东，那里是女真人的根本之地，依山背海，我们凭借险要只需防御一面的敌人,这样可以远图大事。"

徒单镒的建议不失为一种十分稳妥的计划,但宣宗仍不思振作,只顾眼前,不顾大家的反对,仍然决议南迁,并以此诏告全国。

1214年阴历五月,宣宗任命完颜承晖为尚书右丞相,抹捻尽忠为左副元帅,辅佐太子完颜守忠留守中都,宣宗自己率百官家眷起程南下。

成吉思汗得到消息,立即决定发兵再入金境将中都包围。随后,成吉思汗轻而易举地就占领了中都,这座城市遭到了毁灭性的劫掠,蒙古人也将获得所有的一切。当该城即将攻陷的形势变得明朗时,成吉思汗就将最后的攻击任务交由部下去完成。

由于成吉思汗忍受不了夏季的炎热,并且又讨厌定居生活的污秽,所以他决定离开中都,返回到纬度更高、天气更干燥而土地又更加空旷的内蒙古草原。同时,他委派了契丹将领哈台和他的军队劫掠了该城,因为他们更习惯于管理城市,而且还非常熟悉如何去榨取财富。

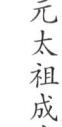

元太祖成吉思汗传

因此,蒙古官员们只是待在城外,等待着带给他们登记在册的掠夺物。成吉思汗期望使用蒙古人常用的而又行之有效的方式来进行洗劫,因为他曾经就用过这个方式击败过塔塔儿人。

按照蒙古人的方式,士兵们将搜集起来的掠夺物,视作他们在群猎中收获的猎物一样,并且在全体蒙古人中间,按照他们的等级进行着分配,所有的一切都得按照他们精确的方案进行分配,不能够多得。

然而,蒙古的新盟友或者是那些不了解这一分配制度的人,他们拒绝遵守这一制度。他们中的许多人,曾经受到过女真人的压制,并且对他们感到极大的不满,因此,他们更加渴望复仇和摧毁敌人。

他们认为每位士兵都有权保留他所夺取的东西,他们从宫墙上拆走了黄金制品,撬开了镶嵌的宝石,抢夺了装满金银的箱柜。他们把贵重的金属装载到牛车上,将一捆一捆的绸缎绑到了他们的骆驼背上,所有的这些,他们都想私有,因为这些是他们自己抢夺的财物。

可是,成吉思汗却将分配劫掠所得视为国家的一项重要事务。因此,他派遣蒙古人的首席法官失吉忽秃忽前往中都,进行有条不紊地指导掠夺财物和编造详细的财产清册的事务。

然而，当失吉忽秃忽看到了这一混乱状况时，那些蒙古官员，包括掌管皇室膳食的高级官员都处于城外，由于他们收受了贿赂，这样就使得盟军士兵得以持续地进行着无序地掠夺。

就在失吉忽秃忽抵达该城时，也有人给他提供了一份私人礼物。但是这些却被失吉忽秃忽给严词拒绝了，并且向成吉思汗报告了这些不当的行为。成吉思汗知道后，感到非常气愤，他严厉地谴责了契丹人，并且没收了他们的物品。

当蒙古人撤离这座女真人的城市时，他们还要给这片土地施以最后的惩罚：他们驱离了那里的居民，并且焚毁了村庄。因为如果他的军队需要返回此地时，成吉思汗想留下一片广阔空旷的地带作为大牧场。而那些农田、石墙以及深壑，延缓了蒙古铁骑的进军速度，并且阻碍了他们在这一地带纵横驰骋的能力。同样，这也阻碍了蒙古人喜欢猎杀的羚羊群、驴群，及其他野生动物的自由迁徙，这大概也就是蒙古和曾经的女真人的区别吧。

当蒙古人结束了这场对付女真人的战役时，他们用马蹄踩踏了农田，翻起了身后的土地，他们打算将该地退还成为空旷的牧场，他们想确保农民以后不再回到村庄和田地。从此，能够使得蒙古保留原有的放牧地带。

此后，蒙古人在游牧部落地带和定居农民的田地之间，建立起了一片广阔的牧场和森林缓冲区。茂盛的大草原做了马匹的牧草储备地，使他们能够在未来的袭击和战役中更便于使用，而退耕的草原也提供了以野生牧群为主的肉类储备，这些野生牧群一旦在农民们被赶走后，就会返回到这些退耕的草原上。

那是1215年的前半年，蒙古人带着成队的民众、牲畜，以及货物，开始从焚毁的中都前往内蒙古高原。他们再次聚集在了多伦泊，成吉思汗曾在一年之前就在那里停驻过，但是却没能够顺利地返回家乡。他们要等到夏季过后，才能冒险跨越戈壁，然后才能返回自己的家乡。

成吉思汗已经在多次的战争中显示出了他取得胜利的能力，而如今在草原可汗的历史上，他又前所未有地展示出了他将大批物资带回给家乡人民的非凡能力。

看看眼前，一队队骆驼和牛车商队运载了大量的贵重货物，蒙古人用丝绸来捆扎他们的货物，或将丝绸用作包装的材料。他们丢弃了生牛皮的绳索，改用丝绸的双绞软线。他们包起一捆捆的长袍，这些长袍是用金银丝线来镶边的，上面有盛开的牡丹花、展翅高飞的鹤，以及神兽等各种图案，并且还装满了缝制有小珍珠的丝绸拖鞋。

蒙古人的马车上装满了绸制的地毯、墙帷、枕头、软垫及毛毯，还有绸制的肩带、编织物、饰穗及丝带。他们搬运成卷的生丝、丝线以及衣料，这些衣料可以制成各式的衣服或者是装饰品，而在衣料的色彩方面，蒙古人却是无法用他们的语言来对它们加以区分的。

元太祖成吉思汗传

除了丝绸、缎子、织锦及薄纱之外，包裹里还装有蒙古人喜欢的以及能够搬动的所有物品，他们得到了由贵重金属、象牙或龟甲等手工精心制作而成的头发饰物和珠宝饰品，这些饰品上面点缀着各式各样的珍珠玛瑙。货车上还装载着酒、蜂蜜和红茶，其间还夹杂着熏香味和药味等。

许多的办事人员不辞辛劳地对抢掠来的各种物品进行着编目，并且还在反复地核对着每支骆驼和牛车商队的货物。商队在前进的时候，乐师们就在边弹边唱。商队每次停顿下来的时候，走钢丝的演员、柔软杂技演员及魔术师就要表演，而年轻的女仆们则要收集干粪生火、挤奶、做饭，以及提供其他可能的任何要求。

此外，男仆还要照看牲畜和负责抬起重物的事情。在牲畜之后跟着的则是连绵不绝的行进中的俘虏，在他们中间有许多拥有着各种才能的人，他们的一技之长吸引了成吉思汗的注意，因而把他们都集拢到了一起。

在抢劫和贸易的全部岁月里，成吉思汗带回家乡的货物数量，是没有哪位首领能够比得了的。然而，数量虽然如此巨大，但是部众的欲望却是无法得到满足的。

当成吉思汗离开这场战争返回到家乡的时候，他所有商队都载满了贵重货物，但是每支商队的装载物又激起了他们更多的欲望。为了供养工匠，源源不断的大麦、小麦，以及其他食品，不得不跨越阻隔放牧草场和南部农田的辽阔荒漠，进行托运。成吉思汗带回家乡的俘虏越多，他所必须获得的供应给他们的食物和必需品也就越多。从而形成了成吉思汗征服得越多，就越需去征服的局面。

从此以后，草原不会再被隔绝。因而，成吉思汗不得不建立起供给线，从而能够维持生产以及协调货物和人员的流动。开始于对戈壁之南城市的丝绸和新奇小物品的快速抄掠，已经变成了世界历史上长达三十年之久的最为广泛的战争。

1215年正月，收降金国右副元帅蒲察，使中都城陷于孤立境地。

1215年5月，石抹明安攻占了中都城。蒙古军围攻中都的同时，成吉思汗派木华黎经辽西，10月，至高州，金守将卢琮、金朴投降；至成州，金锦州兵马提控张鲸杀死金廷节度使，遣使投降。

1215年2月，进攻大定府，金元帅寅答虎、乌古伦投降。同月，金兴中府吏民杀死守城官吏，投降木华黎。

蒙古军攻取中都后，河北诸城多降，成吉思汗传谕金宣宗：命他将山东、河北未下的诸城奉献，令他除去帝号，改称"河南王"，但金主不从。

1216年春，成吉思汗返回克鲁伦行营。8月，封木华黎为"太师国王"，赐金印，建白旄，传谕蒙古众将："木华黎建此旗以出号令，如朕亲临。"把征战中原的全权交给了木华黎。

1217年，成吉思汗在漠北图拉河畔，对从军多年的将士论功行赏，同时改编部队，这时封木华黎为国王。

成吉思汗说："太行以北，朕亲自治理。太行以南由你治理。"

征战花剌子模

1218年,成吉思汗派遣大将哲别征讨西辽。西辽境土为成吉思汗所有,西辽的旧辖地东至哈密,西至花剌子模,北及巴尔喀什湖南,南抵和田地区。这样,蒙古就与伊斯兰教世界为邻,蒙古骑士西进,与西辽旧境西边接壤的伊斯兰大国花剌子模,便成为首当其冲的目标。

花剌子模是亚细亚阿姆河下游的一个古老国家,是古代的"昭武九姓"国之一,过去也叫"忽似密""火寻""货利习弥""火辞弥",花剌子模是后来的译音。

蒙古人称这个国家为"撒儿塔勒",意思是经商,这是因为那里的人们多精于商业的缘故。

花剌子模的都城在玉龙杰赤,即今天的土库曼斯坦库尼亚乌尔根奇。

8世纪时,花剌子模被阿拉伯人征服,10世纪受萨曼王朝的统治,11世纪隶属于伽色尼王朝,11世纪中期又被塞尔柱突厥人建立的塞尔柱帝国征服。

　　1200年，花剌子模国王摩诃末即位，他率军南征北战，征服了许多国家和地区，国势强盛起来。1208年，他杀死西辽使臣，攻入西辽国。由此，进入花剌子模的全盛时期。

　　摩诃末差不多与成吉思汗同时兴起，他也和成吉思汗一样企图征服世界。他曾计划侵入富庶的中原，但是这时从中原传来了成吉思汗攻打金朝的消息。

　　为了探听确切的情况，1215年摩诃末派遣花剌子模使团，来到蒙古人刚刚占领的中都。

　　成吉思汗在营地接待了使团，让他们回去转告摩诃末："我是东方的统治者，摩诃末是西方的统治者，双方应当友好，让商人自由往来。"

　　成吉思汗对与中亚的贸易十分重视，他称双方的贸易通道为"黄金绳索"。当他控制了中原北方和西部广大地区之后，立即在各条通道上设置守卫，保障通道的畅通和往来人们的安全。

　　成吉思汗甚至还颁布了一条札撒："凡进入他的国土内的商人，应一律发给其凭证，而值得汗受纳的货物，应连同物主一起遣送给汗。"

　　因为蒙古人是游牧民，没有城镇，他们缺乏衣物等手工业品，所以同蒙古人做买卖实是有厚利可图。

　　大约在巴哈丁·剌只的使团东来的同时，有三个花剌子模商人带着缕金丝织物和棉织物动身到蒙古来。

　　在边境上守卫看中了这些货物，便把他们送到成吉思汗那里。其中一个商人在成吉思汗面前摆出他的货物，凡是值十个或二十几个底纳儿的东西，他竟索价要三个金巴里失。

　　成吉思汗对他的欺骗非常生气，他发怒道："这个人以为我们这里从来没有过织物！"

　　于是他命人带着他到府库中去，让他看里面收藏的各种贵重织物，然后又没收了他的货物，把他扣留了起来。接着，成吉思汗把另外两个商人招来，问他们的货物的价钱。

这两个商人被同伴的遭遇吓坏了，尽管再三追问货物的价钱，他们都不肯回答，只是说："我们只是奉国王之命，把这些东西奉献给汗的。"

成吉思汗听了他们的话感到很高兴，便下令尽数买下他们的货物。他又下令放出那个被扣留的商人，对没收的货物也给了同样的价钱。

后来，摩诃末蓄意挑起冲突。1217年速不台奉命追击蔑儿乞残部，在楚河击败他们。1218年正准备胜利回师时，摩诃末率军队追踪蒙古军，一直追到谦河。

速不台前去劝说："成吉思汗命令我们，若遇见花剌子模军队，要友好相待，将缴获的物品犒劳贵军，希望双方不要交战。"

但摩诃末自恃兵多，无理地回答说："成吉思汗虽然命你不要攻击我，但上帝命我攻击你们！"

于是，摩诃末率军攻打蒙古军。蒙古军被迫迎战，向摩诃末的中军突击。不可一世的摩诃末没有想到，蒙古军士是那样英勇善战，他险些被俘，得到其子的救护才得以脱险。

更严重的是，摩诃末违反国家交往的惯例，斩杀大蒙古国使臣和大批商队成员。

在1218年，成吉思汗根据两国间的通商协议，派出四百五十人组成的商队，由五百峰骆驼驮运商品，其中有金银、丝绸、驼毛织品、海狸皮、貂皮等贵重物品，去花剌子模国。

成吉思汗给摩诃末致信说：

> 你邦的商人已至我处，今将他们遣归。情况你将获悉。我们也派出一支商队，随他们前去你邦，以购买你方的珍宝。从今以后，我们应使荒废的道路平安开放，使商人们可以安全和无约束地来往。

元太祖成吉思汗传

成就伟业

不久以后,蒙古的商队也从草原起程,向花剌子模进发。商队走到锡尔河上的讹答剌城,发生了一场意外的事变。

讹答剌守将哈只儿汗自作主张,杀死了商人,夺取了财物。只有一名商队的骆驼夫幸免于难,逃回蒙古立即向成吉思汗报告了同伴们的不幸遭遇。

花剌子模这种杀人夺货的敌对行为使成吉思汗再也无法忍受,听到这一消息后他无论如何也平静不下来,悲愤的眼泪夺眶而出,万丈怒火使他暴跳如雷。

成吉思汗独自登上一个山头,摘去帽子,以脸朝地,跪在地上绝食祈祷了三天三夜,说:"我不是这场灾祸的挑起者,赐给我力量去复仇吧!"然后他走下山来,策划行动,准备战争。

但在进军花剌子模之前,他却再次派一个伊斯兰人和两个蒙古人为使者向摩诃末询问商队被杀的真相,说:"您曾与我约定,保证不虐待我国任何商人。结果却杀死了几百名商人,违背誓约,枉为一国之主。假如讹答剌杀害商人之事,不是您的命令,请您把守将交给我,听我惩罚,否则就请您备战。"

面对着成吉思汗进攻的威胁,摩诃末也曾想把哈只儿汗献给成吉思汗,但由于他本人并没有及时制止这一事件,负有不可推卸的责任;又因为哈只儿汗是花剌子模的母族,又是手中握有重兵的大将,摩诃末无力控制,因此拒绝了成吉思汗的要求。

同时,摩诃末为了表示自己不失为一个大国君主,干脆一不做、二不休,杀掉了蒙古的正使,剃掉了两个副使的胡须,然后放他们回去给成吉思汗复命。

伊斯兰教徒将胡须当作权利的象征,犹如生命一样重要。因此他们在与人赌誓时常说"用胡子担保",被人割掉胡子是奇耻大辱。

摩诃末如此侮辱成吉思汗的使者,这纯粹是向成吉思汗示威挑衅,是进行挑战!把复仇行动当作光荣和勇敢的成吉思汗君臣们,坚决不能不声不响地接受这不能忍受的侮辱。

使者回来报告了事情的始末,成吉思汗知道用和平方式已不能解决争端,决定西征花剌子模,兴师问罪。他首先召集忽里勒台,进行战事动员,部署任务。

成吉思汗从与花剌子模商人接触到与摩诃末互定和平通商条约谈起,讲述了蒙古国的商队成员被害,再派使者问罪,摩诃末杀正使、剃掉两位副使胡须的经过。

他说:"我已下定决心,要亲自率军西征花剌子模,以牙还牙,以眼还眼!"听了成吉思汗的决定,在座的各位将军大臣一致同意。

在成吉思汗的一生中,对花剌子模的战争是一个新阶段的开始。在对花剌子模的战争开始以前,他几乎还没有走出蒙古的范围,因为他曾前往征战的北京地区在当时还是蒙古草原的延伸。现在,他将进入伊斯兰教盛行的土地,进入一个未知的世界。统治着突厥斯坦、阿富汗和波斯的花剌子模帝国的势力似乎是很强大的。

一切安排就绪,临行前,成吉思汗降旨说:

  合萨尔的子孙中报一名继承人,合赤温的子孙中报一名继承人,铁木格的子孙中报一名继承人,别勒古台的子孙中报一名继承人,我的儿子中将来由窝阔台继承汗位。我所下达的旨令,永远不许更改和撕毁!

西征花剌子模之前,成吉思汗决定在全国进行战争总动员,在人员、战争物资以及舆论上尽可能做好准备。

一场震撼世界的战争就由此引发了。

1219年春,成吉思汗召开丁忽里台,做西征花剌子模前的各种准备。他让小弟弟斡赤斤留守蒙古草原,对将要随他出征的诸子及万户长、千户长、百户长进行了任命和分派。这一年,成吉思汗已经58岁了。

出征的军队约有二十余万人,由于成吉思汗此时已经取得对金朝战争的初步胜利,所以在西征军队中吸收了一大批汉人、契丹人、女真人,他们中有不少炮军和工匠,这对于蒙古军的装备、技艺方面的提高,都有很重要的作用。

此外,军队里也有一些中亚的回族商人,他们熟知中亚的交通地理和花剌子模的内部情况,有利于成吉思汗正确地军事指挥。

就在成吉思汗慢慢接近花剌子模新都撒麻耳干的时候,那个沉浸在不可一世的高傲之中的算端摩诃末,也在加紧备战。

此时,在街市上,兵丁在官员的带领下正在挨户收税。这时,有一位杂货店的老板不解地问道:"尊敬的长官,今年的税钱我已经交过了,一个黑铜第尔赫姆也不少,我用我的胡须发誓!"那位官员说:"留着你的胡须吧,我们是来收从明年算起,以后三年的税款的。"

老板听到他这么一说感到十分地吃惊,他看着那位官员,说道:"啊,难道是世界末日就要到了吗?"

"差不多吧,算端要履行他保卫正教的神圣职责,去讨伐成吉思汗,因此就要增加赋税,你明白吗?"

老板说:"明白了,可是我没有那么多钱呀。"

"那就只好用货物来抵税了。"说完后,士兵们就上前来抢夺货物,老板不断地拦挡着。这时,在对面的铺子中捆出了一个满脸是血的商人。官员问道:"那是怎么回事呀?"

捆人的士兵回答道:"这个叛逆不仅不交税,而且还用恶毒的诅咒攻击伟大的算端。"

那商人争辩道:"长官,我用胡子担保,我只是说算端收了我们的税了,他有保护我们这些纳税人的义务。"

官员说:"我明白了,你要因为这句话丢掉你的胡子,当然也包括你的头颅,把他押到十字路口去交给刽子手吧!"

商人被推走了,那位官员对围观者说:"听着,不要把金币化成水灌到脑袋里,妨碍了你们的理智思考。要么拿出三年的赋税,要么去死!因为我们不去攻打那些野蛮的蒙古人,成吉思汗就会带领东方的异教徒杀过来，那样的话大家就都会死。"

在花剌子模的宫廷中，摩诃末坐在宝座上。两边盘腿坐着钦察诸汗和海尔汗、札兰丁，还有帖木儿灭里和那个被立为王储的男孩。这时，海尔汗说："我的意见是，把花剌子模的军队全部集中在阿姆河畔，利用天堑阻挡住成吉思汗的进攻。"

札兰丁则沉着脸说道："蒙古人真的是这么无能吗？"

海尔汗又反驳说道："这可不是我说的，是蒙古副使，真正的穆斯林麻哈茂德说的。"

"他的话尤其不可信！我知道成吉思汗是很会用人的，从他起兵统一草原开始，他的部将们竟然没有一个对他不忠或者叛变过。谁知道这个麻哈茂德是不是有意来麻痹我们的。"札兰丁说。

"都不要再争了。"摩诃末发现双方互不让步，说，"札兰丁，你还是对这场将要面临的战争说说看法吧。"

"我的看法很简单，"札兰丁说，"我同意将全国军队集中在阿姆河一线，但不是为了防御，而是为了在成吉思汗远道奔袭，人困马乏，立足未稳之时，一下子压上去，歼灭来犯之敌，活捉成吉思汗！"

帖木儿灭里说："我认为札兰丁将军的意见是十分正确的。算端陛下，您就决定吧！"

摩诃末又顿了顿，说道："难道就没有什么更好的意见了吗？"

哈剌察汗说道："我不赞同在阿姆河与成吉思汗决战的办法，因为，万一我们不能打败成吉思汗的话，或者正相反，如果我军被成吉思汗打败了，那岂不一战亡国了吗？"众人感到愕然。

哈剌察汗又继续说："所以我的意见是，把敌人放进来，在我们广袤的国土上消耗他，并分散他，最后，再一点点地吃掉他！"

札兰丁问道："那我们的百姓该怎么办呢？"

帖木儿灭里问："你是想让成吉思汗一点点地吃掉我们吧！"

这时，摩诃末忽然站了起来，说道："都不要再争了，先议到这里吧。反正蒙古人来到阿姆河，至少还要一年半的时间。"于是，他站起来便走了，诸汗们也都边议论着边向外走了出去。

札兰丁和帖木儿灭里却没有动，他们心情沉重地坐在那里。无疑，札兰丁的意见是正确的。如果花剌子模算端真的采取了他的战略思想，也许成吉思汗将会兵败阿姆河畔。然而，历史是没有如果的。

这年春天，在蒙古草原上，成吉思汗的大军正在行进。几十头牛拉着成吉思汗的大帐车，骑兵们牵着备用的马匹，大车上拉着炊具，马上驮着大毡帐，骆驼群和供食用的牛群、羊群随军前进。

每个士兵的身上都穿着生丝棉背心一袭，用来抵御箭矢。每人备马两匹，换着骑来前进……战士们每人还带着蒙古套马杆，这样是为了防止战马中途逃离。

队伍中有投石机、射火机，以牛、驼驮着火炮及防石盾车、登城云梯等。

蒙古军连年征战，使得人力和财力已经相当匮乏了，常备兵也只有二十五万左右。木华黎又在征讨金国，自然要留下部分精兵。但是，有一点是已知的，那就是为了这次西征，成吉思汗动员了全汗国十六岁至七十岁的男人入伍出征，又遣使向新降服的西回纥王、阿力麻里王、哈剌鲁汗进行征兵，随后，木华黎也从金朝北部送来了五千名工匠随军西进。

成吉思汗的大军日夜兼程。虽然此时已经是晚春了，但是阿勒泰山仍然是冰封雪盖，路十分不好走。1219年5月，成吉思汗大军铲冰开道强越阿勒泰山。

只见察合台和哲别的先锋军在刨冰开路，成吉思汗则骑马站在高处。在他身边耶律楚材和忽兰妃也骑在马上，随成吉思汗一起观察着路况。山下，纳牙阿则在指挥着工匠们，从二十匹牛拉的车上拆下行军毡帐。

这一年的6月份，成吉思汗的大军来到了耶律不花的屯田军驻地。在成吉思汗的中军大帐外，成吉思汗、忽兰妃与中军诸将在一起宴饮。

耶律不花与成吉思汗的桌子相邻，成吉思汗高声地说道："怎么样？这葡萄酒比马奶酒的味道怎么样？这是耶律不花率领两万农垦大军，用自己种的葡萄酿出来的酒啊。"

耶律楚材称赞道："真是好酒啊，味香醇厚，口感极佳。"

者勒蔑笑道："算了吧长胡子，太甜了，没劲儿！"

速不台也开玩笑地说道："耶律不花老兄，你这玩意儿也只能给女人们喝着玩儿。"

这时，成吉思汗说道："没有耶律不花的屯垦，我们就没有粮草的接济，今天，你们吃着耶律不花的、喝着耶律不花的，还在挑三拣四。"

者勒蔑站起来说："我认罚！请大汗出题目吧！"

成吉思汗指着者勒蔑："你表演海东青，速不台表演河里的鱼。"

众人欢呼起来。于是，者勒蔑与速不台分别演了起来。

札儿赤兀台说："我有两个多么好的儿子啊！"

随着一阵欢快的笑声过后，成吉思汗又对札儿赤兀台说："百灵鸟，你的这两个儿子给大家带来了欢乐，你是不是也用你的琴声，使我们解除疲劳呢？"随后，札儿赤兀台拉起了马头琴，而忽兰妃则唱起了送夫出征的歌曲。

就在那天夜里，天空中突然下起了大雪。早晨，成吉思汗和忽兰惊慌地走出了大帐。者勒蔑等早就站在了雪地上，只见他们一个个神色都有些慌张。

者勒蔑迎了上来："大汗，今天就要祭旗出征了。已经是夏季了，居然天降大雪，这难道是长生天在警示我们吗？"于是，众人纷纷跪了下来，向天叩头，祷告着。

随后，蒙古兵也纷纷从帐篷里跑了出来，一个个低着头，相继下跪，进行祷告。

成吉思汗也有些疑惑，问道："耶律楚材呢？他上知天文下知地理，又懂得星相占卜，快请他来看看呀！"这时，郭宝玉用手向远处一指，说道："他在那儿呢！"

只见耶律楚材正站在河边，捻着长胡子，嘴里还吟着诗。随后，他便笑吟吟地走了过来："这样的好山色，我已经饱览多时了。"

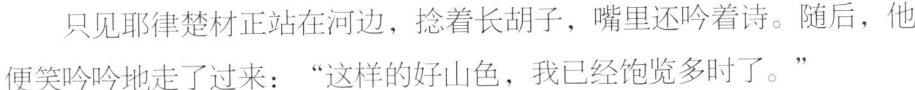

成吉思汗问道："长胡子，六月盛夏天降大雪，是不是长生天警告我，不让我西征呀？"

耶律楚材急忙说道："这是谁说的？大军将起，天降瑞雪，此乃克敌之兆啊！"

"真的吗？"成吉思汗一时也不敢相信。

耶律楚材斩钉截铁地说："军中无戏言！"

成吉思汗听了十分兴奋，说道："把长胡子的话传给全军！"

于是，几个怯薛军跑开去喊道："天降瑞雪，是克敌之兆！天降瑞雪，是克敌之兆！"人们听到喊声后，终于从恐怖中解脱了出来，高兴地叩头感谢长生天。

成吉思汗对大家说："长胡子熟知玄机神意，我们要昼夜兼程，歇马不歇人，争取了时间，就能够取得胜利。出发！"

随后，蒙古的先头部队进入了天山。察合台与书生出身的百户长、工匠若干承担了工兵的任务，艰难地在山路上前进着。

后来，察合台指挥着兵士们架桥。书生百户长领着工匠们进行伐树。他们以极快的速度架起了四十八座桥梁，至今尚存的还有三十二处遗迹。紧接着，成吉思汗的军队便进入了茫茫的大戈壁。

进入了大戈壁后，人们在烈日和流沙的烘烤下，饥渴难熬，步履蹒跚地前进着。哲别领着先锋部队百余人喘息着到前方去探路，随之有人和马匹不断地倒下。

这个时候，哲别说道："杀了马喝血吧！"

朵歹问："没有了马该怎么打仗呢？"

哲别说："后续部队上来总会有马骑的，我们得活着才能给后边的人找到大军可行之路啊！"朵歹垂下了头同意了。士兵们喝了马血后又继续艰难地行进了。

随后，蒙古军队又行经西辽旧都阿力麻里，秋天抵达了花剌子模边境城市讹答剌城。讹答剌是锡尔河畔的一座历史名城，也是花剌子模的边疆重镇。它位于锡尔河的西岸、阿里斯河注入锡尔河的河口附近。

讹答剌守将海尔汗杀害了蒙古商队，并且还掠夺了蒙古商队的财物，这也成为了成吉思汗西征的导火线。因此，成吉思汗西征的首要目标自然就是讹答剌城了。

无论是现代战争还是古代战争，只要掌握了时间，就掌握了主动的机会，赢得了时间就可以缩短空间的距离。善于利用时间和空间，是成吉思汗军事思想的重要内容，也是他朴素的辩证法思想的特征之一。

1219年9月，花剌子模人预计还要再走一年才能到来的成吉思汗，却突然出现在了讹答剌城下，这也使花剌子模人感到十分震惊。

此时，在讹答剌城上，海尔汗和哈剌察汗正慌慌张张地往城下望去。海尔汗不相信哈剌察汗的报告："真的是蒙古兵来了吗？你有没有弄错？他们怎么这么快到达了？"

哈剌察汗说道："你看看他们骑的马就知道了。"

"他们骑的不是马，是鹰吧？城门都关好了吗？"海尔汗向城下看去，然后又转过头来问道。

"早就关好了！"哈剌察汗不耐烦地说，"您现在才想起来关城门，怕是蒙古人已经站到大街上了。"海尔汗还在为自己的疏忽大意进行着辩解。

后来，二人又跑到了城墙的另一侧，他们望着城下将讹答剌包围得水泄不通的蒙古营盘。眼前的情景使海尔汗感到十分吃惊，他紧张得直咬手背。

此时，海尔汗看到郊外已经变成了一片无数雄师劲旅的汹涌海洋，甲马嘶叫着，披甲雄师怒吼着，大军层层包围着城池，军营的数目却无法计算，刀枪如林也望不到尽头。

这时，蒙古人从营盘里列队走出，万众一声如海啸般地怒吼着："活捉海尔汗，为商队报仇！"二人感到十分害怕。

只见海尔汗面色如死灰一般，而哈剌察汗也叹息道："杀了四百五十个蒙古商人,却招惹来几十万的敌军,这就是你干的好事啊!"

海尔汗还在为自己辩解,说道:"我杀的是蒙古奸细!"

哈剌察汗冷笑道:"还是你自己亲自去向成吉思汗解释吧!"随即,哈剌察汗抛下海尔汗下了城墙,而海尔汗又被一阵蒙古人的呐喊声吓得胆战心惊。

当天夜晚,成吉思汗不顾一路奔波的疲劳,与将领们在中军大帐中商议着作战方略。此时的成吉思汗显得特别兴奋,他一边走动着一边说道:"摩诃末如果把四十万骑兵摆在锡尔河边同我们决战,也许我们二十万大军就到不了讹答剌城下了。可是,他却没有这么做,他带了十一万人守卫新都撒麻耳干,十万人守卫旧都玉龙杰赤和皇太后,其余的分散在各个城市,等着我们去一个个吃掉。"

众人听到成吉思汗说的话便大笑起来。成吉思汗又接着说:"这座讹答剌城兵力算比较多了——三万!"众人又大笑起来。随着众人的笑声,成吉思汗也知道,海尔汗知道成吉思汗是不会饶恕他的,所以他一定会拼死进行抵抗的。

在讹答剌城下,成吉思汗将兵分为四路:一路由察合台、窝阔台进攻讹答剌;一路由术赤指挥扑向毡的(今哈萨克斯坦克孜尔奥尔达东南);一路以阿剌黑为统帅攻取别纳客芯(今乌兹别克斯坦塔什干南)、忽毡(今塔吉克斯坦列宁纳巴德);一路是成吉思汗和拖雷率领的蒙古军主力,直趋不花剌(今乌兹别克斯坦布哈拉)。

花剌子模方面,拥有四十余万军队,经济实力也相当雄厚。因此,蒙古军队虽然剽悍善战。但在数量上毕竟处于劣势,况且是远程奔袭,各种供给难以保障。但花剌子模据地迎战,以逸待劳,也自有他们的优势。

摩诃末知道讹答剌是蒙古军首先重点进攻的目标,特意加强了那里的守卫力量。

摩诃末拨给亦纳勒出黑五万人,另派哈剌察率领一万骑兵进行援助，同时加固了讹答剌的城池，储备了大量军用物资。

正当亦纳勒出黑决心固守的时候，蒙古军杀到了讹答剌城下。战斗进行了五个月，当讹答剌人抵挡不住蒙古军的凶猛进攻，处于绝境之中时，哈剌察向亦纳勒出黑提议投降。

但亦纳勒出黑无法指望蒙古人饶他不死，因此拒绝了这个提议。哈剌察劝说不动亦纳勒出黑，就乘着夜色私自出城突围，结果被蒙古军俘获。

成吉思汗在对花剌子模的战争中，采用最多的便是迂回战术、宽阔地面的机动野战和远距离的迂回奔袭，敌分亦分，敌合亦合，或远或近，或多或少，或聚或散，或出或没，来如天坠，去如电逝。就是这样，成吉思汗在军事空间上掌握了绝对的主动权。

蒙古军把哈剌察连同他手下的将官带到察合台和窝阔台处。哈剌察表示愿意归顺成吉思汗。察合台和窝阔台说："你们不忠于自己的主子，因此我们也不指望你们的效忠。"于是他们下令将这些花剌子模将士全都处死。

随后蒙古军攻下了讹答剌城，把城里的百姓像绵羊一般全部赶到城外，进行了洗劫。讹答剌的内堡和外城都被夷为平地，刀下余生的工匠和百姓被掳走，充当蒙古军的"哈沙儿"队，参加进攻其他城市。

按照已定分兵计划，术赤率领第二路军循锡尔河下游进军。蒙古军一路上攻城夺堡，首先抵达昔格纳黑城（今哈萨克斯坦契伊利东南）。术赤先派遣哈散哈只带领使团入城，去告诫城内居民不要抵抗以保全性命。

哈散哈只原为回族商人，在到蒙古地方进行贸易时，曾与处在艰难境地的成吉思汗在班朱尼湖相遇，以后便加入到成吉思汗争霸的行列里。

因为哈散哈只是花剌子模人的同胞，与当地居民相熟，所以被术赤委以这项重任。

哈散哈只进入城后，还没有来得及向居民们传达使命，一群流氓恶棍就以为国君立功为由，喧嚷起来，他们高呼"安拉万岁"，一拥而上，把他杀死了。

术赤大怒，下令军队昼夜不停地轮番进攻。七天之后，昔格纳黑陷落，蒙古人为了给哈散哈只复仇关闭了赦免、宽容的大门，将所有的人全部杀死。

术赤率军继续前进，途中分别占领了讹迹邗、巴耳赤邗城，那里的百姓没有进行大规模的抵抗，因而免于蒙古军的大屠杀。

蒙古军逼近了毡的，毡的守将忽都鲁汗被蒙古军攻无不克的威势吓得魂飞胆丧，在晚上转身就跑，登上旅途，渡河后横越沙漠，赴花剌子模去了。

术赤得知忽都鲁汗及其军队逃跑的消息后，就派一个叫成帖木儿的人带领使团入城劝降。成帖木儿平安返回驻地，向术赤报告了此行的遭遇及城内的情况，他认为城内居民软弱无能，意见分歧，可以轻易地攻占这座城市。

于是，术赤下令做好攻城的准备，军士紧张地填塞城壕，架设撞城器、投石机和云梯。

蒙古军做好准备，将云梯架上城头开始进攻了。这时城中的居民才投入战斗，毫无战斗经验的居民发动了一架投石机，将一块巨石射出，可是巨石并没有飞向敌人，而是垂直地飞入云霄，最后落回发射它的地方，将投石机上的铁环砸得粉碎。

转眼间蒙古军已从四面八方爬上了城墙，打开城门，占领了这座城市。因为城内居民还是没有反抗，所以在战斗中双方无一人伤亡。

进攻锡尔河上游地区的第三路蒙古军五千人，由阿剌黑率领来到别纳客忒。

该城守将亦勒格秃灭里指挥突厥、康里军队同蒙古军激战了三天，尽管他们使蒙古军的进攻毫无进展，不过还是感到抵抗极其困难。不待城破，在第四天头上居民们便走出城来投降。

接着，阿剌黑的蒙古军挺进到忽毡。然而在这里，他们遇到该城守将、花剌子模的民族英雄帖木儿灭里的英勇抵抗。当他们兵临城下的时候，居民们躲进了内堡，希望免遭残害，帖木儿灭里则在城北的锡尔河中间，修筑了一座高大坚固的城堡，率领一千多名骁勇的武士在那里据守。

针对蒙古军填河筑坝的行动，帖木儿灭里造了十二只战船，船上覆盖湿毡，上面再涂以浸过醋的黏土，只留下一些窗口作为窥视和放矢之用。每天早晨，帖木儿灭里向各个方向派出六只战船，与蒙古军展开激战。

蒙古军向战船射箭，投掷火和石油，然而都不起作用，他们填入河中的石头，也都被帖木儿灭里的士兵抛回到岸上。帖木儿灭里还常常施行夜袭，令蒙古军疲惫不堪。

蒙古军下决心攻取这座屹立于河中的城堡，准备了更多的战械，发动了更猛烈的进攻。帖木儿灭里毕竟人少势单，渐渐感到无法支撑，于是决定撤离城堡。

术赤得知帖木儿灭里顽强抵抗并准备突围的情况之后，立即下令在锡尔河下游架设浮桥，备好弩炮，设置重兵以待船队到来。

最后帖木儿灭里身边仅存的几名随从也都战死了，他手中的武器也失掉了，只剩下三支箭，其中有一支还是无镞的断箭。

这时三个蒙古人追了上来，他用那只无镞的断箭射瞎了一个人的眼睛，然后对另外两个人说："我还剩两支箭，刚够你们两个人享受。但我舍不得用，你们最好还是逃命去吧！"蒙古人非常害怕他的箭法，不敢上前，只好退走。

帖木儿灭里脱身来到玉龙杰赤，重新准备投入战斗。他从那里率领一支人马进攻养吉干，杀死了蒙古派驻养吉干的长官。之后他又投奔到花剌子模算端摩诃末处，继续在疆场驰骋，英勇杀敌。

只是在摩诃末死后，他才放下手中的武器，成为一名伊斯兰教派教徒，前往叙利亚。

成吉思汗也在行动。当他的三个儿子和其他几位将领在锡尔河一线一个接一个地攻陷城池要塞的时候,他和他的幼子拖雷率领中军主力从讹答剌向古代河中地区的中心泽拉夫尚河谷进发。1220年2月,成吉思汗率军抵达不花剌。

成吉思汗大军到来时,守备不花剌的兵力全部是骑兵,不花剌守卫部队由两万到三万突厥雇佣军组成。

成吉思汗指挥军队把不花剌城团团围住,然后下令攻城,连续攻了三天。蒙古军施展其一贯的伎俩,把从当地抓来的老百姓赶在前面,发起冲锋。

第三天,守城的雇佣军将领失去了固守的信心,商定夜间率部突围出城逃走。他们这一突围计划差一点儿获得成功。夜里他们开始行动,冲出了包围圈。

蒙古军很快冷静地判明了情况,便整队追击,最后在锡尔河畔追上了这些逃跑的雇佣军,将他们消灭殆尽。

1220年2月10日至16日,蒙古人陆续开进不花剌城。但是,城堡仍有四百余名骑兵把守。

蒙古人宣布,不花剌城内全体持有武器的居民都必须自首,违者格杀勿论,尸体将被填入城堡周围的壕沟。

接着蒙古军队在城堡周围架起投石器,瞬时巨石纷纷飞向城堡,打开了一些缺口,蒙古军从这些缺口冲了进去。

第四天天刚亮,成吉思汗亲自上马,挥师包围城池。城里、城外的将士都集合来,紧束战袍,决心拼死冲杀。射石机和弓弩争先射击,矢石横飞。

城内的军队多次发起冲击,希望能冲开一条血路,城外的军队一批接一批地补充,宁愿战死也不肯后退一步。蒙古军堵住了各个城门,阻止花剌子模的军队冲到战场上。

双方在交战的棋盘上杀得难解难分。花剌子模那些英勇的骑士们冲不出城门,不能纵马驰骋于原野了。这时,他们让大象投入战斗。面对着凶猛的大象,蒙古士兵并没有逃跑,而是在各级将领的率领下压住阵脚，用他们百发百中的利箭，解救了那些遭受大象进攻的人们，打乱了对方步兵的队形。

一阵阵箭雨落到大象身上，大象终于支持不住了，纷纷扭头往回跑，再也不听从象夫的指挥，踩死了许多花剌子模士兵。

第六天早晨，蒙古军开进城内，城里的男女居民，以一百人为一群，由蒙古人监视，被赶到城外。

只有那些去晋见成吉思汗的伊斯兰教首领以及受他们庇护的人们，才免于出城。获得这种保护的大概有五万人，大多数为工匠。随后，蒙古人通过传令官宣布了一道命令："藏匿不出者，格杀勿论。"

直到天黑以后，阿勒巴儿汗才率领一千名不怕死的勇士冲出内堡，从蒙古军中杀出一条血路，前去与花剌子模算端会合。天亮以后，蒙古军包围了内堡。放满水的蓄水池遭到了破坏。

那天晚上，一千名英勇无畏的战士在内堡被攻破后，退守大清真寺，用火油筒和方镞箭进行激战。蒙古军也使用火油筒还击，将礼拜五清真寺焚烧一空。

元太祖成吉思汗传

成就伟业

玉龙杰赤攻防战

原花剌子模国的首都是乌尔根奇，旧称玉龙杰赤。玉龙杰赤位于阿姆河注入咸海处的三角洲附近，是一个肥沃的绿洲。13世纪，这个城市以生产纺织品而闻名，还是著名的商业中心和商队驿站。因此，玉龙杰赤在当时十分繁荣。现在，玉龙杰赤的突厥部队决心拼死抵抗蒙古军队进攻，忠实于花剌子模王朝的居民也都抱此决心。

成吉思汗派了大约五万人去攻取玉龙杰赤。指挥这支大军的是他的三个儿子术赤、察合台和窝阔台，还有博尔术等久经沙场的将领。

术赤想不费一刀一箭就使该城投降，遂派人前去晓谕城民，说他的父汗已将花剌子模封给了他，他希望他这个首都完整无损，不遭到任何破坏。他还下令保护公园和郊区，以表明他的善意。但是，他的这一招降措施没有取得任何效果。

玉龙杰赤市处于沙漠和沼泽之间，找不到可供炮击的石头。蒙古军队便在郊区砍了许多桑树，将树干锯成小段，以代炮石之用。

他们又强迫俘虏运来沙土填该城周围的壕沟。壕沟填平后,蒙古军立即开始在城墙脚下挖掘地道,潜兵攻入城内。但入城以后,他们还必须一条街道一条街道地争夺和厮杀。

三千名蒙古军前往夺桥,登上桥,向对岸冲去,但遭到对岸的敌军的反击,全部战死或落水淹死。不过,蒙古军队失利的真正原因是术赤和察合台二人不和。术赤和察合台兄弟二人一直互相憎恶,围攻玉龙杰赤时他俩又发生了争执。

术赤已经知道这座城市将是他的封地的一部分,所以他想努力使该城免遭破坏。但是,向来严厉而刻板的察合台激烈地反对他采取这种方针。由于二人不和睦,部队的纪律也随之松懈了。最后,二人分别向成吉思汗陈述自己对对方的不满。

成吉思汗对他俩的表现十分生气,于是,改命窝阔台统领攻城全军,责令术赤和察合台都必须听从其弟窝阔台的指挥。窝阔台素以足智多谋、有远见卓识著称。他每天都与两位兄长会见,针对二人的特点,谈话很讲究分寸,与他们相处得很融洽,并用极巧妙的手法使他们在表面上保持了和睦。然后他坚定地执行自己的职责,加强了军纪,将军中诸事安排得有条有理。经过一番整顿,蒙古士兵齐心协力地投入了战斗,只用一天就把旗帜插上了城头。

玉龙杰赤攻坚战开始了,一声雷霆闪电般的呐喊,蒙古军把投掷器和箭矢,像雹子一样倾泻出去。接着,蒙古军涌到城前,把外垒的根基拆毁。玉龙杰赤统帅忽马儿目睹剽悍的蒙古军的凶猛进攻,吓得肝胆俱裂,他知道蒙古军必然获胜,而他束手无策,便擅自走下城头,离开了指挥的位置,在城中居民中引起一片纷扰和混乱。

蒙古军先用喷射石油的器械烧毁了附近的街区,然后才集中兵力向城里猛攻。玉龙杰赤军民与蒙古军展开了巷战,每一条街道,每一个院落都要经过反复争夺,简直达到了寸土必争的地步。

被包围的市民,包括妇女、儿童和老人,知道自己不会得到蒙古人的怜悯和恩惠,于是一齐积极地不松懈地投入了战斗,每幢房屋都变成了堡垒。蒙古军队继续向这些已变成堡垒的房屋投掷燃烧着的石油罐。接着，他们便踏着燃烧着的尸骨往前冲。

守城军民抵抗了整整七天，退到了还没被大火烧着的三个区。最后，他们只好派一位警长去见术赤，被迫向蒙古人乞降。

但此时的术赤，正在为自己的部队伤亡惨重而怒火中烧，便说："汝等以抗拒而没我军多人。迄今受怒火与威严者乃我军也，汝等竟说汝等受我军之怒火与威严！今我军当使汝等一受之！"

术赤下令驱民出城外。市民中年轻的妇女和儿童都沦为了蒙古人的奴隶。所有的工匠被集中在一处，以便遣往蒙古为成吉思汗服务。其余的男性居民被分别列于蒙古军队列之间，全部死于刀与箭之下。最后，蒙古军掘开阿姆河堤，引水灌城，玉龙杰赤市顿时一片汪洋。此事发生在1221年4月。

另据蒙古史诗记载，成吉思汗当时对他的三个儿子，主要是术赤，围攻玉龙杰赤时行动迟缓、久久攻不下此城极为不满。使他不满的进一步原因是他们三人私分了俘虏和财物，而没有把主要部分留给父汗。

攻陷玉龙杰赤以后，他们三人来见成吉思汗，但成吉思汗一连三天拒绝见他们。最后，他的老伙伴博尔术和失吉忽秃忽出面为三人求情说理，成吉思汗才怒气稍息，接见了三位王子。但在接见时，他仍对他们严加斥责，直骂得他们三人无地自容，额上汗流，擦之不迭，一动不动地站在他面前，气不敢出。

晃孩、晃塔合儿和搠儿马罕三弓箭手也出面为三位王子求情。三位弓箭手的一番话才使成吉思汗心中的怒火完全熄灭了。

实际上，当时回到成吉思汗身边的只有察合台和窝阔台两个人，他俩同其父汗之间的关系后来一直很亲密。

与他俩相反，在攻下玉龙杰赤以后，术赤一直待在玉龙杰赤地区和后来的哈萨克草原，那里是他的封地。他和他的军队就生活在那里，没有继续参与这场战争后一阶段的行动。

追击新国王札兰丁

花剌子模国王摩诃末曾吞并邻国,所向无敌,所以骄傲自大,目空一切。现在,他却变得整日心怀疑虑,惶恐不安。

在蒙古军攻占不花剌以前,他对跟随的人说:"前来进攻我们的蒙古军队,只要每个人扔下他的马鞭,就能填平撒马儿罕城壕!"

后来他在那黑沙卜,对沿途的居民说:"我已无力保护你们了,自谋活命之计吧!蒙古军是无法抵抗的。"

当蒙古军攻陷不花剌后,他对自己的领地喊了四声"安拉万岁"便仓皇逃亡。

成吉思汗选择能征善战的哲别、速不台二人去追击摩诃末,从身边的军队中挑选出三万精兵,其中一万人由哲别率领做前锋,一万人由速不台率领做后卫,一万人由脱忽察儿率领紧随他们后面支援。

成吉思汗命令军队说:"我派你们去追赶,直到将他们追上为止。如果他带领队来攻打你们,而你们无力抵抗,可马上向我报告。如果他的力量不强，即可与之对敌。因为我不断接到消息说，他怯懦、心惊胆战，一定敌不过你们。如果他被你们打垮后，逃到陡山狭洞里，你们要像强风一般吹进去，把他消灭。凡是归顺者，发给保护文书，派员镇守；反抗者一律消灭掉！我给你们三年的时间，战事结束后通过钦察草原回到蒙古草原。现在看来，我们能够如期结束这场战争而凯旋！"

这时摩诃末正如惊弓之鸟，惶惶不可终日。他的儿子札兰丁建议说："河中的局面已经无能为力了，现在要竭力保住呼罗珊和伊拉克。我们或者召回分驻各城的军队，以阿姆河为城壕，与蒙古军决战，或者全都退到印度去。"

摩诃末采纳了后退的意见，来到巴里黑，即今阿富汗巴尔克。在这里，伊拉克的亦马忒木勒克来请摩诃末到伊拉克去，提议在伊拉克集结军队再考虑下一步的打算。

札兰丁却反对这个提议，说："对我们来说，最好的出路是把军队召集起来，去攻打蒙古人，这是完全可以办得到的。如果不赞成，要到伊拉克去，那么请把军队交给我，让我去夺取胜利。我们不应该成为众矢之的，受人谴责，不应该让人们说，'他们以前只管向我们索取赋税，如今大难临头，却把我们抛弃了'。"

可是摩诃末越发慌乱不堪，惊恐地从巴里黑逃往你沙不儿，即今伊朗东部内沙布尔。

跟随摩诃末的有一群他母亲秃儿罕可敦的亲族突厥人，他们企图于夜间将其谋杀。

但有人把阴谋告诉了摩诃末，他马上转移别处睡觉。天明时发现他原来的帐篷已被乱箭射穿。

在你沙不儿，摩诃末除了恫吓当地人修建防御工事和严加戒备之外，只是纵酒取乐，以酒消愁。

这时哲别、速不台已经渡过阿姆河。蒙古军以牛皮为筏，将军械衣物装在筏中，人坐筏上，全军渡过阿姆河。

阿姆河以南地区称呼罗珊，主要城市有巴里黑、你沙不儿、也里、马鲁等。

蒙古军首先抵达巴里黑，市民派代表献上食品，恭敬地迎接他们，蒙古军于是只留一人镇守此地，同时要了一名向导带路，继续追赶摩诃末。

1220年6月，哲别和速不台进逼你沙不儿。此时摩诃末已经听到蒙古军追来的消息，逃到可疾云，即今伊朗加兹温。他把嫔妃、子女和母亲送到哈伦堡，并同伊拉克的大臣商议御敌之计。

有人提议先躲起来为好，并建议躲到叫失兰忽黑的山中去。摩诃末巡视了这座山之后，说："这个地方不是我们的藏身之所。"

又有人建议躲到另一座叫唐帖古的山中去，那里外人无法通行，而且很富裕，可以在那里召集军队。

摩诃末认为这样做将会同当地人造成敌对关系，也不同意。

他坚持驻守在可疾云，并派人到附近地区去召集军队。摩诃末在乌兹维因以西数十里高山上的坚固的古要塞避难。

但在此也未久留，仅住了七天，就又逃到吉兰，又从吉兰逃到麻赞得兰。

哲别、速不台在你沙不儿得到粮草供应之后，便离开那里继续追击摩诃末。

两支蒙古军在剌夷城会师，共同袭破此城。

但是剌夷城被攻破的消息一传来，摩诃末的随从顿时争先出逃，摩诃末只得与少数人再次流亡。

流亡路上有一次甚至遇到蒙古军队，但是蒙古人仅把他们当成一支普通的花剌子模部队，没有认出摩诃末，只是射伤了他的驮载重物的马匹。

摩诃末无论走到哪里，都是还没有住上一天，蒙古军就追上来。大臣们认为只有躲到里海的岛上去才安全。

于是摩诃末乘船入海，在一个岛上住了一段时间，他怕走漏消息，又秘密转移到阿巴斯昆岛。

这位称雄一时的君主此刻悲哀地说："我征服了不少国家，现在竟没有一块土地可以做坟墓！"

摩诃末成为一名虔诚的伊斯兰教徒，遵守戒律，每天进行五次祈祷，流泪忏悔，发誓一旦收复政权，一定在国内实行正义。

根据成吉思汗的命令，蒙古名将哲别、速不台率军追击摩诃末。成吉思汗要求他们要像猎犬一样咬住自己的猎物不放，即使其躲入山林、海岛，也要像疾风闪电般追上去。

蒙古军追到了里海边，但是几经搜索都没有找到摩诃末，于是包围了剌里赞、亦剌勒两堡。他们围困两堡四个月之久，使其投降。

剌里赞、亦剌勒两堡陷落的消息传到摩诃末那里后，他越发惊慌，不久便患了重病。

临终前，他废掉了以前所立嗣位者斡思剌黑，召儿子札兰丁前来，传位于他。

1220年底，摩诃末死去。仓促间找不到装殓的衣服，只以其衬衣包裹，草草埋葬。

摩诃末死后，哲别、速不台又挥军北上，进入钦察草原与斡罗思地区。因术赤与察合台意见不合，玉龙杰赤久攻不下。成吉思汗命令窝阔台为前线指挥，最后才攻下玉龙杰赤城。

不可一世的花剌子模被消灭了，钦察骑兵和斡罗思诸公国也一败涂地，古印度河、伏尔加河一带成为激烈争夺的战场。

花剌子模的王子札兰丁率领残部进行抵抗，在八鲁弯之战中一举消灭了近三万蒙古兵。但花剌子模大势已去，札兰丁被成吉思汗围困在了河边，最后不得不突围逃往了印度，从此就销声匿迹了。

就在成吉思汗和拖雷父子扫荡敌军的时候，花剌子模的国王札兰丁在他原先的封地哥疾宁，也就是今天的阿富汗加兹尼召集军队，企图向蒙古军反攻。札兰丁当时集聚了康里、突厥等部的兵马，加上原来他自己的军队，总计有十余万人。

得悉这一情况，成吉思汗立即从塔里寒寨派遣大断事官失吉忽秃忽，还有帖客扯克、木勒合儿率兵三万前去征讨札兰丁。

帖客扯克、木勒合儿首先进兵围住瓦里安堡，正要破堡而入的时候，札兰丁已经北上进驻了八鲁湾，也就是今天的阿富汗喀布尔之北，并从这里遣军进击，铁桶般围困住瓦里安堡的蒙古军。

蒙古军在此战中被击败，损失一千多人，迅速撤退，并和大断事官失吉忽秃忽的军队合在一处。

稍做准备后，失吉忽秃忽指挥前军进发，在八鲁湾与札兰丁的军队相遇。两军迎面对垒，随即摆开阵势。

札兰丁遣军三路，右翼指挥是阿明灭里，左翼指挥是赛甫丁阿黑剌黑，中军由他自己指挥，著名的八鲁湾之战开始。

蒙古军因为人数少，失吉忽秃忽突发奇想，连夜让每个骑兵在马背上绑上一个毡子做的假人，迷惑敌军。

札兰丁的军队看到蒙古军突然增加了许多，以为敌人援军已到，便准备逃跑。

札兰丁强硬地制止了军队可能发生的溃乱，他大声命令说："还是我们的军队人数多！现在，我们就摆开队伍，从左右两个方向包抄过去，把蒙古军围起来。"军心稍稳，鼓角齐鸣，数万人马一齐向蒙古军冲过去。

失吉忽秃忽顽强地指挥军队拼命抵抗，但终究敌不过比他们多出两三倍的札兰丁军。眼看着就要陷入被包围的险境，失吉忽秃忽赶紧下令撤退。

这一带的地形十分复杂，地面也凹凸不平，有许多暗坑。蒙古军在撤退中马匹纷纷摔倒。骑着快捷好马的札兰丁军迅速赶过来追击，杀死了不少蒙古军。八鲁湾之战，成为成吉思汗西征以来所遭受的一次最大的失败。

消息传到成吉思汗那里，他格外痛心，但他仍然沉着地说："失吉忽秃忽以前总是打胜仗，没有受过挫折。现在，他也尝到了失败的滋味，以后他就会聪明起来。"成吉思汗没有惩罚失败的将领，只是要求他们从失败中吸取教训,将功补过。

成吉思汗决定亲自率领大军去征讨札兰丁。当他率军经过失吉忽秃忽和札兰丁交战的地方时,他询问道:"你们和札兰丁都在哪里屯兵啊?"部下就一一指给他看。

成吉思汗一看脸色就变了,他严肃地说:"难道,你们没人懂得如何选择有利的地形来作战吗?"

成吉思汗批评了失吉忽秃忽等蒙古将领,随后领军围攻欣都山,即今天的兴都库什山南的范延堡。

在这次战斗中,弓矢弩炮漫天飞射,察合台最喜欢的儿子木阿秃干中流矢而死。

成吉思汗悲痛万分,他下令加紧围攻。在攻陷城堡之后,成吉思汗命令军队不赦一人,不取一物,将此地毁为荒漠,并起名为"卯危八里",波斯语的意思是"歹城"。这座被蒙古军彻底毁灭的城堡,百年之后尚无任何生命生存。

这时候,察合台、窝阔台已经把千年古都玉龙杰赤攻占,也率军前来与大汗的军队会师。察合台也来到了前线,成吉思汗命令任何人不许把木阿秃干的死讯告诉他,只说已遣木阿秃干去往他处了。

过了好几天,一次,成吉思汗趁儿子们都在场的时候,他故意对察合台发怒说:"你为什么不听我的话?"

察合台马上跪在地上,以手扪胸说:"如果我对您的话有什么违背,那就让我去死吧!"

成吉思汗追问他:"你真的可以照我的话去做吗?"察合台坚决保证自己听话。

这时,成吉思汗才说:"你的儿子木阿秃干已经战死了,我命令你不许哭!"

察合台一听如五雷轰顶,几乎失去控制力,但他不敢违命,更不能违背刚说的话,就竭力克制痛苦,照常饮食。事后,察合台借故独自跑到了野外,暗地里大哭了起来,发泄心中郁结。待心中好受了些,才拭干眼泪又回来。

成吉思汗的大军继续向札兰丁屯驻的哥疾宁进军。札兰丁军内部的派系众多,在八鲁湾之战胜利后,他们抢了许多战利品,在分配这些东西的时候,各派之间发生了很多矛盾。

为了争夺一匹阿拉伯马,阿明灭里和赛甫丁阿黑刺黑争吵起来,阿明灭里用鞭子抽打赛甫丁阿黑刺黑的头。可札兰丁却偏向阿明灭里,赛甫丁阿黑刺黑感到委屈,一怒之下,他在夜里率部离去了。

札兰丁人马骤减,他早已知道自己不是成吉思汗的对手,便匆匆逃出哥疾宁,退往申河,即今天的印度河,企图过河逃奔印度。

成吉思汗得知札兰丁逃跑的情况,迅速带轻骑兵追赶。在申河岸边,札兰丁正在准备船只,组织渡河,蒙古军已经快速追上来了。

成吉思汗指挥蒙古大军从四面八方连夜将札兰丁围在当中。这个包围圈就像一把弓子的半圆形,申河像是那弓上的弦。等到太阳升起的时候,札兰丁发现自己已处于水火围困之中。

成吉思汗打算生擒札兰丁,就下令不许向他射箭。札兰丁背水死战。右翼的阿明灭里在蒙古骑兵的冲击下很快被击败。

札兰丁的左翼军也很快被歼灭了,最后只剩下札兰丁率领的中军几百人在顽抗。他组织一次又一次反冲锋军队向蒙古军冲击,从清晨一直冲到中午,但由于人数逐渐减少,他无论如何也无法突围了。

蒙古骑兵步步紧逼,札兰丁活动的地盘越来越小。当他看到继续顽抗已徒劳无益时,便退下来换上一匹新的战马,然后奋力向蒙古军冲去,迫使他们后退。接着,他又突然掉转马头,背负盾牌,手握大旗,从高高的悬崖跃入申河,游向对岸。游至对岸,仅剩四千余名跟随者逃往印度。

见此情景,成吉思汗吃惊地捂住自己的嘴不发出声来,他指着渐渐远去的札兰丁的背影对儿子们说:"生儿当如斯人,他既然能从这样的战场上死里逃生,日后定能成就许多事业,惹起无数乱子。"

札兰丁为了使他的妻妾子女免遭俘虏之辱,在他渡河之前把他们全部投入河中，随同札兰丁家属一起沉入河底的还有无数金银珠宝。

札兰丁倚仗自己的快马向白沙瓦方向狂逃。白沙瓦就是今天的巴基斯坦西北部与阿富汗交界处的地区和城名。

1221年冬，成吉思汗在不牙迦图儿驻营，休整部队。第二年春，到白沙瓦取原路返回。

巴剌率领的蒙古军继续追击札兰丁余部，一路未见其踪迹，再加上时值炎夏，难以适应北印度的气候条件，就于1223年撤回，在巴鲁安与成吉思汗会师。9月，成吉思汗渡阿姆河，在撒马尔罕城东下营，10月下诏班师。1224年到也儿的石河驻夏，翌年2月回到土拉河行宫。

在当时，札兰丁确实在印度各地活动过，后来他离开印度前往波斯。在那里，札兰丁领导了一场轰轰烈烈的复国运动，一度颇有成效，但在1231年，最终败亡于蒙古军的再次西征。

至此，成吉思汗西征花剌子模的大规模战役，取得了最终的胜利。

接受先进文化

1220年至1221年,成吉思汗来到卡尔希河上游萨里—萨剌伊过冬。1221年春,他率军从巴里黑附近渡过阿姆河,着手最后征服阿富汗、突厥斯坦的行动。

这座城市一直吸引着成吉思汗的注意。它地处一片荒凉的草原中心,是一片灌溉良好的绿洲。

以前,这里发生过多次敌人入侵的事件,但巴里黑都抵抗住了,所靠的是周长十二公里的高而厚的土筑城墙。

哲别和速不台首次来到这座城前时,曾只满足于该城形式上的服从。现在,成吉思汗来了,城里的居民便前来向他致意。

成吉思汗担心这座城市会被敌人用来作为抵抗的中心,遂借口检查人口,将居民驱出城外。这个地区中所有敢于抵抗的要塞城市,都被他一个接一个地攻陷了。

在这段时间,成吉思汗派他的第四个儿子拖雷去征服呼罗珊地区。

上一年，哲别和速不台经过这一地区时，该地区各要塞城镇只在形式上表示屈服。现在，成吉思汗要求彻底征服呼罗珊。

呼罗珊是波斯语的"东方"。这是一个很长的草原地带。大小河流使草原上星罗棋布的绿洲变得更加肥沃。这些河流灌溉了这些绿洲以后，就流入并消失于那个大沙漠中了。

这个大沙漠正在侵蚀着伊朗高原的腹地，就像侵蚀其周围其他地方一样。这就是说，在这里，要种植农作物，就必须坚持不懈地努力维护灌溉系统，以保护公园、果园、葡萄园、小麦地、稻田、大麦地，以及榆树和杨树防护林。

经过人们艰苦耐心的垦殖，这个地区已经变成了相当富庶的地区。在这种物质财富的基础上，波斯文化大放光彩。

拖雷及其部队的到来使这片富庶的绿洲呈现出一片悲惨情景：在精神文化被摧毁的同时，绿洲本身也被摧毁了，生气勃勃的绿洲变成了死亡之地。

首先遭到摧毁的城市是阿什哈巴德附近的奈撒。奈撒也是一个极为富庶的绿洲，水源丰富、草木丰茂、园林棋布。这个绿洲位于众多溪流之源的阔帕特，即达黑山脉北麓，北临突厥斯坦的险恶的卡拉库姆沙漠。

但是，奈撒城却掩映在葱郁的树荫中，同北部的卡拉库姆沙漠的荒凉景象形成鲜明的对照，简直是奇迹。

拖雷分兵一万给成吉思汗的女婿脱忽察儿，让脱忽察儿去攻取奈撒。

蒙古军趁夜色控制了城墙，天一亮就冲进了该城。接着，脱忽察儿移军进攻你沙不儿。你沙不儿是当时波斯最美丽的城市之一，是呼罗珊省的首府，正处于繁荣时期。

该市的北面有一条发源于比纳鲁山脉的桑加瓦尔河。据阿拉伯地理学家说，你沙不儿有十二条引水渠，渠水引自桑加瓦尔河，不但确保了七十家磨房的正常运转，而且使大部分家庭得到了充足的用水，所有的林园也得到了很好的灌溉。

在几个月以前,哲别路过此地时还只是"警告"这个城市的人,现在脱忽察儿则要攻占它。但是,在攻城的第三天,他被从城上飞来的一箭射死了。接替他指挥这支蒙古军队的将领知道自己没有力量攻占这座城市,遂解围而去,准备以后再来报仇。他把这支部队分为两队,他自己带领一队去攻萨布扎伐尔。三天后,他攻下了萨布扎伐尔城。

拖雷本人在第二年初才开始行动。他攻击的矛头首先指向位于木尔加布河下游的大绿洲马鲁。

马鲁这个绿洲城市工业发达,贸易兴旺,以盛产棉花而知名,它出口棉花,也出口布匹。它还以蚕丝业闻名于世,它出口粗蚕丝,也出口丝织品。

城内纺织品区,铜器商区和陶器商区,是中东商人经过此地时必然光顾的街区。

拖雷率领人马抵达马鲁城下。他的这支军队有七万人,其中部分是从被征服的各州中征集而来的新兵。该城守军曾两次突围,均以失败而告结束。

1221年2月25日守军表示愿意投降,摧毁马鲁以后,成吉思汗家族的年轻将领拖雷急于为五个月前被你沙不儿人射杀的姐夫脱忽察儿报仇,遂率领部队向你沙不儿进发。从马鲁到你沙不儿只有十二天的路程,拖雷很快就来到你沙不儿。

深知自己没有任何被宽恕的希望的你沙不儿居民,遂加固城墙,准备拼死抵抗。

但蒙古军队在城周围部署的攻城器械也很齐备。面对如此强大的攻势,城内军民很快就丧失了坚守的勇气。

他们派了一个代表团来见拖雷,请求宽恕。但是,拖雷拒绝任何和解,下令立即攻城,昼夜攻击不止。

一天早晨,城周围的壕沟已经被填平,城墙被打开了无数个缺口,一万蒙古军已登上城墙。拖雷的部队从四面八方涌入城内,所有的街道和房屋都成了厮杀的战场。

1221年4月10日，你沙不儿全城被蒙古军占领。

1222年春，成吉思汗命窝阔台率军前去惩罚哥疾宁，因为哥疾宁正在成为逃亡的札兰丁东山再起和组织反扑的据点。

经过不花剌时，成吉思汗怀着一颗好奇心让人向他粗略地介绍了伊斯兰教。

成吉思汗当初并没有打算向伊斯兰教宣战，甚至没有觉得有向伊斯兰教开战的必要。

成吉思汗和他的将士们只想惩罚花剌子模人，因为花剌子模人杀害了他的商队和使臣，践踏了贸易自由原则。

在战争中，成吉思汗又进一步惩罚花剌子模人，因为花剌子模人杀害了他的女婿，射杀了他心爱的孙子。

这时，成吉思汗对伊斯兰教发生了兴趣。让人给他讲解古兰经的原则，并表示赞成这些原则，因为伊斯兰教信徒们信奉的真主同蒙古人信奉的天并没有什么区别。

但是，成吉思汗谴责麦加朝圣的原则，因为他认为天是无处不在的。在撒马尔罕，他命令今后应以他的名义祈祷，因为他已取代穆罕默德苏丹，同时是花剌子模的君主。

这样，成吉思汗就使伊斯兰教同蒙古人信奉的萨满教和克烈部人信奉的基督教处于了同等的地位。

成吉思汗对城市制度的原则，实际上并不十分理解，甚至在开始时根本不理解这种原则。

这时恰恰有两位穆斯林自告奋勇地向成吉思汗传授关于城市的知识。这两个人都来自花剌子模玉龙杰赤，都是过定居生活的伊朗化了的学者、法律人才和行政管理人才，一位名叫马哈木·牙剌瓦赤，另一位名叫麻速忽·牙剌瓦赤。

他俩向成吉思汗阐述了城市居民聚集区对一个游牧征服者可能带来的好处。

这种课程使成吉思汗十分感兴趣，听了这两位穆斯林的讲解以后，成吉思汗当即留用了他们二人。

成吉思汗明智地委任这两个人配合蒙古行政管理官员管理东西突厥斯坦的古老城市：不花剌、撒马尔罕、喀什噶尔，以及和田。

委任这两名穆斯林学者管理城市，这是世界征服者成吉思汗一生中的一个重大抉择，一大成功和一个重大转折。

在这以前，成吉思汗还完全不懂得城市的作用和地位。现在，他开始适应由他的胜利对他产生的影响，开始向各文明古国学习。

成吉思汗成了这些文明古国的王位继承人，而且势必会成为使这些文明古国继续发展的新的统治者。

成吉思汗接受新思想，是由于在成吉思汗身边，有像耶律楚材等这样较为开明的人士。耶律楚材是契丹人，他是一位崇佛宗儒的著名人物。是辽代东丹王突欲的八世孙，其父耶律履在金朝曾担任礼部尚书、尚书右丞等官职。

耶律楚材自幼丧父，勤勉攻读，成人后博诵经史，学习天文地理，以及佛道、医学、占卜之说。蒙古军进围中都，金宣宗南迁时，他被任为中都尚书省左右司员外郎，在此期间他拜万松老人为师，皈依佛教，自称湛然居士。

1215年中都陷落，耶律楚材和其他金朝官员投降了蒙古，成吉思汗有意搜罗契丹贵族为自己服务，便特意召见他说："辽与金是世仇，现在我已经为你报仇了。"

耶律楚材听了却不以为然，回答说："我的父祖向来都是金朝的臣子，哪能再怀二心，仇视金朝皇帝和自己的父祖呢？"成吉思汗非常欣赏他能忠于旧主，认为他是可以信赖的人，就把他留在自己身边，随侍左右。

耶律楚材希望从此能够施展自己的抱负，以儒家的主张来治理国家。有一个西夏人常八斤善造良弓，很受成吉思汗的赏识，他瞧不起耶律楚材这样的儒士，说："国家正在以武力取天下，他却宣扬文汉那一套，不是格格不入吗？"

耶律楚材反对一味崇尚武力，更看不起常八斤这样的匠人，便反唇相讥道："制造弓箭尚且需要弓匠，治理天下难道可以不用治天下匠吗？"成吉思汗听到耶律楚材的话很高兴，对他愈加信任。耶律楚材身高须长，声音洪亮，成吉思汗亲切地称他为"吾图撒合里"，蒙古语意为"长须人"，而不直呼其名。

然而当时凭借良弓劲马征服四方的蒙古贵族，还不能很快地接受高深的儒家说教，因此耶律楚材在成吉思汗身边的作用，主要只是一个占卜者。

耶律楚材精通天文历法，有一次主管天象的回族人预报说五月十五日夜里将发生月食，他认为不准确，到了那一天果然没有月食。后来他预测十月将出现月食，而回族人认为不准确，到时果然出现了明显的月食。

成吉思汗大感惊异，对耶律楚材说："你对于天上的事情都没有不知道的，何况是人间的事情呢？"所以每次出征，都一定要耶律楚材占卜，以知吉凶。耶律楚材有时也利用他这种特殊地位，对成吉思汗施以"止欲勿杀"的影响。

耶律楚材还为成吉思汗起草了邀请丘处机的第二份诏书，在丘处机抵达西域后，他们二人彼此诵诗酬唱，互相极力推重，虽然耶律楚材崇尚佛教礼儒学，而丘处机是道士，他们在具体的主张上不免有所冲突，但在劝告蒙古贵族节欲止杀方面，他们的想法是一致的，后来在窝阔台汗时期，耶律楚材的治国抱负终于得到了较充分的实现。

耶律楚材主持国家政务时间很长，把得到的俸禄都分给了他的亲属和族人，从来没有徇私情让他们做官。行省的长官刘敏向他提及此事，耶律楚材说："和睦友善地对待亲戚，只能用钱财帮助一下。假如让他们去做官而违法，那我是不能徇私情的。"

请丘处机讲道

中原道人丘处机也对成吉思汗产生了重要影响。

1219年夏,成吉思汗的人马驻扎在也儿的石河谷地度夏,等待秋季举兵。在进军中原时,成吉思汗就听说有一种"长生不老药",这是一种道学家所掌握的神秘饮料,能够使人长生不老。

有一天,成吉思汗与耶律楚材在大帐闲谈。当成吉思汗问及人世间有无长生不老药时,耶律楚材答道:"臣下没听说有使人长生不老的药,但听说中原山东登州有一位长春真人,他年轻时就已修真得道,深知人长生不老的秘密。"

耶律楚材提到的这位长春真人,姓丘名处机,山东登州栖霞人,自号长春子。长春真人十九岁拜道教全真派开山祖师王重阳为师,苦心修炼,得成大道。

老师仙去后,他隐居秦陇,聚徒讲道,拒绝金国和南宋的诏请,没有出山入仕。暮年,回登州老家居住。

丘处机并不是一个普通的巫师，而是一位思想家兼诗人。在古代道教的内容中，除了炼丹的秘诀以外，还包括了一种具有惊人力量的哲学体系，和一些沉思默祷的方法。而这种沉思默祷的广度与深度，也是很少有其他的修身养性之道能够与之相比的。

道教的圣经《老子》中有这样一段话：有物混成，先天地生，寂兮寥兮，独立而不改，周行而不殆，可以为天地母。吾不知其名，字之曰道……

这位哲人通过沉思默想使自己进入角色之中，使自己同推动万物运动变化的无名力量融为一体。

丘处机就是一个能够理解这些只有靠心领神会才能明白的概念的人，但是，敦厚朴实的蒙古人却把他们所听到的这些概念看成了是一种神秘的"权力"的表现，他们渴望得到拥有这种神秘"权力"的秘密。成吉思汗已经成为一位世界征服者，他现在需要征服的是那些古老的秘密，只要掌握了这些秘密，他就可以随心所欲地支配天力。

成吉思汗遂派刘仲禄去寻找长春真人的下落。

刘仲禄一行，不辱使命，一路探访到了燕京，然后再到真定，即后来的河北正定，探得长春真人在东莱，于是冒险去见真人。刘仲禄言辞恳切，叙说了成吉思汗的思慕之情，请他前去。

当时，这位道教哲学家长春真人已七十二岁了。1221年3月，丘处机离开北京郊区，沿大兴安岭西部山麓，从多伦到捕鱼儿湖一线，进入今内蒙古大草原。这个大草原几乎是一片沙漠，有时可见一些榆树丛。

丘处机等人向北直行，来到捕鱼儿湖稍东哈勒哈河河畔。4月24日，长春真人及其随行人员来到哈勒哈河附近成吉思汗的幼弟铁木格的营地。这时，此地冰冻已开始消融，野草已微萌可见。

4月30日，长春真人拜见铁木格。铁木格送给他一百匹牛马，供他在前往阿富汗见成吉思汗的路上使用和支配。

从北京到阿富汗，这位中原道人竟然选择了横穿蒙古北部的艰苦难行的路线，绕了这么大一个弯子，这似乎有点叫人不可理解。

穿过甘肃省唐兀惕地面,然后取道吐鲁番和库车的畏兀儿之地,走商队常走过的塔里木盆地一线即古代丝绸之路,不是比绕道漠北更近更直接吗?但这是行不通的。

因为,虽然畏兀儿人仍臣服于成吉思汗,已派部队协助蒙古军队西征,但唐兀惕人此时却同成吉思汗闹翻了,拒绝派军队支持他西征,所以,长春真人此时只有绕道穿越蒙古才能抵达伊朗东部地区。

他从成吉思汗的家乡克鲁伦河河谷而上,抵达昔日克烈部王罕的地盘。长春真人一行沿着蒙古的圣山肯特山山梁的南部分支而行,进入土拉河上游及其支流哈鲁哈河流域,接着进入鄂尔浑河流域。

当时,鄂尔浑河流域是蒙古的中心地区。长春真人一行渡过了鄂尔浑河,接着又渡过博尔加泰河,沿查甘泊而行。过查甘泊后,7月19日,他们来到斡儿朵。

7月29日上午,长春真人及其随行人员离开斡儿朵,转而向西南乃蛮地区前进。

8月14日,他们从一个城市附近经过。这个城市位于扎布汗河南岸。成吉思汗的大臣镇海在那里领导开办了一些粮店。那里还有许多被押送到这片山区做工的中国工匠。

成吉思汗西征时曾把金王的两个妃子留在此城。这两个妃子是蒙古军攻陷北京时俘来的。见到中原道人长春真人,此二妃流下了欢喜的眼泪。

镇海奉旨对长春真人说,成吉思汗现在急欲真人早日去见他。为了催促长春真人快行,避免延误时日,镇海也起身与真人同往。他们此时正走在杭爱山和阿尔泰山之间地形十分复杂的地区。

9月2日,长春真人一行抵达阿尔泰山东北坡。要翻越阿尔泰山,只有一条狭窄的小路可走,这条小道乃是以前窝阔台经过此地时开辟的,车辆难行。长春真人一行只好挽绳悬辕以上,缚轮以下,将车辆运过山。

他们三天越过了三条岭。来到阿尔泰山南坡以后,他们进入乌伦古河上游支流之一布尔根河河谷，或者更准确地说是进入稍靠东的纳伦河谷。接着，他们穿过一片荒凉的沙丘地带。在这片沙丘的南面，耸立着天山的分支，远远望去，有如一条银白色的粗线横于南天之际。

9月底，长春真人等抵达畏兀儿境内的别失八里城。别失八里的畏兀儿王率领众部族及众僧等迎接来自中原的这位著名的道人。别失八里城是畏兀儿境内的一个绿洲。渠道纵横，布局巧妙，灌溉着这片绿洲。

长春真人跋涉千山万水，穿过茫茫沙漠，终于来到了这片繁荣的绿洲。此时，对长春真人来说，来到这片绿洲简直是来到了天堂。在昌八剌，人们设宴招待长春真人，筵席上有香味扑鼻的葡萄酒，还有甜美的西瓜。这是长春真人路过的最后一个其居民信奉佛教的城市，由此往西就是伊斯兰世界了。长春真人一行沿着准噶尔盆地沙漠边缘，抵达赛里木湖畔。

1221年10月14日，长春真人一行来到位于优美的伊犁河河谷中间的阿力麻里城。当地国王及蒙古派驻此城的长官率众来迎。旅行队伍即在此城休养歇息。

10月下半月，长春真人一行又起程继续西行。他们穿过垂河和塔剌斯河以及此二河的支流发源地这一片肥沃的地区，接着又通过奇姆肯特地区和塔什干地区，抵达锡尔河河岸。11月22日，他们渡过锡尔河，进入河中地区。

12月3日，长春真人等来到撒马尔罕城，征得蒙古官员的同意，他们在这座城市过冬。当时，成吉思汗正忙于荡平阿富汗境内各城的叛乱，对于他来说，此时的军事问题当然比哲学问题更紧迫。

1222年4月中旬，他开始想到长春真人，于是派人传话："真人来自日出之地，跋涉山川，勤劳至矣！朕不久即返回撒马尔罕。然此时朕亟欲闻道，无倦迎朕。"

长春真人接到圣旨后，即刻动身。他越过铁门，渡乌浒水，过巴里黑，于1222年5月15日抵达成吉思汗的大营。成吉思汗极为热情地欢迎长春真人的到来，因为，这位老人为了传授给他至理名言，千里迢迢，受尽了苦。

使成吉思汗对长春真人的到来感到满意的另一个原因是,长春真人在中原时曾拒绝了金王和南宋皇帝的诏书,既没有应邀前往金廷,也没有应诏前往杭州南宋皇宫。

成吉思汗对长春真人说:"他国征聘皆不应,今特应朕之请,不远万里而来,朕甚嘉焉。"

"山野奉诏而来见陛下者,乃天意也。"长春真人回答道。

成吉思汗听后非常高兴,他问长春真人:"真人远道而来,有什么可以长生的药告诉朕吗?"

这时,长春真人以哲学家的口气诚实地回答说道:"世上有很多可以延年益寿的方法,但是却没有什么长生不老的药。"

对于长春真人的这个回答,成吉思汗感到有点失望。因为,他之所以把长春真人从几千里之外召来,只是希望能够得到那种可以让他永远避免死亡的神秘药物。

尽管心里感到有些失望,但是成吉思汗却没有表现出丝毫的不满情绪。相反,他还赞扬了长春真人的坦率与诚实。通过这件事情,我们不难看出,成吉思汗是个很有自制力的人,他虽然还是个蛮人,但他所表现出的这种宽宏大度,使他更加具有王者之风。随后,成吉思汗命人设立帐篷于御帐之侧,供长春真人居住。

应当承认,成吉思汗虽然没有对这位道人表现出失望和不满的情绪,但是他对长春真人却只有尊敬之意,而没有亲近之情。虽说他对这位道人表现出了友好的态度,但是也没有那么急不可待了。

他们二人交谈的内容主要是属于哲学领域的问题。成吉思汗虽然聪颖过人,但应当承认,对于这些哲学问题,他是懂不了多少的。而此时成吉思汗正在进行荡平阿富汗和呼罗珊境内的抵抗运动的扫尾工作。

目睹此景,长春真人无能为力,只好奏请成吉思汗恩准他回到撒马尔罕待驾。成吉思汗准其所请,并指示部下好好款待真人,不可怠慢。

长春真人回到撒马尔罕,撒马尔罕行政长官耶律阿海十分周到地款待长春真人,给他送来了甜美的西瓜。在撒马尔罕,长春真人,这位似乎是当时具有最奇怪的思想的中原道人,同该地区的穆斯林学者关系十分密切。

1222年9月,成吉思汗结束了荡平阿富汗境内叛乱活动事宜,又遣人请长春真人前去见他。

9月28日,长春真人来到设在巴里黑以南兴都库什山麓的御营。他生性不受拘束,见到成吉思汗时,强调说,在中原,道教首领拥有不向君主跪拜的特权,他们见到皇帝时只"折身叉手"而已。

成吉思汗欣然接受了这位哲学家的这种不受拘束的性格。成吉思汗彬彬有礼地请他喝蒙古人最喜欢喝的马奶酒。但是,出于宗教原因,长春真人拒绝了。后来,成吉思汗请长春真人每天同他共进晚餐,结果又一次遭到长春真人的拒绝。

长春真人以哲学家的口气说,对于像他这样的一个道人来说,他更喜欢静处,不喜欢军营里的喧闹。成吉思汗再次明智地表示,真人言之有理,可以自便。

1222年秋,成吉思汗大营开始北回,长春真人也随驾而行。行军途中,成吉思汗数次命人给真人送去葡萄酒和西瓜,以及其他甜食。

10月21日,来到阿姆河与撒马尔罕城之间时,成吉思汗命人设立幄斋庄,以请真人讲道。讲道时,镇海在座,太师耶律阿海担任翻译,听完后成吉思汗很受启发。

10月25日夜,长春真人继续讲道。他的讲道给成吉思汗留下了极深刻的印象。成吉思汗命手下的人将真人的话用中文和畏兀儿文记载下来。

长春真人在讲道时向成吉思汗介绍和解释了老子、列子和庄子的一些格言。长春真人当时一再向成吉思汗提到了《老子》一书中那段祈祷推动万物的无名力量的著名文字:"大方无隅,大器晚成,大音希声,大象无形。"

长春真人还向他的这位皇帝信徒传授了《列子》一书中提倡禁欲主

义的一段内容及庄周梦蝶的故事。最后，长春真人向成吉思汗传授了庄子关于天上大鹏的寓言。在这段时间里，成吉思汗一直处在一种秘传教义的气氛中。

11月10日，长春真人来到成吉思汗大帐，对成吉思汗说："山野学道有年矣，常乐静处行坐，御帐前军马杂逐，精神不爽。故特奏请陛下，准我归山。"成吉思汗又一次高兴地答应了他的要求。

长春真人准备返回中原。他把自己所有的东西都散给了撒马尔罕城的穷人。但当时，天已开始下雨和下雪，他由此想到，在这个季节里翻越天山是相当困难的。成吉思汗便利用这一点友好地请他推迟行期。

于是，长春真人和成吉思汗一起在河中地区过冬，这既是由于恶劣天气之阻，也是由于不想使对他表现得如此友好的成吉思汗扫兴。

3月10日，成吉思汗在塔什干山上狩猎。当他正在追击一只受伤的大熊时，不小心从马上跌了下来。狂暴的大熊就在他对面，成吉思汗一度处于十分危险的境地。

长春真人事后向成吉思汗进谏，指出像他这样的年纪不宜经常行猎。长春真人是根据道家理论说明这一点的。他说："此次坠马，乃天戒也。"

1223年4月8日，长春真人决定告别成吉思汗返回中原。作为分别时赠送给对方的礼物，成吉思汗赐圣旨一道，并在圣旨上盖了御印，指示免除所有道教头面人物的全部赋税，并派了一名将领送长春真人返回。

长春真人西行，向成吉思汗宣传了"敬天爱民""好生恶杀""清心寡欲"等道教主张，对成吉思汗等人起到了一定的警示作用。

成吉思汗接受了这些主张，他曾对诸子及大臣们说："汉人尊敬神仙，好比我们尊敬长生天，我相信他是一位真正的天人，凡是他说的话，我们都不要忘怀。"他在临死前不久，向全国下了一道诏令：在战争中不再杀戮。

晚年雄心

过了一会儿，成吉思汗又问道："告诉我，你父亲年富力强，又比我小了十多岁，他怎么会死呢？他是怎么死的呢？"

此时，年轻人早已经是泣不成声了。

明安代奏道："大汗，几年来木华黎国王与汉军诸万户偏师经营中原，河北之州郡已皆为我所有。今年初，围攻金朝重镇凤翔，眼见即将破城，可是西夏援军突然私自撤退，致使功败垂成。木华黎国王忧愤成疾，不久便一命归天了。后来，西夏王又同金国订立了盟约，还暗中联络草原诸部，要与大汗抗衡。"

听到此处，成吉思汗拍案而起："又是西夏背盟！西夏王，你一定会受到惩罚的。"成吉思汗眼中射出了愤怒的光芒。

实施进攻欧洲战略

成吉思汗远征的目标已发生了变化,现在是要向西挺进,为今后蒙古军队的大规模远征做侦察性的远袭。于是,成吉思汗派遣哲别和速不台二人执行这一任务。

一路上,对于愿意屈服投降的城市,哲别和速不台只要求有关城市交付一定数额的赎金;对于敢于抵抗的城市,他们便挥军攻击,大肆洗劫。哲别和速不台攻占了敢于抵抗的波斯境内的大城市可疾云。他们又从可疾云出发,穿过构成波斯西北部大部分地区的草原,进入阿塞拜疆省。阿塞拜疆省的长官斡思别住在帖必力思,不想以兵相拒,遂向蒙古军队送去白银、衣服和战马,以求平安。

1220年至1221年冬,哲别和速不台于是退出阿塞拜疆,前往里海之滨、阿拉斯河和库拉河之入海口附近过冬。他们在木干草原上休养军马。木干草原地区气候十分温和,刚到1月份,地面上就萌发了新草。但哲别和速不台也没有在那里久住。

1221年1月至2月，哲别和速不台即离开这片草原，溯库拉河谷而上，进入谷儿只。谷儿只是一个信奉基督教的王国，其国力正处于鼎盛时期，首都是第比利斯。第比利斯位处山区，蒙古军要想攻占第比利斯的话，必须打通山区十分艰险的道路，因困难太大，只好作罢。

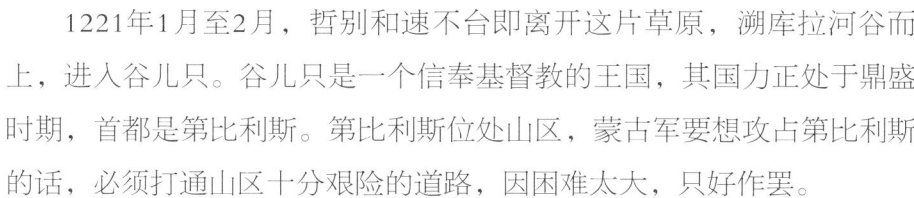

速不台将军平时素以足智多谋闻名，他分析形势，与哲别商量，移师东进，去占领谷儿只邻国设里汪的首都舍马哈，然后向高加索以北进军。哲别言听计从，领兵一举攻占了舍马哈城。

要向高加索以北进军，必须通过打耳班城堡。该堡位于高加索山和里海之间的隘口上，是南高加索和罗斯之间的咽喉要道，只有一条临海的单人马道通行，这一下难倒了勇猛善战的哲别将军。

在大帐里，哲别正襟危坐，满脸怒气。他前面跪着一位俘虏来的设里汪军小头领。哲别威严地说："你说，大军怎样才能通过打耳班城堡？如有隐瞒，绝不轻饶！"

"威严的将军，小人不敢撒谎，大军无法通过，只能单人单骑而行。"

"撒谎！如不实说，定斩无疑！"

小头领既不敢说有其他道路，又不敢说大军可以通过，只得磕头求饶。哲别一摆手，要军士推出其斩首。此时，坐在一旁的速不台将军说道："且慢！"他走过来，让正要执行命令的士兵立刻停手。

速不台吩咐："扶他起来，让他坐下！"

哲别正满脸怒气，听速不台一说，满心疑惑，不知这位将军葫芦里卖的什么药。设里汪军小头领战战兢兢站起来，不知如何是好。

速不台说："请坐！请坐！你不要害怕，只要你说实话，我们不但不杀你，还要奖赏你！"

"报告将军，我不敢说一句假话。"

"那么，真的没有其他路可走了？"

"是的，只有这么一条小路。"

速不台素来以智谋见长，见小头目不像撒谎，态度更加温和，说道:"看起来,你是个忠实的人,我们不为难你,坐下,给我们说说道路的情况。"速不台的话,既温和又威严。

小头目带着哀求的苦相说:"将军,我的确不敢撒谎,我有几条命敢在您面前撒谎呢?这条路,平时一般人都是不能通行的。打耳班城堡归属设里汪官员管辖,只有他们批准,拿上金牌或有首府官员亲自送行才能通行。"

"好,你说得很好。"速不台适时鼓励他。

"将军,我平生只走过这条路两次,一次送一位官员去打耳班城堡,一次为堡上送货物。这条路艰险异常,一侧是高山峻岭,另一侧面临大海,稍不留意,就会跌入万丈深渊,大军是无法通过的。要通过,必须劈山开路。"

速不台听了,眼睛一亮,他望了一眼哲别,问道:"什么?劈山开路?这条路能开吗?"

小头目认真地说:"只要有火药,山石不算太坚硬,开出两马通行的路是可能的。"

哲别将军紧皱的眉头开了,他说道:"好!办法有了。"

速不台笑了,"好,你说得很好!现在你下去,静候听用,不要想逃跑,将来立功有奖。"

蒙古军队火药充足,能工巧匠不乏其人。哲别立刻命令炸山开路,同时胁迫设里汪国王的九名贵族做向导。蒙古军三万人马历尽艰险、不畏劳苦、开山辟路,扔掉所有辎重和攻城器械,终于在九名贵族的带领下,轻装通过此堡,创造了人类历史上第一次大批军马通过高加索山脉的奇迹。

1222年,哲别、速不台率军进入帖雷克河流域。这一带居住着阿阑人和钦察人,蒙古军到来后,遭到了阿阑人和钦察人联军的抵抗。哲别为了削弱对方的实力,以金钱财物收买钦察人,并使他们相信,作为突厥人的后代,他们与蒙古人"出自同一个氏族",而不应成为敌人。

哲别的话使钦察人离阿阑人而去,结果被蒙古军各个击破。钦察人逃往罗斯公国，蒙古军占领了北高加索一带地区。此后，哲别、速不台引军由钦察草原向克里米亚进军，占领了里海港口苏达克。

苏达克港是意大利热那亚城邦国所建，与西欧诸国有着频繁的贸易往来。苏达克的失陷，引起了全欧洲的震动。钦察人被蒙古军打败后，逃到罗斯，向加里奇大公求援，并说如其不救，蒙古军的铁蹄将践踏罗斯国土。

当时的罗斯，国土很小，东到伏尔加河的支流斡迦河，西接钦察人统治的可萨地区，境内又分几个公国。他们分国而治，共同推一位大公为君主，大公住在乞瓦公国的基辅。为了抵御蒙古军的入侵，加里奇大公出面邀请基辅大公，在基辅召开南俄诸公国会议，决定联合起来共同抵抗蒙古军。

1223年，罗斯各公国向第聂伯河下游集结军队，与钦察人组成十万联军。哲别、速不台得知消息，认为敌众我寡，要想以三万人的部队战胜十万大军，必须分化、瓦解敌人，各个击破。

为了取得胜利，要采取示弱骄敌的作战方针。于是，他们派出能说会道、足智多谋的十名大臣，到基辅去会见各位大公，劝说他们不要支持钦察人。

大公们不听劝阻，杀死了十名使臣，并命令联军渡过第聂伯河东进，在行军途中歼灭了一千多名蒙古先锋部队。哲别、速不台认为，十万联军对三万蒙古军，众寡悬殊，联军以逸待劳，因此不能轻易与敌接触，必须诱敌深入，寻机决战，决战地点要能发挥蒙古骑兵特长。只有这样，才能造成联军补给困难，蒙古军也可等待术赤援军的到来。

于是，他们一面派快骑到里海之东，请求术赤派军援助，一面以一部分兵力与敌人保持接触，掩护主力退到顿河以东地区集结。

联军消灭了一千多名蒙古先锋部队后，蒙古军连连东退，罗斯联军误以为蒙古军不敢迎战。于是，加里奇大公不等弗拉吉米尔大公的部队到来，跟踪追击蒙古军，于1223年冬到达亚速海北迦勒迦河，与蒙古军隔河对峙。

这时，术赤的援军也已赶到。哲别、速不台见时机已到，引军到达里海北岸的阿斯塔拉干，分兵两路，一路沿亚速海东南到黑海，迂回北上，一路冲过了已结冰的顿河，并迅速列阵以待，形成了钳形阵势。

加里奇大公在第聂伯河取得小胜，认为以绝对优势兵力，不难击败蒙古军。他不愿别人分享战功，不相约其他公爵，率联军八万乘胜追击到迦勒迦河。几昼夜的追击，联军疲惫不堪。

哲别派出少量骑兵佯攻，攻不久即退。加里奇大公邀功心切，乘胜追击。只有一位老将米斯提斯拉夫将军提出先探听虚实，而后再打。但他的明智主张，遭到加里奇大公的坚决反对。

哲别抓住时机，下令切断联军后路，进攻钦察人，造成联军右翼空虚。钦察人战败，溃退时把罗斯军冲得七零八落。罗斯军腹背受敌，激战三日，全军覆没。

加里奇大公逃跑，渡河后将迦勒迦河上的舟船全部烧毁，使罗斯军无法渡河，几乎被蒙古军全部歼灭，生还者仅十分之一。在这次战斗中，罗斯方面有六个公国的公爵和七十多名贵族阵亡，损兵七万多人。

蒙古军并没有就此罢手，派一部兵马跟踪追击，最后迫使加里奇大公屈膝投降，俯首称臣。人们原以为，哲别和速不台在取得了这一辉煌胜利以后，必然会挥军向基辅公国和契尔尼戈夫公国进攻。

但是，他俩并没有这样做。他们已教训了这几个公国，对此他们已感到满足了。随后，他们只在罗斯与库梅克交界处摧毁了一些城市。

哲别和速不台的蒙古军队又进入克里米亚地区。该地区由于热那亚人和威尼斯人的经商活动而呈现出一派富裕繁荣的景象。这里最大的港口是苏格德亚。热那亚人来到这里购买灰鼠皮和黑狐皮之类的北方皮货以及奴隶，然后到埃及转卖。

蒙古军洗劫了克里米亚，这是他们当时对"拉丁世界"采取的唯一敌对行动。

1222年底，哲别和速不台转向东北面，攻击"卡马河流域的不里阿耳人"。这个民族属于突厥种族，信奉伊斯兰教，居住在今喀山森林地区。他们向波斯和花剌子模出口皮货、蜂蜡和蜂蜜之类的北方产品，生活富足。他们拿起武器抵抗蒙古人的入侵，最后被蒙古人诱入埋伏圈，死亡甚众。此后，哲别和速不台开始想到回师亚洲，于是渡过伏尔加河和乌拉尔河，征服了乌拉尔河以东的康里人。

随后，哲别和速不台率领军队渡过位于塔尔巴哈台的叶密立河，回到蒙古。先期回国的成吉思汗组织大军，热烈欢迎他们凯旋。在这次侦察性的远征中，哲别和速不台二将长驱直进，驱驰八千多公里，击败波斯人、高加索人、突厥人和罗斯人。他们带回了关于所过地区皆软弱不堪一击的宝贵情报。二十年后，成吉思汗的儿子又命速不台前往征服欧洲，届时他必定还会记得当初远征所了解到的一切情况。

1223年，成吉思汗在八鲁湾避暑，各路大军纷纷前来报捷。哲别、速不台在追杀花剌子模算端摩诃末后，辗转攻取阿塞拜疆、谷儿只，越太和岭，深入克里米亚，经里海北东归。

拖雷胜利进军呼罗珊，迫降也里；术赤、察合台、窝阔台等已平定阿姆河以北诸地。此后，蒙古在西域设达鲁花赤，监治其地。

成吉思汗这次西征，战胜了兵力数倍于己的花剌子模帝国，征服了辽阔的中亚、波斯及东欧部分地区，并战胜了罗斯联军，大显了蒙古军的神威，为建立横跨欧亚的蒙古大帝国奠定了基础。

西征的胜利，也远远超过了预期目的，于是全军得胜回国便是顺理成章之事。

1224年，成吉思汗在班师东归的路上，在也儿的石河畔奇遇两个童子。一个名叫忽必烈，时年十一岁；一个名叫旭烈兀，时年九岁。他俩是亲兄弟，是拖雷的第四、第六子，这两个小孩儿都是成吉思汗的孙子。

忽必烈和旭烈兀在其祖父出征西域时都还是幼儿。成吉思汗在万里征程的凯旋路上，见到自己的两个爱孙，真是悲喜交加，热泪横流。

成吉思汗喜的是两个爱孙长得如此聪明、英武，前途无量；悲的是在西征中，另一个爱孙、察合台之子木阿秃干，在跟随自己围攻巴安山堡作战时中箭身亡。

成吉思汗按照蒙古习俗,当场给两个爱孙用其猎物鲜血涂了手指。忽必烈和旭烈兀两兄弟,一生都在铭记祖父对他们的教诲。

1225年春,成吉思汗结束了历时七年的西征,回到了他在斡难河源头的大汗汗廷。当成吉思汗大军回到了蒙古草原大本营时,孛儿帖和也遂妃等出营迎接。大本营里的留守人员则是载歌载舞,以盛大的欢迎仪式迎接着亲人们的归来。

亲人们相见既有无限的欢乐,又引起了一片片痛哭之声,失去亲人的遗孀和遗孤们悲痛的哭声交织在了一起,也许只有经历的人,才能够真正地感受那种切肤之痛吧。

在孛儿帖的斡儿朵内,成吉思汗和孛儿帖居中而坐。他的家人则围坐在左右,眼睛里都是激动的泪花。成吉思汗的眼光在每个留守的家人脸上滑过之后,问道:"母亲过世的时候,只有合答安在她的身边,是吗?"

孛儿帖哽咽道:"是的。不过母亲走得并不痛苦,这也是她的福分吧。"

成吉思汗又问道:"合答安呢?我怎么没有看见她呢?我要听听母亲最后的时刻是什么样子。"这时,孛儿帖低下头哭了。

成吉思汗看到孛儿帖的样子,心中一震,问道:"出了什么事情啦?"

这时,三公主说道:"在三个月前,西夏派人到漠北联络我们的百姓,趁着父汗还在西征途中的机会,攻击了我们的留守营地,合答安姑姑被杀害了。"

成吉思汗心中一惊,眼里闪着泪光,咬着牙狠狠地说道:"传我的旨意,让术赤和察合台国王都到草原来,我要召开库里台大会,商议消灭西夏的大事。"

在花剌子模城,合萨尔的儿子脱虎领着独臂的黑胡子和一队亲兵被挡在术赤的大帐外。术赤的儿子拔都走出大帐,问:"是脱虎叔叔吗？"

脱虎说："拔都，大汗命令我打听一下，你父亲术赤王爷为什么三次催促他回草原参加大库里台会议，商谈东西夹攻西夏之事，他全都不到？术赤大哥现在当了国王，难道比大伯父成吉思汗还难见了吗？"

拔都劝慰着说道："脱虎叔叔，您不要生气。我父亲已经卧病快一年了，这几天尤其觉得不好。真是对不起啦，您先歇息几天，等哪天父亲精神好一点儿了，一定会见您！"

脱虎说："不必了！"回头对黑胡子说，"我们走！"拔都看着他们出了营门，感到忧心忡忡。

此时的术赤，正躺在自己的大帐中，只见他脸色苍白，慢吞吞地问道："拔都，好像有什么人来了？"

"是合萨尔爷爷的三王子脱虎叔叔。"

术赤闭上了眼睛，一滴泪水涌出了眼角，说道："这是你爷爷不放心了，派他来监视我的。"

拔都劝慰着说道："父王，您多心了。"术赤睁开眼苦涩地笑了笑。

在斡难河边，成吉思汗坐在帐车上怒目横眉，看着从四面八方聚集起来的各路队伍。耶律楚材在一旁劝道："大汗，单凭脱虎王子的报告还不能为据，如果要定术赤王爷的罪名，还应该有更明显的迹象。"

成吉思汗生气地说道："等有了更明显的迹象，术赤便已经吞并了察合台的汗国，成为花剌子模的新算端了。"

这时忽都合驱马近前报告："林木中万户忽都合率兵五千帐下听用！"成吉思汗点了点头。

随后，又来了几个老头子：答里台、术赤台、札合敢不、索尔汗石剌、德薛禅、答亦儿兀孙、塔塔统阿等，只见他们一个个颤颤巍巍地跪了下来。成吉思汗向前几步说道："各位长辈和老臣快快请回吧，这次是我不孝的儿子术赤叛逆，我要亲自率军征讨，不敢再劳驾你们这些戎马一生的老人了。"

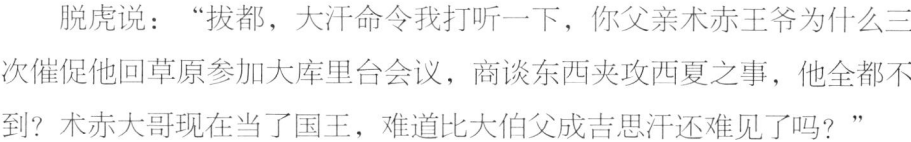
晚年雄心

答里台说:"大汗,我们是来劝你不要出征的。"

索尔汗石剌又说道:"请大汗看在我一家人把你藏在羊毛堆里躲过塔儿忽台屠刀的份儿上,请宽恕术赤吧!"

德薛禅也说:"至少请大汗再晚十天做出讨伐的决定,因为时间会使人熄灭怒火,而人在怒火升腾的时候是不能够做出明智的判断的。"

成吉思汗突然打断了他们话,说道:"是谁鼓动你们一起来给术赤说情的?是不是孛儿帖?"

"是我。"一个女人的声音从耳边传来,随后从帐车的后边走出了也遂妃,她跪下说道,"大汗!"

成吉思汗愣了一下,说道:"你这是什么意思呢?"

也遂说:"我的心告诉我,您一定是错了。大汗在大札撒令里增加了敬老的条款,我才请出这些老臣们来纠正您的错误!"

成吉思汗说:"我的错误?是你错误地使用了我对你的恩宠了吧?"成吉思汗十分生气,又对纳牙阿说,"纳牙阿,把这个女人给囚禁起来,免得让她散布的流言影响了明天的出征。"

正当局面难以控制的时候,拖雷快马奔来,只见他扑通一下便跪了下来,说道:"父汗!拔都来报丧了,大哥他病死了。"此时,成吉思汗目光显得有些呆滞,一句话没说便低头流下泪来。对于术赤的死,成吉思汗感到十分痛心。

晚年雄心

制订稳定中原计划

此时,蒙古帝国的统治范围已扩大到从撒马尔罕至今北京的广大地区。

创业初期历尽磨难的成吉思汗,这时候完全可以对他的宏伟事业高枕无忧了,并且可以考虑休息休息度过一段相对放松的日子了。

一天,成吉思汗面对绿草新生的草地,一种奇怪的忧郁突然罩上了他的心头,心里有一种需要平静生活的无法解释的欲望。成吉思汗面对这片草地说:"此地风景甚美,真乃乐业百姓盛会之处,鹿奔跑之地,老者休息之所啊!"

实际上,成吉思汗的休息和放松的方式首先是打猎、竞技,当然还有豪饮。

南宋杭州宫廷曾经派了一名外交官到木华黎处。一天,木华黎派人把这位南宋外交官找来,问他说:"今日我们曾玩球戏,你何以不来参加?"

"未曾被邀，"外交官回答说，"所以不敢擅自与会。"

"自你来帝国，"木华黎坦率而朴实地说，"我即视你为亲信。今后有宴会、竞技或围猎事，望你即来参与，不必待邀。"

木华黎同这位南宋外交官建立了真正的友谊。在南宋对金国的战争期间，这位南宋外交官表现出了杰出的外交才能。他最后离开木华黎返回南宋时，木华黎命令部下要对他特别尊重。

那位外交官当初拜会木华黎时，木华黎首先向他一一介绍了家里的人。然后他被请坐在木华黎的妻妾身边饮酒。

成吉思汗的内心深处善良淳朴，必要的时候，成吉思汗还表现出出人意料的高尚和谦恭。成吉思汗的前附庸之一，契丹首领耶律留哥曾在蒙古的帮助下在辽东建立了一个小公国。

耶律留哥于1220年去世，当时成吉思汗还在河中战场上激战。其遗孀征得蒙古亲王、成吉思汗之弟铁木格斡惕赤斤的同意，亲自摄政。

成吉思汗远征结束回到蒙古后，这位耶律留哥的遗孀携其子前往蒙古拜见成吉思汗。他们见到成吉思汗时，按礼节给成吉思汗行了下跪礼。

成吉思汗盛情接待她，并亲自为她把盏。她奏请成吉思汗允许由已故耶律留哥之子主持辽东王国。耶律留哥之长子曾陪同成吉思汗远征花剌子模。

成吉思汗对这位年轻懂事的王子很满意，便同意了那位女摄政王的请求。至于年轻的契丹王子，成吉思汗也慷慨地奖赏了他的忠勇行动。

对汪古惕部的继承人，成吉思汗也采取了同样的态度。

自从成吉思汗离开中原以后，蒙古同金国的斗争一直没有停止，大将木华黎一直在那里顽强地进行着征服工作。

现在，成吉思汗已使他居于首要地位。为了使木华黎这员大将拥有对中原百姓发号施令的权威，成吉思汗曾封他为国王。

尽管如此，扮演主子角色的木华黎却善于听取意见，绝不对好的建议无动于衷。

一天，一位已归降蒙古的名叫史天倪的原金国将领大胆地向他指出，蒙古军队在被占领的地区行为太野蛮。

史天倪真诚地对木华黎说，为了使蒙古的征服取得成功，要安抚已经表示臣服的人们，争取尚未臣服的人们的信任，这是非常重要的。

对于这番直言，木华黎不但没有发怒，而且说史天倪言之有理，并立即命令部队停止劫掠，释放俘虏。

在这方面，木华黎给军队制定了严格的纪律，这大大促进了他的征服行动。

木华黎还改变了蒙古征服战争的特点。在此之前，这种战争一直是骑兵袭击，然后即离去。切实占领所攻陷的城池，木华黎很快就开始重视这一点。

木华黎越来越多地重视、起用已归顺蒙古的中原人、契丹人，甚至女真人。

这些人为木华黎提供了蒙古人最缺乏的东西：步兵和攻城器械。

金国的几个投降蒙古的将领在这方面给了木华黎以很大的帮助。这些降将还说服其他的金国将领归降蒙古。

过去，为了保卫北京附近的地区，金国军队曾坚持战斗了五年多时间。

现在，金国军队虽已退到了河南，但他们凭着黄河天险，抵抗得更加顽强了。

在七年中，木华黎虽然逐步把金军逼到了河南省，但却付出了很多艰辛。

因为，在此期间，一些州府虽被蒙古军攻陷，但不久又被金军收复，于是蒙古军又必须重新攻陷，经过如此多次攻陷，最后才把金军逼到了黄河以南。

1217年，在今河北省南部，木华黎首次攻陷华北大平原前哨重镇大明府，但未能守住，不得已又于1220年再次攻占该城。

1218年，木华黎再次攻陷山西各大城市，如太原和平阳。

1220年,他又攻陷山东首府。

1222年,陕西省首府长安落入木华黎手中。后来,木华黎攻取了位于山西西南、黄河拐弯处之重镇蒲州。

那是在1223年的秋天,成吉思汗在东归的路上,驻军于天池。一天,有3个穿着孝服的人向成吉思汗的帐车走了过来。成吉思汗见此情景忽然一惊,说道:"你们是在给什么人戴孝呢?"他疑惑地问着跪在地上的年轻人。

这个时候,年轻人哭了起来。

明安说道:"这是木华黎国王的儿子,木华黎国王亡故了!"成吉思汗听完明安的话后,顿时僵住了。

耶律楚材和纳牙阿大声地叫道:"大汗,大汗!"

成吉思汗慢慢地站了起来,身体晃了晃。耶律楚材和纳牙阿上前扶住了他。成吉思汗向年轻人招了招手,年轻人明白了他的意思便起身上前。

成吉思汗拉住了年轻人的手,说道:"敌国还未灭亡,大将就先离我而去了,难道长生天不再保佑我了吗?"成吉思汗悲伤地哭了起来。

众人看到这种场景,也不禁默然垂泪。过了一会儿,成吉思汗又问道:"告诉我,你父亲年富力强,又比我小了十多岁,他怎么会死呢?他是怎么死的呢?"

此时,年轻人早已经是泣不成声了。

于是,明安代奏道:"大汗,几年来木华黎国王与汉军诸万户偏师经营中原,河北之州郡已皆为我所有。今年初,围攻金朝重镇凤翔,眼见即将破城,可是西夏援军突然私自撤退,致使功败垂成。木华黎国王忧愤成疾,不久便一命归天了。后来,西夏王又同金国订立了盟约,还暗中联络草原诸部,要与大汗抗衡。"

听到此处,成吉思汗拍案而起:"又是西夏背盟!西夏王,你一定会受到惩罚的。"成吉思汗眼中射出了愤怒的光芒。

就在这个时候,开封的金国宫廷虽然也在做着绝望的抵抗,但它并未因此而不想求和。

早在1220年8月，金王就向成吉思汗派去了一名使臣，企图争取成吉思汗做出让步。当时，成吉思汗正在阿富汗战场上。

1221年秋，金国使臣取道伊犁河谷，来到成吉思汗大营。

听了这位使臣代表金王提出的和平要求后，成吉思汗回答说："早先，朕已告知你主，令其在黄河以南称王，将黄河以北让予朕。此乃当时朕同意停止敌对之条件。而今木华黎已征服朕所需之地，你方不得已而求和。"

金使苦苦哀求，请成吉思汗怜悯金王。

成吉思汗说："念你远道来此，朕宽恕你本人之过。朕意已决，今黄河以北已悉为朕所有，然而你主尚据有潼关数镇，可传语你主，交出上述数镇，方可言和！"

金使无奈，只好将成吉思汗提出的讲和条件如实禀报金王。开封宫廷不敢接受这一条件，因为，潼关附近各要塞是河南西面的唯一防线。对于金王来说，交出这些要塞，就等于交出了自家大门的钥匙。

但是，金王并没有死心，一直至1227年，他不断派遣使臣到成吉思汗处，表示保证称臣，想以此软化这位顽强的征服者。

成吉思汗曾多次征讨西夏，迫使西夏王于1209年向他称臣。这种关系要求，一旦发生战争，附庸必须向君主提供军队。

1219年，成吉思汗准备西征花剌子模帝国苏丹时，遣使通知唐兀惕王派军队协助西征。

成吉思汗遣使致语唐兀惕王说："你曾答应为朕之右手。今朕与花剌子模关系已破裂，朕将征讨之。你应为朕之右手而行！"

但是，当时的唐兀惕王似乎已受到一位强有力的大臣的控制。这位大臣名叫阿沙敢不，他十分憎恶蒙古人。

听了蒙古使节所传达的成吉思汗的话后，不等其主子开口，阿沙敢不就对成吉思汗的要求做出最傲慢的回答。

他说："成吉思汗既无足够之力量从事其欲行之征战，何以称汗？"

西夏拒绝出兵，这深深地刺伤了成吉思汗的自尊心。对于这种傲慢行为，成吉思汗没有加以原谅。

但是，当时，西征花剌子模的计划已经确定，一切准备工作已经就绪，如果在这个时候立即发动惩罚唐兀惕人的战争，势必会打乱既定之部署。因此，唐兀惕问题只好留待以后解决。

从1225年的冬天到1226年的夏天，成吉思汗都驻营在土兀剌河畔的龙廷里，这个地方在从前就是他的君主王罕的营帐。

成吉思汗是一个依照自己意志统治绝对服从自己意志的广大帝国的元首，他也是一个世界闻名百战百胜的忠顺、强大的军队的统帅。

成吉思汗的左右都是为着建设帝国而奔走多年的信实幕友。他们既不是卑鄙的家仆，也不是阿谀的朝臣，却是由成吉思汗分配工作给他们的可靠而有效率的执行者。因此，成吉思汗此时已经达到了光辉的最高峰。

晚年雄心

向西夏做最后征讨

1225年的秋天，成吉思汗亲率大军向西夏做最后的征讨。

因为成吉思汗当初出兵西征时，曾经向西夏国王征召军队，西夏国却对他置之不理，没有派出军队参战。在黄色金顶大帐里，有人提起过去西征的时候，西夏不肯出兵的旧账。成吉思汗一听，果然不高兴起来："西夏真是太可恶了！他们竟敢刮我的胡子。那好，你瞧不起我，不肯一起去西征，等我休整好了，就打到西夏去，看你有什么本领，再来刮我的胡子！"

成吉思汗后来又令西夏国王让他儿子到蒙古当人质，西夏国王又不加理睬。成吉思汗又听说王罕部落的残余民众，有大多逃入西夏国隐藏了起来，心中更加愤怒，决定亲自率领大军征讨西夏。

西夏在十几年前就已经屈服于蒙古，但在后来，主战派渐占上风，继神宗之后，即位的献宗李德旺和金朝结盟，相约共同抗蒙。

在成吉思汗把主要力量放在西征花刺子模和南下伐金期间，西夏国为了保持自己的独立，艰苦支撑，所以才得以苟延残喘。

在欲亡金朝必先灭亡西夏的既定战略下，过了冬天，元宵节刚过，成吉思汗立即下令率军出征，重新召集和编制军马，全军浩浩荡荡，陆续向前方进军。

成吉思汗留下次子察合台镇守草原，这时成吉思汗的长子术赤已死，于是他带着三子窝阔台、幼子拖雷进军西夏。

也遂皇后也穿上了军装，身披铁甲，脚蹬皮靴，骑着黑色的高头大马，坐着精制的马鞍，跟随在军队的后面，缓缓地随着大军前进，真是既威风又美丽。

成吉思汗骑着一匹红黑相间的骏马，身躯高大，马儿膘肥体壮，真是威风凛凛，在将士们的簇拥中，缓缓地前进。到了城市的郊外后，成吉思汗命令将士就在当地设立围场，又一次亲自率领将士进行围猎。

突然，有一只野猪猛冲了过来，直接奔跑到战马前面。只见成吉思汗不慌不忙，凭着平生烂熟的弓箭射击技巧，拉开弓，搭上箭，一箭射出去，野猪当场毙命。

元太祖成吉思汗传

正在成吉思汗得意的时候，他突然发觉马的脑袋高高昂起，马的四条腿在地上乱踢乱蹬。成吉思汗一时驾驭不住，骏马竟然把他从马背上摔了下来。真是一个不祥之兆。

见此情景，部将们急忙过来救护，从地上扶起大汗，重新更换一匹马让成吉思汗骑坐。这时，成吉思汗还感到有些头昏眼花，神志也不够清醒，他随即命令大军停止打猎，安营扎寨，就地休整。骏马是因为被庞大的野猪惊吓所致，因此跳跃起来，成吉思汗在一瞬间无法控制。

成吉思汗戎马一生，南征北战，在马背上度过了大半生，没有人知道他驾驭过多少骏马。但是这匹摔他下地的红鬃马，偏偏被凶猛的野猪惊吓把他摔伤，这也许也是上天不让成吉思汗长寿的预兆。从此以后，成吉思汗的晚年身体一直欠佳，后来，就生起寒热病来。

这时，有部下劝阻他说："西夏人筑城而居，能跑到哪里去？莫不如先回去，等养好伤再来。"

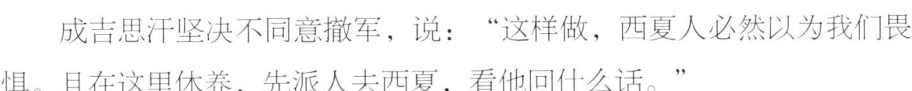

晚年雄心

成吉思汗坚决不同意撤军，说："这样做，西夏人必然以为我们畏惧。且在这里休养，先派人去西夏，看他回什么话。"

第二天一早，也遂皇后对各位将领说道："昨天大汗被摔伤生病了，南下的事不如暂时停下来，现在请大家商议一下吧，怎样办才好呢？"各位将领纷纷出谋划策，商议了一阵，最后自然依从了也遂的意见，进入中军大帐，向成吉思汗奏知。

成吉思汗还是坚持说："如果西夏国听说我在出征途中率军回去，必然会误认为我是惧怕他们，我现在就在这里养病，先派遣使臣到西夏国，责问他不主动送儿子来当人质，擅自收容敌国逃难的人，看他如何回答，然后再作决定是否班师回去。"

派遣的使臣到西夏国对西夏国王说："你过去曾和我国谈判后决定，情愿归降蒙古，我国的军队出征西域的时候，你却不派出军队参战。近来你又不派儿子去蒙古做人质，还擅自接纳王罕部叛逃的人，你可知道你所犯下的罪行吗？"

这时，西夏国的国王李纯枯已经死了，他家族中的子弟遵顼继承王位，遵顼又传位给他的儿子德旺。德旺本来是一个庸俗无能的人，听到蒙古使臣的责问，惊骇得战栗起来，连话也说不出来了。

这时，从旁边走出了一个人回答说："西夏国过去所做的事，都是我主张的！如果你们想和我国厮杀的话，你们就率军到贺兰山来对垒作战吧！如果你们想要索取金银缎匹，你们就派人到西凉来取吧，除此之外，什么话都不必多说了，你赶快走吧，我们西夏国并不惧怕你们！"说这话的人是阿沙敢不。

蒙古使臣回去后，就把在西夏国遇到的情况报告给了成吉思汗。

成吉思汗听了，勃然大怒，立即从床上站起来。他对部下说："你们看，他们说出这样的大话，我们怎么可以回兵呢？"说完就大喊着命令大军紧急集合，立即向西夏国进军。

他左右的将士都来劝阻，成吉思汗愤怒地对他们说："西夏国王既然不知天高地厚，说了这样的大话，我们怎么能立即回去？我就是死了，我的魂灵也要去责问他，何况我现在还未死呢！"

成吉思汗带病上马，率领大军直接奔向贺兰山，去跟西夏国决战。贺兰山在河套地区的附近，在宁夏首府西面三十公里的地方，西夏人把那里作为牢固的防线，那里的树木都是青白色的，远远望去，好像是无数的骏马，北方人称呼骏马为贺兰，所以就把那里取名为贺兰山。

蒙古大军来到贺兰山前的时候，看见西夏的军队早已在山下驻扎下来了，询问他们带兵的头领，回答说统兵的将领就是上次说大话的阿沙敢不。

阿沙敢不看见蒙古大军开来，立即率领军队下山，迎战敌军。谁知道蒙古军士，岿然不动，只是用强弓硬弩射击敌人，压住阵脚。西夏国军队看见没有丝毫的缝隙可以寻找，无法冲进蒙古军营，就只得撤退回去。过了好一阵，西夏国军队又前来冲杀，蒙古军队仍然使用原来的办法，西夏军队的冲锋依然没有取得效果。

元太祖成吉思汗传

直到西夏军队发起第三次冲锋的时候，才听见喇叭一响，军营的大门全部打开，蒙古大军的千军万马，就像愤怒的潮水一样，排山倒海般地倾泻出来，来势凶猛，锐不可当。

那边西夏军队的气焰已经衰竭，这边蒙古大军的气势正在旺盛，任随他阿沙敢不如何口出狂言，如何胆大妄为，在此时也堵拦不住了。无可奈何，阿沙敢不只得率领士兵重新逃上山寨，躲避起来。

蒙古军哪里肯就此罢休，全军将士奋勇地冲上山去，一齐杀入敌人营寨中，把阿沙敢不部下的将士杀死了一大半。阿沙敢不只得率领残兵败将，落荒而逃。

正如古代兵法上所说的，敌军衰竭我军旺盛，每战必胜，由此可见，成吉思汗真是善于用兵，是一位了不得的军事家。

成吉思汗占据了贺兰山后，立即又攻陷了黑水等城镇，后来因为天气炎热，蒙古将士的体能衰退，大军就在珲楚山休整避暑。

另有一支蒙古军进攻甘州。西夏甘州守将曲也怯律之子察罕当时是成吉思汗部下的将领，随蒙古军前来。在进攻之前，察罕将招降书绑在箭上射入城中，并且要求见他的十三岁的弟弟，同时派遣使者入城，劝城民尽快投降，以免遭灾祸。

甘州副将阿绰等人决心抵抗，谋杀了曲也怯律父子和蒙古使者，合力拒守。蒙古军招降失败，尽力攻打，很快攻破了城池。

避暑修整的蒙古大军直到凉爽的秋天到来，才又开始进攻西凉府以及绰罗和拉等郡县，这些地方全部被攻占了下来。接着，蒙古军队翻越沙陀，到黄河九渡那个地方，占领了雅尔等郡县，再一次围攻灵州。

成吉思汗大军逼近都城，这时西夏国国王派出嵬名令公率师十万增援，做最后的挣扎。

战斗进行得十分激烈，成吉思汗站在封冻的黄河上，下令放箭射敌人的脚，不让他们从冰上过来。

蒙古军队攻占进入了灵州城，进军到盐州川驻扎下来，当时天气寒冷，北风凛冽，雨雪交加，道路泥泞，无法行军作战，成吉思汗就命令军队驻扎下来，在这里度过年关。

不久后，腊月过去，春天回来，河面上的冰刚刚融化。成吉思汗就立即率军渡过大河，攻下了积石州，攻破了临洮府，占据了洮河和西宁两个州，向德顺发起进攻。

西夏国的节度使官马肩龙这时正统领着德顺城，颇有才能，声名远扬。他听说蒙古大军到来，立即打开城门，英勇地与蒙古大军迎战。

两支大军混战了三天，蒙古军士死伤了不少，马肩龙部下的军士，也死伤了几百名之多。攻守双方都没有取得胜利，马肩龙因此派遣使者报告西夏国王，请求立即派兵援助。

这时的西夏国王李德旺，由于忧伤和恐惧生了病，不久后就去世了。李德旺死后，西夏国人推举他的侄子李睍继承王位。

李睍年龄还幼小，哪里晓得什么军政事务，各位将士大都是得过且过，投机钻营，牟取私利，各自凿穿山谷，修建仓库，藏匿财物，全都狡兔三窟，自寻后路。朝野上下的文臣武将，都愚昧蠢笨到了极点。这样，就把勇于作战的马肩龙的军情告急文书，高高地搁起，没有人予以理睬。

马肩龙等不来援军，不禁叹息了一声，说："西夏如此腐败，真是无可奈何，现在内无军粮，外无援军，只有我在城在，城亡我亡吧！除此之外，我是别无选择了！"

马肩龙又率军坚守了几天，终于经不住蒙古军的猛烈攻击，后来只得自己率领左右警卫军士冲出城门，与蒙古军队殊死战斗，直到蒙古军队把他包围了好几层，他还在手握大刀，圆睁着双眼，砍死了几名蒙古士兵。这时，蝗虫一样的箭头密密麻麻地向他飞来。马肩龙身上中了无数箭后，大叫了一声，口吐鲜血阵亡。

主将战死，城市很快陷落。

成吉思汗攻占了德顺州，接着，他率军到六盘山躲避酷暑，又派遣将领直接逼近西夏国的都城。西夏国王李睍得知蒙古大军兵临城下，惊慌失措，慌忙召集文武官员开会商议，他哪里知道，所有臣民，这时全都到窑洞中避难去了，根本没有人理睬这位无能的国王。后来听说窑洞中的臣民又被蒙古军队搜了出来，财物全部被抢掠，臣民全部被杀死。

在此期间，成吉思汗派察罕到中兴府谕降。夏主李睍粮尽援绝，偏偏这时又发生了强烈地震，城中房倒屋塌，瘟疫流行，军民更加困惫不堪。

夏主李睍被迫遣使向成吉思汗投降，提出的条件只是给予一个月的宽限时间，以便准备贡物，迁徙民户。

当时成吉思汗正在病中，便假意答应了夏主的请求。

西夏国自元昊称帝，总共传了十个国王，经历了二百零一年，最后被蒙古大军灭亡。

晚年雄心

精心筹划灭金大略

1227年春,成吉思汗消灭了西夏国,正想班师回朝的时候,忽然觉得身上一寒一热,交替发作,咳嗽不止。也遂皇后整天精心侍奉在他的左右,随军的所有良医,都来进行诊治。成吉思汗壮志不已,带着患病之躯,又在进行新的战略构想。

成吉思汗在西夏灭亡大局已定的形势下,只留少量兵力在夏境等候接收投降,自率主力进入金国西境。在他避暑于六盘山时,精心筹划灭亡金国的军事大略。

成吉思汗首先考察了蒙金战争的新形势。他得知金国在近十年期间,曾经历了一段十分艰难曲折的道路。

金宣宗完颜珣在权臣术虎高琪操纵下,为了补偿对蒙古作战的损失,发动了进攻南宋的战争,结果却是劳民伤财,徒伤国力,并且激化了金、宋矛盾,迫使南宋更加向蒙古靠拢,自陷于腹背受敌、四面楚歌的危险境地。

金哀宗完颜守绪于1224年即位后，为了集中力量抗蒙，主动停止了攻宋战争，重新调整兵力部署，把数十万主力部队屯驻潼关附近，并沿黄河一千多公里，分为四段派二十万大军坚守。

此时，摆在成吉思汗面前的就是这样一种金军与蒙古军隔河对峙的局面。

成吉思汗又考察了南宋与金国的世仇关系。

宋朝从1126年以来，一直备受金国的欺凌。1127年，北宋被金国灭亡。南宋建立后，又屡遭金军南下攻掠，先后于1141年、1164年、1208年被迫与金国订立了丧权辱国的不平等条约，南宋割让六个州土地给金国，年年向金国纳贡，岁币由二十万增为三十万，南宋向金国称伯父。

自从蒙古发动攻打金国战争以后，一向对金国卑躬屈膝的南宋朝廷，态度逐渐强硬了起来，并为金国有难而幸灾乐祸，乘机停止了向金国交纳岁币。

宋、金历来战争的结局，从来都是以金胜、宋败而告终，唯独1217年至1224年的宋金战争，南宋因有黄河以北的蒙古军作为不结盟的盟军，形成对金军的南北夹击之势，故而取得了胜利。

成吉思汗还仔细地考察了蒙古与南宋的关系。蒙古、南宋之间，初期因有金国、西夏的阻隔，两国不相邻、不相属，也不直接交往。

随着蒙、金战争的进程，蒙古和南宋双方都逐渐把对方当成了可以借用的力量，成为不结盟的同盟关系。

1221年，成吉思汗在西征中，曾经亲自接见了南宋派来的使者苟梦玉，双方在攻打金国问题上达成了和解和支持。

1223年，苟梦玉第二次出使西域，成吉思汗再次接见来使，并且进行密谈。

史料对他们二人的会谈内容没有记载，但历史学家从之后双方的言行分析，可能在两个方面达成协议：

第一，蒙、宋双方都把金国看作共同的敌人，并把对方视为对抗金国的同盟军；

第二，蒙、宋在适当时候联合起来灭金。

蒙、宋在以后的交往中，因为双方有着金国这个共同敌人，存在着许多一致性；但因为双方有着许多根本的利害冲突，又存在着对抗性。所以，蒙、宋关系也时好时坏。

1227年春，成吉思汗为探察绕道宋境攻金的路线，特遣一支游骑偏师，深入南宋利州路今四川北部、陕西南部及甘肃东南部一带，由此，成吉思汗已经十分清楚地洞察了从后侧迂回包围金国都城南京，即今河南开封的进军路线，但是必须向南宋借道并联合南宋，这是唯一的出路。

于是，在成吉思汗的脑海中，一个利用宋金世仇、借道宋境、联宋灭金的大迂回、大包围战略逐步形成了。

6月，成吉思汗从六盘山移营清水县的西江。当时天气酷热，六十五岁的成吉思汗患病，发起高烧。

他自知病情严重，活不多久了，而自己苦心谋划的灭金战略，也只能交由别人去实现。

于是，他召集拖雷及亲密部将，把胸中方略口授于众。

成吉思汗的灭金战略，大体分为两个方面：

其一，对蒙、金战略形势的客观、冷静分析。他认为，鉴于金军还有主力数十万，地处要冲，只靠蒙古军自身的力量从正面攻击，在短期内灭亡金国是不可能的。

其二，最终确定了利用宋金世仇，绕道宋境，实施大迂回的作战方略。

成吉思汗这一灭金战略，在其去世后，由儿子窝阔台、拖雷实施。

1231年春，蒙古军兵分三路：

东路出山东济南，以做牵制；

中路由窝阔台率领，从白坡南渡黄河，从正面进攻；

西路系三路之主力，由拖雷率领，从宝鸡南下，绕道宋境，经由川北、陕南入河南，包剿开封。

1232年正月，三峰山大战，歼灭金军精锐十五万人，俘杀金帅两人。

郑州大战，歼灭金军主力十余万人，至此金军精锐已尽，金哀宗被迫逃离南京，辗转至蔡州。

1234年正月，宋、蒙联军攻破金国临时首都蔡州，金哀宗自杀，金国灭亡。

成吉思汗的灭金战略全部得到实现。由他亲自发动的蒙、金战争，历时二十四年，至此以胜利告终。

病危的成吉思汗还想到要彻底地向唐兀惕报仇雪恨，彻底消灭唐兀惕人。他的这一愿望也是在他死后才得到实现的。

他病危时，西夏首都兴庆正在陷落。成吉思汗心里清楚，假如他在这个时候死，那也是唐兀惕人导致的，因为正是这些不忠的附庸迫使他带病继续征战。

他指示部下说，他死后，作为献于他的遗体前的祭品，应当告诉他：大仇已报，唐兀惕王国已经消失，不复存在了。

成吉思汗还留遗嘱说："每饭则应告朕，唐兀惕人已被消灭无遗矣！大汗已消灭其种矣！"

就这样，成吉思汗临终以前就已决定以屠杀整个唐兀惕人来作为自己死后的葬礼。

不过，后来唐兀惕人并没有一个不留地被杀绝，因为仅陪伴成吉思汗最后一次远征的也遂一人就得到了许多唐兀惕人，这些唐兀惕人都成了她的奴隶。

上述这些胜利，为建立元朝全国大统一的多民族国家奠定了坚实的基础。

晚年雄心

成吉思汗临终遗言

出征西夏，成吉思汗在围猎时坠马受伤。但成吉思汗带伤病出征，当他路过一个名为巴音昌霍克的地方时，手中马鞭突然掉落，随行侍卫要下马拾取，成吉思汗阻止说："不要，马鞭失落必有缘由，我看此处是个风水宝地，将来我死后，就葬于此地为好。"

剿灭西夏以后，成吉思汗伤病日益恶化，纵使是人参和茯苓等名贵中药材，也无法医治好他的疾病，让他起死回生。

1227年7月，成吉思汗自知不久于人世，叫来窝阔台、拖雷，以及诸子侄，说："蒙上天佑护，我建立了大蒙古国。从南到北，从东到西，不论到哪里，策马一年也走不到头。我的事业，需要你们继承，愿你们齐心协力，尊敬朋友，不可更改我的《大札撒》，让大蒙古国永世长存，巩固下去！"

成吉思汗屏退左右，当面交代诸子说："我病势已不能救治，死期将近。赖天之助，我为你们建一广大帝国。若你们保其不致分解，则必须同心御敌，一意为你们自己及友朋增加富贵。你们中只能有一个继承汗位，我重申，由窝阔台为继嗣人，不得背我遗命。"又说，"如果我的儿子们各个都想当大汗，岂不是变成我常讲的故事中的多头蛇一样吗？"

在往日，成吉思汗为了促使儿子们同心御敌、不闹纠纷，经常给他们讲述多头蛇的故事。

这个故事是说：在一个寒冷的夜晚，有一条多头蛇想钻进洞里去御寒，但这条多头蛇的每一头都想最先进洞，哪个头也都不肯让步，结果这条多头蛇便冻死在洞口外边。

可是那些长着一个头的蛇，却都顺利地钻进洞里，安全地度过了严冬。

窝阔台等诸子听了父亲的临终遗言，一齐跪下说："我们俯首听从您的命令和吩咐。"

成吉思汗在弥留之际，看见也遂皇后在身旁侍奉着他，他就牵着她纤细的小手，对她说："你精心地侍奉我已经有许多年了，从来也没有什么过失。现在你又主动提出跟随我出师远征，消灭西夏。我现在只希望回到国内以后，好好地和你们再团聚几年，共享荣华富贵、天伦之乐。没想到我今天已经病入膏肓，无可救药，难以医治。我死以后，你回去要告诉各位皇后，以及你的姐姐，一定要节哀，不要过于悲伤，都要好好地生活下去！"

也遂不等到成吉思汗把话说完，就已经痛苦地掉下泪来，悲痛欲绝，泣不成声。

成吉思汗坚强地忍住了眼中的泪水，对也遂说："人生就像早晨的露珠，转眼之间就消失了，有什么值得伤心的？你赶快替我把各位王公大臣叫进来，我还有很多话对他们说。"也遂立即传令召见诸位王公大臣，他们全都到成吉思汗的床榻前，看望和问候成吉思汗。

成吉思汗对他们说："我的病非常沉重，看来是好不了了，可惜的是各位皇子都没有跟随在身边。术赤已经在西域征战途中死去了，我叫察合台前去办理丧事,至今也没有回来。窝阔台呢,我命令率领军队前去攻打金国,责问金国为什么不按时缴纳每年必须缴纳的黄金和财物;拖雷现在又正监守着故国的都城,不能离开远走。现在只有你们跟随在我的身边,其实你们都是我的亲戚和旧交,关系亲密无间,我死以后,国家里的一切大事,都全仗你们辅佐和扶持了!窝阔台为人谨慎,厚道老成,我过去已经命令他接替皇位,只是我们短时间内不能回到国内,你们就替我传达命令,叫拖雷暂时行使监国权力,治理好国家。"

晚年雄心

成吉思汗又指着也遂皇后,对各位王公大臣说:"她跟随着我征讨西夏,我在生病时,她又悉心地侍奉我,真是劳苦极了,我也没有什么可以报答她的,只有从俘虏和抢掠的西夏国的子女和玉帛财物中,多分一份给她,这样也不枉她跟随我辛苦了一场!"王公大臣都齐声回答说,一定遵照他的嘱咐办。

成吉思汗的力气越来越弱,他安静下来,休息了一会儿,接着对各位王公大臣说:"还有一件大事,你们替我告诉继位的皇帝:现在西夏已经灭亡,金国的势力已经孤单,但是金国拥有精兵强将,西面占据着潼关,南面占据了连山,北方有大河阻隔,此后我们的军队进攻的时候,纵使战争取得胜利,攻占了下来,恐怕也不能很快使他们灭亡。我的战略方针是从南宋的国土上绕道,宋朝和金国结有世世代代的仇恨,南宋必然允许我们从那里绕道,我们的军队首先率军攻打唐邓,直接攻占大梁,金国都城被我军围困后,一定要向潼关征调兵源,那时由于路途遥远,战事紧急,已经无法增援,纵使其他地方的援兵到来,由于千里奔驰,人马劳顿,到达时也早已不是我军的对手了,这样消灭金国就是很容易的事了。"

成吉思汗到死也不忘记攻城略地,开拓疆土,真不愧是"一代天骄",旷世英雄。

1227年8月18日,成吉思汗病逝于甘肃东部山区渭河北面的清水县,终年六十五岁。

成吉思汗去世后,他的儿子和将臣遵其遗嘱,为之举行了特别的葬礼。

这次葬礼之所以"特别",主要表现在以下几个方面:

一是秘而不宣。

这是根据成吉思汗的遗命行事的。因为当时,西夏的投降事宜正在办理之中,金国与蒙古正处于对峙状态,南宋对蒙古的军事行动抱着等待观望的态度,蒙古军人正在迎接新的更大规模的战斗和胜利,因此秘不发丧对蒙古的军事行动及稳定内部等均为有利。

这是成吉思汗最后留给继承人的一条锦囊妙计。

遵此,成吉思汗的儿子、诸将,迅速把他的遗体装入灵柩北行,并将沿途遇到的人全部杀死,以防走漏消息。

二是丧期三个多月。

成吉思汗的灵柩运至克鲁伦河畔,陆续陈柩于其各斡儿朵中,丧期历时有三个多月。

因为蒙古大帝国远至西域,诸位宗王、公主、统将等在接到监国就是代理大汗拖雷的使者报告,长途跋涉,远道者三个月方至。

三是唱颂大汗的赞歌。

当载着成吉思汗的灵车离开他的斡儿朵时,一名蒙古歌手领头唱起了成吉思汗挽歌。

歌词大意是:

您成为遮天盖日的鹰羽,飞去了啊,我们的圣主!
大车荷载着您的灵车缓行,我们的君主!
您的蒙古亲族们,在遥远的地方痛哭,可亲的国主!
您的伟大国土故乡,都在等待您,我们的君主!

四是无陵墓的葬地。

成吉思汗的丧礼过后,人们便按照他生前狩猎时指定的地点,把他的遗体在此深深埋葬。这个地点,处于鄂嫩河、克鲁伦河、土拉河三河发源地不儿罕山的起辇谷。

入葬后，人们遵循蒙古习俗，在成吉思汗的遗体深埋处，以群马踏成平地一般，规定任何人不得接近葬地。随后即派出骑兵在周围看守巡逻，待来年青草茂密，葬地已和大地成为一样的面目，不见任何遗迹之时，才撤除警戒。至今，人们也无法寻其踪迹。

元代追成吉思汗庙号为太祖。今天，在内蒙古鄂尔多斯市伊金霍洛旗境内，有重新修建的成吉思汗陵。在那里存有他的遗帐和遗物，这不是成吉思汗的真正葬地，人们却可以从这里窥视这位伟人极不平凡的一生，及其逝世后如何受到世人的敬重和仰慕。

自从成吉思汗死后，继位的其他几个可汗以及元朝的皇帝，死后也埋葬在萨里川，埋葬的办法也像成吉思汗那样"不封不树"，因此直到现在人们都找不到这些可汗与皇帝的陵墓。人们为了纪念成吉思汗，每年都到那里举行祭祀仪式。

成吉思汗去世后，大蒙古国召开忽里勒台，按成吉思汗生前决定，1229年由窝阔台继承汗位。窝阔台继承父汗的遗志，制定灭金大略，7月率军伐金，经过禹山、钧州三峰山、铁岭、汴京、蔡州诸战役，终于在1234年1月消灭了金国。

1235年，窝阔台组织长子军，进行第二次西征，进军罗斯、孛烈儿、马札儿、布达佩斯等国。但因1241年窝阔台汗去世，蒙古军东归。窝阔台去世后，乃马真皇后掌政。

1246年贵由汗即位，但不久于1248年病逝，皇后海迷失执政。

1251年蒙哥汗即位，组织拖雷之子旭烈兀第三次西征，进攻波斯、叙利亚等地建立伊儿汗国。同时蒙哥汗征南宋，派忽必烈征川滇，消灭大理国。蒙哥亲自率军南下，1259年7月病死在金剑山温汤峡。

蒙哥汗死后，忽必烈于1279年完成统一中国的大业，开拓了领土，建立了多民族的统一的元朝大帝国。

附：元太祖成吉思汗大事年表

1162年，铁木真出生。

1189年，铁木真被推举为蒙古部汗。

1190年，十三翼之战爆发。

1194年，铁木真联合克烈部与金共同征讨塔塔儿部。

1196年，大败塔塔儿部。受金封为札兀惕忽里。灭主儿勤氏。

1197年，协助王罕复位。

1198年，与王罕联兵讨蔑儿乞人。

1199年，与王罕联兵征乃蛮。其首领杯禄汗败走谦谦洲。

1200年，与王罕联兵击败泰赤乌来犯之敌。捕鱼儿海子之战，与王罕联兵击破朵儿边、弘吉剌惕、塔塔儿等联军。

1201年，与王罕联兵击败札木合集团。

1202年，铁木真击灭四部塔塔儿人。纳也遂、也遂干二后。阔亦田之战，确定了其蒙古本族的领导权。

1203年，铁木真灭克烈部，汗山之战。王罕被乃蛮边将执杀。

1204年，铁木真灭乃蛮，太阳汗受伤致死。

1205年，铁木真采用畏兀儿字母，创制蒙古文字。遣兵征西夏。

1206年，铁木真即汗位，号成吉思汗，建大蒙古国。

1207年，成吉思汗再征西夏。成吉思汗长子术赤征服林中百姓。

1208年，太阳汗之子屈出律逃往西辽。

1209年，成吉思汗三征西夏，夏主纳女请和。

1211年，蒙古首度伐金，破河北、山东、山西九十余州，围攻中都。金献岐国公主及金帛、马匹请和。蒙古撤兵。金迁都汴京。

1214年，蒙古与南宋建立夹击金朝同盟。

1215年，蒙古军占领中都，破金城邑多处。

1216年，成吉思汗封木华黎为太师国王，总理伐金事宜。突马惕部叛乱，博儿忽阵亡。

1218年，成吉思汗命哲别攻西辽。哲别杀屈出律，西辽灭亡。

1219年，成吉思汗亲征中亚大国花剌子模。

1221年，花剌子模国国王摩诃末死于里海一小岛上，传位于札兰丁。巴剌率军追击札兰丁进入北印度。

1222年，成吉思汗渡阿姆河，追讨札兰丁。印度河之战，札兰丁逃往德里。

1223年，蒙古军攻入南俄，在迦勒迦河败罗斯、钦察联军。

1225年，成吉思汗回师土拉河。

1226年，成吉思汗进兵西夏，围攻中兴府。

1227年，成吉思汗病逝。西夏亡。成吉思汗幼子拖雷监国。

1229年，举行大会，推举成吉思汗之子窝阔台为汗。